税法学研究文库

# 民主视野下的财政法治

Rule-by-law public finance in the democratic dominion

主　编　刘剑文
副主编　汤洁茵
撰稿人（以撰写章节先后为序）
　　　　汤洁茵　王桦宇　吴金根
　　　　刘　琳　刘剑文　熊　伟

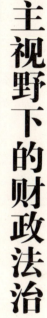

总主编　刘剑文

北京大学出版社
PEKING UNIVERSITY PRESS

**图书在版编目（CIP）数据**

民主视野下的财政法治/刘剑文主编．—北京：北京大学出版社，2006.5
（税法学研究文库）
ISBN 7-301-10688-2

Ⅰ．民… Ⅱ．刘… Ⅲ．财政法-研究-中国 Ⅳ．D922.204

中国版本图书馆 CIP 数据核字（2006）第 041980 号

| | |
|---|---|
| 书　　　名：| 民主视野下的财政法治 |
| 著作责任者：| 刘剑文　主编 |
| 责 任 编 辑：| 裴建饶　王晶 |
| 标 准 书 号：| ISBN 7-301-10688-2/D·1493 |
| 出 版 发 行：| 北京大学出版社 |
| 地　　　址：| 北京市海淀区成府路 205 号　100871 |
| 网　　　址：| http://cbs.pku.edu.cn |
| 电　　　话：| 邮购部 62752015　发行部 62750672　编辑部 62752027 |
| 电 子 信 箱：| law@pup.pku.edu.cn |
| 排 版 者：| 北京高新特打字服务社　82350640 |
| 印 刷 者：| 北京汇林印务有限公司 |
| 经 销 者：| 新华书店 |
| | 650 毫米×980 毫米　16 开本　17.5 印张　296 千字 |
| | 2006 年 5 月第 1 版　2006 年 5 月第 1 次印刷 |
| 定　　　价：| 27.00 元 |

未经许可，不得以任何方式复制或抄袭本书之部分或全部内容。
**版权所有，侵权必究**
举报电话：010-62752024　电子邮箱：fd@pup.pku.edu.cn

# 总　　序

《税法学研究文库》是继《财税法系列教材》、《财税法论丛》和《当代中国依法治税丛书》之后由我主持推出的另一个大型税法研究项目。该项目的目的不仅在于展示当代中国税法学研究的最新成果,更在于激励具有创新精神的年轻学者脱颖而出,在传播、推广税法知识的同时,加快税法研究职业团队的建设和形成。

税法学是一门年轻、开放、尚处于成长期的新学科。谓其年轻,是因为它不像民法学和刑法学一样拥有悠久的历史渊源;谓其开放,是因为它与经济学、管理学以及其他法学学科等存在多方面的交叉与融合;谓其成长,是因为它的应用和发展空间无限广阔。在我国加入世界贸易组织之后,随着民主宪政、税收法治等先进理念的普及和深入,纳税人的权利意识越发强烈,其对税收的课征比任何时期都更为敏感和关心。税法学的存在价值,正在于科学地发现和把握征纳双方的利益平衡,在公平、正义理念的指导下,实现国家税收秩序的稳定与和谐。

长期以来,我一直致力于税法学的教学和研究,发表和出版了一系列论文和专著,主持了多项国家级科研课题,对中国税法学的发展以及税收法制建设做了一些力所能及的工作。然而,不容否认,中国税法学的研究力量仍然十分薄弱,有分量的研究成果也不多见,税法和税法学的应有地位与现实形成强烈的反差。我深深地感到,要想改变这种状态,绝非某个人或某一单位力所能及。当务之急,必须聚集和整合全国范围内的研究资源,挖掘和培养一批敢创新、有积累的年轻税法学者,在建设相对稳定的职业研究团体的同时,形成结构合理的学术梯队,通过集体的力量组织专题攻关。唯其如此,中国税法学也才有可能展开平等的国际对话,而税法学研究的薪火也才能代代相传,生生不息。

近年来,我先后主编《财税法系列教材》、《财税法论丛》、《当代中国依法治税丛书》,这三项计划的开展,不仅使税法学研究的问题、方法和进程逐渐为法学界所熟悉和认同,同时也推动了税法学界的交流与合作。在此过程中,我既看到了新一代税法学者的耕耘和梦想,更感受到了他们在研究途中跋涉的艰辛。这群年轻的学者大多已取得博士学位,或已取得副教授职称,且至少熟练掌握一门外语。最为重要的是,他们对专业充满热忱,愿意为中国税法学贡献毕生精力。正是在他们的期待和鼓励下,为了展示中国税法学的成长和进步,激励更多的优秀人才加入研究队伍,我与北京大学出版社积极接触、多次磋商,终于在2002年达成了本文库的出版协议。

衷心感谢北京大学出版社对中国税法学的积极扶持。如果没有对学术事业的关心和远见,他们不会愿意承担该文库出版的全部市场风险,更不会按正常标准支付稿费。此举的意义,远远溢出了一种商业架构,事实上为中国年轻的税法学提供了一个新的发展机遇。正是他们的支持,才使得主编可以严格按照学术标准组织稿件,也使得作者可以心无旁骛,潜心研究和创作。若干年之后,当人们梳理中国税法学进步的脉络时,除了列举税法学人的成果和贡献,也应该为所有提供过支持的出版机构写上重重的一笔。这里,我还要代表全体作者特别感谢北京大学出版社副总编杨立范先生,他的知识和筹划,是本文库得以与读者见面不可或缺的重要因素。

本文库计划每年出版3—5本,内容涉及税法哲学、税法史学、税法制度学;税收体制法、税收实体法、税收程序法;税收收入法、税收支出法;国内税法、外国税法、国际税法、比较税法等多重角度和层面。只要观点鲜明,体系严密,资料翔实,论证有力,不管何种风格的税法专著都可成为文库的收录对象。我们希望,本文库能够成为展示税法理论成果的窗口,成为促进税法学术交流的平台。如果能够由此发现和锻炼更多的税法学人,推动税法理论与实践的沟通和互动,我们编辑文库的目的就已经实现。

值得一提的是,从2006年开始,中国税务出版社承担了本文库的部分出版工作,在此,我代表全体作者感谢中国税务出版社社长程永昌教授对中国税法学发展的大力支持。

刘剑文

2006年于北京大学财经法研究中心

中国财税法网(www.cftl.cn)

中国税法网(www.cntl.cn)

# General Preface

  *Works of Research on Taxation Law Theories* is another large research project on taxation law study presided by me after the publications of *Textbooks Series of Fiscal Law & Taxation Law*, *Fiscal Law & Taxation Law Review* and *Rule Taxation by Law in Modern China*. Rather than demonstrating the latest achievements on the theoretical study of taxation law, this project focuses more on inspiring the scholars with innovative spirit showing themselves. While promulgating the knowledge of taxation laws, a group of professionals studying on taxation law theories is forming and developing.

  Taxation law is a rising, open and growing subject. It is rising because it has not so long a history as civil law or criminal law. It is open because it intersects with economics, management and other law subjects. It is growing because it has promising future for its application and development. The taxpayers will be greatly awakened to their rights on the course of tax levying with China's entering into WTO and the popularization of the ideas of democracy and rule the tax by laws. The value of theoretical study on taxation law exists in scientifically finding a balance spot between the taxpayers and levier, which would help to realize a stable and harmonious taxation system among the whole country with the direction of equity and justice ideas.

  For a long period of time, I had been dedicated to the teaching and studying of the taxation law. Many theses and monographs had been published and many national research projects presided by me, which were all what I could do to the development and construction of the theoretical study on taxation law of China in my own power. However, we should not neglect that neither researching ability nor influential achievements have been satisfactory. They could not match up the corresponding positions of taxation law and the theoretical study on it. I came to realize that any individual or organization would never be able to better the situations. At present, the most urgent thing is to congregate all the researching resources around the country in conformity and cultivate a group of young but erudite scholars on taxation law. Thus, a relatively stable group of professionals would be organized to form the academic ladders with reasonable structure. We could depend on the collective powers to study on some specified topics respectively. I think it is the only way to equalize the domestic study on taxation law with international study. Also by this way, the study on taxation law would continue generation by generation and never cease.

Recent years, I have successively presided three projects including editing *Textbooks Series of Fiscal Law & Taxation Law*, *Fiscal Law & Taxation Law Review* and *Rule Taxation by Law in Modern China*. During the process, the topics, methodologies and procedures of the theoretical study on taxation law had been gradually acquainted and accepted by the academic circles and the exchange and cooperation among them had also been greatly promoted. During the course, I not only observed that the new generation of scholars on taxation law study worked hard and cherish beautiful dream to the future, but also their hardships in research. Most of the young scholars have acquired Ph. D. degrees or become the associate professor, and at least fluently master a foreign language. Their zealousness shall be more important, and they are willing to devote their whole life to the career. It is under their expectation and encouragement that more and more excellent talents participate in the career. After my positive communications and constant consultations with Peking University Press, a publication agreement has finally come to for this *Works* in 2002.

I sincerely express my gratitude to Peking University Press here for their support to the theoretical study on taxation law in China. They would neither take risks to publish all the works nor pay the authors' remunerations according to market standard if they were shortsighted to the academic project, which are far from a business activity and provide a good opportunity for the young scholars of taxation law study. It is their support that the editor in chief could select the works strictly according to the academic standard and the authors could dedicate to their research and composition. I believe that many years later while reviewing the developing history of the theoretical study on taxation law in China, they will not only remember the scholars and their achievements, but also remember the contributions from Peking University Press. Here, on behalf of all the authors, I shall thank Mr. Yang Lifan, Vice Editor in Chief of Peking University Press, for his wisdom to and design for the *Works*, or they would never been published.

Annually, 3 to 5 books will be published to affiliate the *Works*. The contents of these books mainly concerns about philosophy of taxation law, history of taxation law, study on taxation law system, taxation law system, taxation law, taxation procedure law, taxation income law, taxation expenditure law, domestic taxation law, foreign taxation law, international taxation law and comparative taxation law. All the monographs with various styles could become members of this *Works* if they are of clear point of view, rigorous logic, accurate documents and strong reasoning. We hope that the *Works* could become a window to demonstrate the theoretical achievements of taxation law study and a platform for academic exchanges. If more scholars on taxation law study could be discovered and the practice and theories of taxation law could be exchanged and co-developed simultaneously with the publication of the *Works*, our targets to edit the *Works* are fundamentally achieved.

Liu Jianwen
On New Years' Day of 2004
In Research Center of Fiscal Law and Economic Law
Peking University
www. cftl. net. cn
www. taxlaw. net. cn

# 前　言

在国家的整体发展过程中,财政是经济生活中不容忽视的重要方面。财政的民主程度决定了国家的民主水平,财政安排的效率和合理决定了国民经济生活的发展速度。"宪政的发展史就是财政的发展史",这已为各国的历史发展进程所印证。正是因为财政具有如此重要的意义,在国家的政治、经济乃至社会生活中,财政的安排往往成为各方利益主体瞩目的焦点。但凡是一国国民,必定对国家财政有所依赖,也必然对国家财政有所贡献。在"取"与"夺"之间,各方利益主体均致力于使自身利益最大化的财政安排,或为政治利益、或为公共服务的享受,不一而足。也恰恰如此,财政安排往往是非议最多的国家行为,同一个财政行为,往往认同者有之,反对者更非鲜见。如何取得财政收入、如何管理财政资金、直至最终如何使用财政资金的争论,一直贯穿着国家长期的历史演进。即便在封建社会的家计财政中,如何安排国家的国库收入也为封建君主所关注,其财政用度的合理性在很大程度上也决定了一个王朝的兴衰。时至今日,随着国家职能的膨胀扩张,国家演化为"行政国",对于财政资金的仰仗和依赖更加深刻。财政安排的合理性,已成为考量国家存在合理性和有效性的重要视角。在民主的现代社会中,在民众对于国家或政府的存续拥有更大甚至最终的决定权的背景下,国家已然成为公共服务的提供者。保障和促进人权乃是现代国家公共财政的终极价值和根本目的之所在,已被广泛接受。所有的权利都需要财政的支持,只有人权才是公共财政存在之正当性与合理性的主要依据。现代国家的财政安排应当努力使公民权利得以最大地实现。

然而,实现各方主体利益均衡、最大化地实现公民基本权利、提高国家资金使用效率的财政安排,不过是国家资金用度的最高理想。税收规模的无限制扩张、财政收入征收中的无序、财政赤字的失控、公共福利的沉重负担以及各种形式的贪污、腐败行为,都已成为各国财政生活的毒瘤,成为民主财政的重要掣肘。财政安排无序化的加深必然进一步导致其他国家行为的失范。将财政行为纳入规范化的轨道中,实现财政的民主化和法治化,是国家法治建设的重中之重,直接决定了国家立法、行政和司法的法治化程度。

本书以国家财政的整体运行为考量的基点，以财政运行过程中民主化与法治化的实现作为线索，对国家财政权的行使进行了全面的剖析。本书首先在对国家财政运行做了宏观的考察之后，提出了"财政权"这一基本概念，以财政权的权力内涵为起点，对财政权的概念进行解析，在此基础上对财政权与行政权之间的分离态势做了进一步的分析，提出财政权作为独立的权力型态应有必要加以单独的规制。在确立财政权的独立性之后，对财政权的具体属性进行判定，认为财政权是权力而非权利，应从权力约束的角度对财政权进行法律规制。之后，对财政权的范围和层次进行层层解析，以从不同的角度和层面对财政权进行全方位的把握和认定，确定其规制的角度和重点。针对不同层次的财政权的行使，对立法机关的财政决策权和行政机关的财政执行权的具体运行和法律规制作出了详细的探讨。由于国家的财政安排可以细分为财政收入、财政支出和财政监督三个重要的层面，在对财政权的运行和规制予以抽象论述后，本书分别针对国家财政收入行为、财政支出行为和议会监督进行了详细的研究。第二篇集中围绕财政收入行为可以是什么、应该是什么和如何是什么等三个方面的问题，对财政收入行为进行了初步的研究和探讨，努力建立我国财政法基本的财政收入行为概念体系，对财政收入行为的调控原则作了三个层次的理念透析，指出财政收入行为的基本调控原则，并针对财政收入行为的几种典型形态，即税收收入行为、规费、受益费收入行为、政府性基金收入行为和公债收入行为等的法律规制作了理论层次和规范意义上的探讨。财政收入一般被认为是国家公权力对私权利的侵占，具有"侵益性"，而财政支出的"侵益性"却往往隐藏于其"授益性"之中。第三篇即通过分析财政支出的运行规律，透视政府权力全面渗透于财政支出的各个阶段和领域，得出财政支出同样具有"侵益性"的品格和权力性的特征。在此基础上，重点阐述财政支出法定原则的具体内容，分析财政支出法定原则的偏离及其现实表现，通过分析立法现状，论述财政支出法定原则的立法保障。随着依法理财和税收法治成为社会关注的焦点，人大预算监督权的重要性也日渐突出。政治上的三权分立学说和经济上的公共财政理论成为论证议会预算监督权的理论基石。预算监督权作为议会财政权的核心权能，是各国议会处理代议机关和政府关系的标尺。第四篇就从财政民主角度审视了中国人大预算监督的现状，对我国人大预算监督权的行使及其相关问题进行考察，并在此基础上，对人大预算监督权行使中存在的显著问题提出改进的建议。在对财政的民主与法治的实现做了层层的剖析和解读之后，第五篇针对财政运行中的核心环节——预算的改革问题作出了详细的研究,分别探讨了我国预算编制、审批和执行制度中存在的问题,并提出了相应的完善建议。

本书力图对财政民主和法治的实现问题做全面的考察和研究。然而,作为国家经济的财政生活所涵盖的方方面面,却并非简单的三言两语所能够解决的。本书对财政运行过程的宏观性考察,难免有大而化之之嫌,财政法治建设中的具体制度的考察无法完全被涵盖于本书的研究范围,实为本书的缺憾。正如财政法治的构建是漫漫征程一样,对财政民主与法治的理论考察同样需要学界研究的层层积淀。假如本书所关注的财政法治的顽疾以及对此所提出的设想和建议,能够对财政法治的形成有所助益,作者就深感欣慰了。

本书由北京大学财经法研究中心主任、北京大学法学院教授、博士生导师刘剑文担任主编,由北京大学法学院博士研究生汤洁茵担任副主编。各章分工如下:汤洁茵撰写第一篇;王桦宇撰写第二篇;吴金根撰写第三篇;刘琳撰写第四篇;刘剑文、熊伟撰写第五篇。全书主要为汤洁茵、王桦宇、吴金根和刘琳的硕士论文,同时收录了刘剑文教授和熊伟博士对我国预算法研究的三篇重要论文。尽管在研究主题上有一定的独立性,在本书结集出版时,各撰稿人进行了相互讨论和意见交流,对各篇论文做了一定的修改,努力保持研究主题的完整性。本书最终由主编审稿并定稿,副主编协助审稿。

本书在写作过程中参考了大量学界已有的研究成果,对此表示感谢。同时也感谢北京大学出版社为本书的出版所付出的汗水。

本书既为引玉之砖,谬误在所难免,如得读者指正,实为作者之幸。

# CONTENTS 目 录

导论 ... 1

**第一篇　财政权的运行与规制分析** ... 4
 引言 ... 4
 第一节　财政权的基础理论 ... 6
  一、财政权的权力内涵 ... 6
  二、财政权的范围与层次解析 ... 14
 第二节　立法机关财政决策权的运行与规制 ... 23
  一、立法机关财政决策权的行使 ... 23
  二、立法机关财政决策权规制的必要性分析 ... 28
  三、立法机关财政权的规制体系 ... 34
 第三节　行政机关财政执行权的运行与规制 ... 41
  一、行政机关财政执行权的运行 ... 41
  二、行政机关财政执行权规制的困境分析 ... 45
  三、行政机关财政执行权规制的新思路 ... 49
 本篇小结 ... 56

# CONTENTS 目 录

第二篇　财政收入行为研究初步　　58
　引言
　　——财政收入行为理论的缘起　　58
　　第一节　财政收入行为的概念构建　　59
　　　一、财政收入行为的法律界定　　59
　　　二、财政收入行为的基本分类　　68
　　　三、财政收入行为的特征、要件与效力　　73
　　第二节　财政收入行为的调控原则　　80
　　　一、民主宪政与财政收入行为调控　　80
　　　二、行政法治与财政收入行为调控　　86
　　　三、财政平衡与财政收入行为调控　　92
　　第三节　财政收入行为的法律规制　　98
　　　一、税收行为的法律规制　　99
　　　二、规费、受益费行为的法律规制　　103
　　　三、政府性基金行为的法律规制　　107
　　　四、公债行为的法律规制　　112
　　本篇小结　　117

第三篇　论财政支出法定原则　　119
　引言　　119
　　第一节　财政支出法定原则的理论基础　　121
　　　一、财政支出的侵益性和权力性特征　　122
　　　二、公共选择理论之政府私利性　　124

## CONTENTS 目 录

　　三、宪政与国民权利保护　　　　125
　　四、税收法定主义的延伸与纳税人
　　　　权利体系的重构　　　　　　128
第二节　财政支出法定原则的内容　132
　　一、支出目的法定——符合公共利益　133
　　二、支出范围法定——市场失灵理论
　　　　分析　　　　　　　　　　　138
　　三、支出决定权法定——国民参与和
　　　　决定　　　　　　　　　　　142
　　四、支出监督法定——构筑完善的
　　　　监督制度　　　　　　　　　144
　　五、支出责任法定——有义务必有
　　　　责任　　　　　　　　　　　146
第三节　财政支出法定原则的偏离及
　　　　现实表现　　　　　　　　　148
　　一、财政"越位"和"缺位"　　149
　　二、支出膨胀和结构失衡　　　　153
　　三、监督不力和腐败现象　　　　160
第四节　财政支出法定原则的立法保障　168
　　一、立法现状　　　　　　　　　168
　　二、立法建议　　　　　　　　　172
本篇小结　　　　　　　　　　　　　178

# CONTENTS 目 录

## 第四篇　议会预算监督权之法律分析　181
引言　181
### 第一节　议会预算监督权的法律分析　182
一、议会预算监督权的理论基础　182
二、议会预算监督权的法律含义　185
三、议会预算监督权的法律价值　190
### 第二节　议会预算监督权的结构　192
一、预算编制监督权　193
二、议会预算审批监督权　200
三、预算执行监督权　202
### 第三节　议会预算监督权的国际比较　206
一、英美法系国家的议会预算监督权　206
二、大陆法系国家的议会预算监督权　213
三、世界各国议会预算监督权制度给我国的启示　217
### 第四节　中国人大预算监督权的问题与改进　219
一、中国人大预算监督权的立法供给及其评析　219
二、中国人大预算监督权制度的有益探索　225
三、中国人大预算监督权的现状和完善　226

## CONTENTS 目 录

本篇小结 　　　　　　　　　　　　　234

**第五篇　民主视野下的预算法改革　　236**
　第一节　预算编制制度改革与中国预算法
　　　　　的完善　　　　　　　　　　236
　　一、改革复式预算方案,明晰政府财政
　　　　职能的性质和界限　　　　　　236
　　二、改变预算资金管理方式,强化部门
　　　　预算　　　　　　　　　　　　237
　　三、延长预算编制时间,规范预算编制
　　　　程序　　　　　　　　　　　　237
　　四、调整预算编制的范围,取消编制
　　　　地方总预算　　　　　　　　　238
　第二节　预算审批制度改革与中国预算法
　　　　　的完善　　　　　　　　　　239
　　一、廓清预算审批权范围,明确预算
　　　　修正权归属　　　　　　　　　239
　　二、取消审议下级地方总预算,简化
　　　　预算审批程序　　　　　　　　241
　　三、建立人大预算工作机构,协助
　　　　行使预算审批权　　　　　　　243
　　四、健全预算审批程序,依法行使
　　　　预算审批权　　　　　　　　　246

## CONTENTS 目 录

　　　　五、建立分项审批制度,拓宽预算
　　　　　　审批权的范围和深度　　　　**248**
　　　　六、明确预算被否决的法律后果及
　　　　　　责任,督促编制机关认真履行
　　　　　　职责　　　　　　　　　　　**249**
　　　　七、严格预算调整审批程序,强化预算
　　　　　　法律效力　　　　　　　　　**250**
　　第三节　预算执行制度改革与中国预算法
　　　　　　的完善　　　　　　　　　　**251**
　　　　一、强化预算法律效力,严格控制预算
　　　　　　的随意变动　　　　　　　　**252**
　　　　二、调整预算年度起讫时间,消除预算
　　　　　　效力真空　　　　　　　　　**253**
　　　　三、统一财政部门的预算执行权,简化
　　　　　　拨款程序　　　　　　　　　**255**
　　　　四、推广政府采购制度,提高资金使用
　　　　　　效益　　　　　　　　　　　**256**
　　　　五、改革国库管理体制,明确国库法律
　　　　　　地位　　　　　　　　　　　**257**
　　　　六、建立国库单一账户制度,实现财政
　　　　　　资金集中化管理　　　　　　**259**
　　本篇小结　　　　　　　　　　　　　**261**

代后记:学术的现实与浪漫　　　　　　　**262**

# 导　论

　　从亚当·斯密创立财政学开始至今，财政的经济学或政治学的研究成果已是汗牛充栋。对财政活动的研究甚至可以追溯到封建社会时期。在由君主控制国家财政收入的时代，为维护政权的稳定，国家的收入、支出之间的合理配置仍为封建政权所关注。然而，对财政的系统化研究，则始于自然经济向市场经济、封建社会向资本主义社会过渡的社会变革中。为适应市场经济发展对国家公共财政的需要，从成本效益分析的角度来寻求合理化的国家财政安排成为财政行为研究的核心，学界的研究成果也就更多地体现为对财政技术规则的探询与解析，对财政的研究也因此被视为经济学与政治学的领地。道尔顿即认为，财政学是介于经济学和政治之间的一门学科。① 瓦格纳亦强调，财政是独立于私人经济的活动，就国家职能是一个强制性的集体经济来说，与其说是属于一般的经济理论，不如说是属于政治管理理论和公共管理理论，即财政学应当是属于政治学的。② 财政活动的经济研究偏重于对国家财政收入与支出间的成本效益分析，其重点在于提高国家财政收支的有效性。而政治学的研究则更侧重于对财政活动所涉及的各方主体的利益的协调，其重点在于考察各个政治主体在财政活动中的地位和作用及其行为对财政收支的影响。而对财政行为进行法律视角的考察，却往往被忽视了。尽管所谓的财政立宪逐渐受到关注，但"立宪"或者规则的确立，也都是从财政决策的效益进行考察的，纯粹的规范性分析相当欠缺。

　　当前，学界对财政行为的法律拘束已有所重视，相应的，对财政法的研究亦有所发展。但从研究成果来看，主要集中于对某一具体法律制度的技术性和规则性的考量，其研究的重点同样在于规则的有效性以及操作的便利性，财政立法之"合宪性与于此领域之民主统制之必要性，从来不是法学界关心之所在"③。由于财政行为被认为很少直接与人民发生权利义务关

---

　　① 参见〔英〕道尔顿：《财政学原理》（第4版），周玉津译，台湾正中书局1969年版，第5页。
　　② 参见瓦格纳：《财政学》，转引自张馨、杨志勇等：《当代财政与财政学主流》，东北财经大学出版社2000年版，第60页。
　　③ 参见蔡茂寅：《财政作用之权力性与公共性——兼论建立财政法学之必要性》，载《台大法学论丛》第25卷第4期。

系，财政行为也因此被排除于公法学领域之外，对财政行为的法律性质、国家与公民之间因财政行为所发生的权利义务、法律关系的性质等都缺乏必要的关注。除课税行为由于其对公民权利的直接侵夺而受到较多的关注外，财政支出行为由于其"给付行政"的性格，其固有的国家权力的属性也一再被忽视，从而无法在国家收入的取得与支出之间形成整体的规范性的考量。从理论研究的现状来说，财政权的权力属性、合法性来源、价值乃至权力行使的范围与界限、财政权运行过程中国家与公民的法律地位、财政权与行政权、司法权之间的相互掣肘与平衡等都未受到应有的关注，甚至被排除于公法学研究之外，成为法学研究的空白。

现代经济社会的发展使得法学研究的思维范式发生观念变迁，突出的表现是统一的公法学研究开始变得必要和可能。现代公法的地位、作用、功能和结构发生了越来越深刻的变化，以公共权力与公民权利、自由与秩序等为主要内容的核心范畴得以建立，以公法主体、公法关系和公法行为等为基本要素的核心范畴也得以展开。① 公法学研究开始不再拘泥于狭隘的宪法、行政法和诉讼法等的严格分野和学科阻隔，而围绕和集中于特定研究领域和特定调整范围进行规范分析和法律评价。② 财政法学研究即是统一公法学研究中的重要组成部分。

有鉴于此，对于国家财政行为的研究，本书尽量避免落入财政经济学或政治学的研究思路中，而力图以法律视角对财政行为进行规范性的分析，注意对财政行为的法学分析方法的驾驭，着重于分析财政权的法律内涵和运行秩序，通过对权利义务配置的不同模式的考察，分析制度的规范性影响，并进而总结各种法律规则的优劣得失，以期以财政权形式的合法性来判定财政行为的有效性和正当性，从财政行为的权源入手，力图在对财政权作合法性价值的考量之后，寻求规范财政权的有效途径。

财政是国家的公共经济，对财政行为进行合法性的考量，其最终目的仍在于以法律的规范性和稳定性来实现国家财政安排的有效性和合理性。对各种制度安排可能对财政权运行实施效果进行成本、效益的分析，通过对各种财政行为的总结和考察，分析其中所蕴涵的不同的资源配置对经济效率

---

① 参见袁曙宏：《论建立统一的公法学》，载《中国法学》2003年第5期。
② 在英美法系中，由于普通法律程序的观念存在，所以没有明确的公法学传统和分类。有学者从与政治过程联系的方法来研究公法问题，并提出公法思想的结构在于规范主义和功能主义。这实际上与财政法研究中的法律规范注释和财政功能分析的路径不谋而合。参见〔英〕马丁·洛克林：《公法与政治理论》，郑戈译，商务印书馆2002年版，第83—193页。

的影响实际上也是不可避免的,因此,经济分析的方法将成为法学规范性分析的重要补充。同时,财政权行使的效果并不是微观的个体的具体权利义务,而将同时影响众多不确定的个人的利益乃至社会生活与市场的运行效果,对权力行使的绩效分析也不能仅仅着眼于个人利益的得失,而必须以社会整体利益的发展作为统一的考量,因而,社会学分析方法也必然成为本书的研究方法之一。

# 第一篇 财政权的运行与规制分析

## 引 言

从 2004 年初出口退税款的安排①到年中的审计风暴②,到奥运金牌得主的奖金支出③,再到年末对海啸受灾各国的援助支出④,政府如何安排其所掌握的财政资金,民众在多大程度上对自己让渡给国家的财产的使用有话语权,政府的财政资金如何安排才是合理而有效的,政府的财政行为是否应当受到约束,又应当如何给予约束等,都已成为业界和学界争论的焦点。

国家财政是公共事务中最重要的组成部分,这不仅因为当今的国家机关以金钱价值维系,而且国家政体也与这种以现金极大丰富、商品交易占主导地位为特征的经济秩序息息相关。⑤ 单就国家体制而言,国家的财政资金无法自给自足,而必须依赖于人民所创造的物质财富,或者说国家要存在,必须参与国民财富的分配。国家参与社会财富的分配,其目的在于以所获得的财产支应国家管理体制的合理运作。正因为如此,财政收入与支出的安排,对国家机构的构建有着深刻的影响,直接影响国家管理的有效性与人

---

① 2003 年 10 月,我国进行出口退税机制改革,其动因在于中央政府无力承担出口退税款而造成退税机制无法发挥其应有的效用。而就在 2004 年 1 月,由于税收收入大幅增加,中央安排大量资金用于出口退税资金,以此几乎偿还了累积数年之久的拖欠退税款。

② 在十届全国人大常委会第十次会议上,李金华再次提交了一份长达 22 页的审计报告,其中有 19 页都是关于对各级财政审计后发现的违法违规问题,不仅披露了国家林业局、国家体育总局、国防科工委、科技部等中央单位虚报、挪用预算资金的违规事实,还披露了淮河灾区和云南大姚地震灾区有关地方政府虚报、挪用救灾款的事实,以及原国家电力公司领导班子决策失误造成重大损失的调查结果。

③ 奥运会将近结束时,对金牌得主的巨额奖励成为民众口中的热点,各级政府可以说是一掷千金。重奖金牌得主是支持体育事业发展的一种方式,但这种重奖方式根本无法改变体育投入资金的不足,而仅仅是政府一时"豪爽"的行为。

④ 2004 年 12 月 26 日印度洋部分国家发生由地震和海啸引发的灾难后,中国政府次日即宣布提供总额为 2163 万元人民币的人道主义紧急救灾援助。随着灾情严重性的逐步显现,中国领导人先后宣布追加 5 亿元人民币救灾援助和 2000 万美元多边捐助。截至 2005 年 1 月 21 日,中国官方和民间总款项达 10 亿多元人民币,其中民间捐款到账资金达 3.74 亿元。

⑤ 参见〔法〕莫里斯·奥里乌:《行政法与公法精要》(下册),龚觅等译,辽海出版社、春风文艺出版社 1999 年版,第 162 页。

民权利与自由的实现程度。国家本身即是一个经济单位和生产机构,其财政活动具有明显的生产性,在很长一段时间,财政被认为是一种经济,提供了公共服务所必需的资源或基金①。同时,财政活动的主体是国家,它直接影响了统治者、统治者各阶层在国家运行体系上的利益,为此,国家的财政活动也难免带有浓厚的政治色彩,大量的财政行为正是通过国家的政治活动来实现的。财政的经济与政治色彩随着社会福利的扩张与宏观调控的勃兴被推向极致。也正因为如此,财政活动的经济影响与政治意义被更多地关注,财政活动的规范化却被有意无意地忽视了。

权力的约束,最终依赖于法律制度构建的规范与合理。以法律的强制性和规范性来划定财政权运行的合理轨道,应当成为财政权规范行使的应有之义。但从当前我国相关的财政立法来看,对于财政权的权源、运行的程序、行使的法律后果等都欠缺必要的规定,即便有,也往往停留在"技术性"规定的层面,导致我国财政权的行使存在很大的随意性。财政作为国家行为的物质基础的特性使得财政活动很难脱离国家行为而存在,因此,财政活动很少被单独加以规制,宪法及行政法上对国家行为的规范即被认为足以对国家的财政活动形成足够的制约。故此,单纯以规范国家财政行为为目标的财政法发展相当迟缓,所谓的财政法律更多的是财政技术规则的成文化,以国家收支权力的范围及运行轨道为核心的法律规则不仅分散,更缺乏系统性,在相当多的财政领域中更存在法律的空白。

财政法律制度发育不足,作为财政活动基础的财政权所受到的制约也就相当有限。与其他权力相比,财政权的行使缺少与公民的直接对话②,尤其是对所取得的各项财政收入的管理、经营和使用行为很少与公民的权利发生直接的联系,因此也就很少被划入侵权性权力的范畴,由此也使得财政权成为游离于法律规范之外的权力形式③。但从财政权行使的整体来看,无论是最初的国家课税权,还是对各项财政收入的管理和经营乃至如何安排财政支出,都是为履行国家职能以保障公民基本权利的实现。国家课税权以财产的侵夺而直接形成对公民财产权的限制,财政资金的管理与支出是否合理,则关系到国家职权的正确行使与公民基本权利的实现程度。在财

---

① 瓦格纳:《财政学》,转引自张馨、杨志勇等:《当代财政与财政学主流》,东北财经大学出版社2000年版,第60页。
② 财政权下的财政支出权往往被认为是为提供公共服务而行使,因此更多的具有授益性。
③ 相比较而言,国家课税权被认为是对公民的财产权利和自由权利的直接侵夺,因而在立法上受到更多的关注。

政行为演化为国家对市场的宏观调控的情况下,国家财政权的行使更关系到整个市场运行的效果。

## 第一节 财政权的基础理论

### 一、财政权的权力内涵

(一)财政权的概念解析

财政权,往往又被称为财权、财政权力,尽管在政治学或经济学上都有所提及,甚至也被作为财政活动中固有的概念而被使用,但对其作出明确定义的则相当少。不仅如此,不同学者所提及的财政权,其内涵和外延均有所差别,将财政权理解为财政支出权的有之,理解为财政收入权的有之,甚至有人将其作为行政机关的财政管理权责体系。① 有学者认为,财政权有广狭之分。从狭义来讲,国家财政权通常是指国家财政性行政权责,是国家各级财政(含税收)行政机关代表国家行使宪法、法律以及行政法规与规章规定的财政行政管理权责体系,包括财政行政立法权、财政会计管理权、财政预算管理权、财政税费征管权、财政收支监督权、财政执法复议权及其他财政管理权。从广义上说,国家财政权是一个国家凭借其主权所享有的通过民主制定宪政法律在主权国家与公民组织之间,立法主体、行政主体和司法主体之间,各级政府之间以及它们内部各部门之间配置的向特定对象征收税费、借入国债,并将其按预先民主制定的年度预算用于国家生存与发展所必须开支的方面的人大财政权(财政立法权、预算审查权)、政府财政权(财政管理权、税费征管权、国库经理权、财政使用权、审计监察权)、司法财政权(财政检控权、财政审判权)等权责体系。② 从该学者的分析来看,该学者是将财政权定位为课税权与财政支出权的上位概念,并按一般的"三权分立"的模式,根据行使主体的不同将财政权分解为立法机关、政府和司法的财政权,但该学者认为财政权并不是独立的权力概念,而不过是各种与财政活动

---

① 就笔者所掌握的材料来看,不少研究成果均已提及财政权的概念,如熊伟在《公共财政、民主政治与法治国家》中即谈及财政权力的约束,但对财政权力所应当包含的内容,该学者并没有进一步加以探讨。详见熊伟:《公共财政、民主政治与法治国家》,载刘剑文主编:《财税法论丛》(第五卷),法律出版社2004年版,第2—10页。

② 参见全承相:《财政权的配置及其运行制约机制》,www.xslx.com/htm/jjlc/csjr/2003-4-19-13632.htm。

相关的权责的集合体系。笔者认为,以行使主体的不同来表征财政权的不同组成是值得商榷的,如果说财政权仅仅是各个主体的财政权限的简单集合,那么"财政权"能否作为独立概念存在似乎同样值得怀疑。

就社会契约论者看来,国家是"一种结合的方式","它能够维护和保障每个缔约者的人身和财富"。国家为保护公民的基本权利、提供公共服务或公共物品而存在,而无论是权利的实现还是公共物品的提供都是有成本的。但在市场经济条件下,国家撤出直接的生产领域,国家所必需的物质资料是无法自我满足的,国家"乃与现代市场经济同时诞生一起发展","现代国家即存在于经济主体之个人利益运作能力之私经济"①,"不征收与开支金钱任何政府都无法存在"②。为维持国家这种结合形式的运转,缔约人让渡一定的财产和权利予国家。因此,有人民的同意始有财产的转移③,公民的财产权和自由权的让渡成为国家存在的基础和前提。公民对其财产让渡的同意,也就成为国家课税权的根源。但国家获得公民所让渡的财产权仅仅是国家提供公共服务的前提,对国家而言,如何对所获得的财产进行合理的管理和使用,将直接决定国家所提供的公共服务的规模和效果。国家取得财政收入、管理国家资产直至在实施国家职能时使用财政资金,始终是一个不可分割的过程,"在某个关于增税的社会决策与向全社会供给物品或劳务这两者之间,存在着一一对一的对应","公共支出决策与征税决策之间必须具有必要的现实沟通"④。在财政过程中实际上必然包含双重的选择,一是对税收征收范围的选择,二是对公共支出项目规模的选择,财政决策也不应该分裂为对支出率与税率的同意。要是支出决策没有考虑成本,所供给的公共劳务就会被扩大,致使所提供的公共物品超出所需要达到的规模。相反,要是税收决策没有考虑收益,总收入不足,将无法满足提供一定规模的公共服务所需要的量⑤。因此,就整个社会来说,公共支出决策与征税决策之间必须具有现实的沟通。在这个意义上说,尽管为取得财政资金的课税权、国有资产的管理权以及财政支出权之间可以作出一定的区分,但就国家为提供

---

① 参见葛克昌:《国家学与国家法》,台湾月旦出版社股份有限公司 1996 年版,第 97 页,注 1。
② E. C. S. Wade and G. Godfrey Philips, *Constitutional and Administrative Law*, Longman Group Ltd. (1997) 9ed, p. 186.
③ 关于社会契约论,可参见〔英〕洛克:《政府论》,叶启芳、瞿菊农译,商务印书馆 1964 年版;〔法〕孟德斯鸠:《论法的精神》,张雁深译,商务印书馆 1964 年版;〔法〕卢梭:《社会契约论》,何兆武译,商务印书馆 1980 年第 2 版。
④ 参见〔美〕詹姆斯·M. 布坎南:《民主过程中的财政》,唐寿宁译,上海三联书店 1992 年版。
⑤ 同上。

公共服务而作出财政行为的过程来看,国家财政行为的完成,必定包含财政资金的取得、管理和使用,课税权、国有资产的管理权和使用权不过是财政权的具体权能,财政权应当属于其上位阶的概念,具有独立的意义和价值。

实际上,也正因为财政权具有丰富的内涵,使得对财政权做一个抽象而全面的概括是相当困难的。但总体上来说,对财政权的准确定义至少应当包含如下内容:(1)财政权的目的与价值:只有在财政权具有其特定的目的和价值的情况下,财政权才能作为独立的概念而存在。(2)财政权所应当涵摄的具体内容,只有在财政权所包含的全部内容之内进行抽象和提炼,对财政权实质的界定才可能是周延的。

有鉴于此,笔者认为,财政权是国家为促进公民权利的实现,在民众同意的前提下以确定的规则在全社会范围筹集并合理管理、使用财政资金的权力。这一定义表明:(1)财政权以实现公民基本权利为其目的和价值。"通过税收筹集来的货币实际上是一种媒介工具",国家以此来建立适当的机构体系、构建各种制度,通过机构的运作和制度的运行,为公民提供必要的公共服务,以保障公民基本权利的实现。(2)财政权的存在以公民的同意为前提。(3)财政权包括财政收入的取得、管理和使用等权能。(4)财政权是国家权力。

### (二) 财政权的独立化趋势

尽管财政立法领域是"立法机构进行立法的最早的那个领域"[①],但长期以来,财政行为,尤其是财政支出行为,被认为依附于普通行政行为。由于政府以积极的作为对社会生活进行管理和干预,"行政权"也被作为最重要的权力而受到关注。法律对行政权力的规范与控制,是通过具体的行政行为来实现的。通过相应的行政权力的授予和行政程序的设定,最终完成法律对权力行使的规范与控制。由于具体行政行为的发生,必定伴随相应的财政资金的收付与用度,在行政作为的过程中,财政资金也完成了在不同主体之间的流转。从这个角度来看,财政行为是以行政行为伴生物的形式存在的。这就使得伴随着行政行为而发生的财政资金的使用行为无法作为独立的国家行为而存在。进而,作为财政行为权源的财政权更被视为行政权的固有内涵而缺乏独立的特质,"财政只是实现国家职能的工具,缺乏独

---

① 参见〔英〕弗里德利希·冯·哈耶克:《法律、立法与自由》,邓正来、张守东、李静冰译,中国大百科全书出版社 2000 年版,第 213 页。

立存在的价值"①。当前的行政法关注行政机关与相对人之间权利义务的相互牵制与平衡,却很少关注行政行为中财政资金的流动是否具有合理性。以法律的形式对财政资金的流转加以规范则更是鲜见。

从行政权与财政权的发展脉络进行考察,行政权对财政权的决定意义或者说财政行为对普通行政行为的依附更为清晰。国家行政权的扩张,必然引发财政权的不断膨胀。工业化初期的公共行政奉行"管得最少的政府就是最好的政府"的思想,政府只提供法律制度、产权保护等最基本的核心公共产品,此时的国家和政府是"夜警国家"和"有限政府"。政府的有限职能直接决定了"有限财政"的存在,即资本和市场只提供较少的资源给政府,国家的财政收支规模较小,财政活动范围较窄。从19世纪末期开始,随着社会经济的迅猛发展,市场失灵和社会矛盾的频繁出现,公共需求大为增加,政府在提供传统的公共物品的同时,也开始介入市场机制的运行。与此相适应,政府的行政权力不断扩张,行政职能不断增加,国家不得不增设大量的行政机构和行政人员,以便对国家的经济生活和社会生活进行干预,成为"行政国"。在"行政国"的背景下,国家的财政活动也不断扩张,政府的收支结构发生了巨大的变化。政府筹集财政资金的手段和方式增加,支出规模大幅度扩张,国家的财政活动更具有多样性。财政亦不再停留于对国家机构运行所必需的成本的满足,与政府的经济干预职能相适应,调节经济、进行投资和给付社会福利成为财政支出的重要组成部分。

财政以满足国家机构运行对资金的需要为目标,国家职能,尤其是政府的行政职能的范围对国家财政行为的完成也就具有某种程度的决定性。在政府主导型财政模式下,政府根据自己行使行政权的需要来决定国家取得财政收入的范围,并决定国家支出的方式和规模,行政权与财政权始终是相互结合的。因此,有学者即认为,行政是国家为国民提供某种服务(活动),财政的基本架构在于公正公平地分配行政经费,行政的存在(表现)方式决定了财政的存在(表现)方式。② 从这个意义上说,行政权对财政权确实有一定的决定意义。

然而,行政权对财政权的决定性不过是当前政府主导型财政的一厢情愿。事实上,财政权始终是先于行政权而独立存在的。从国家收入的取得

---

① 参见丛中笑:《构建公共财政框架的经济法思考》,载《当代法学》2004年第9期。
② 参见福家俊朗:《资本主义税制的法理与现代日本税收制度的现状及课题》,北京大学第15期税法论坛上的发言。

而言,"征税的权力事关毁灭的权力"①,政府"圈钱"的权力被看作是最重要和源生的一种权力,正如柏克所说,"国家的税收就是国家",政府的一切权力无不来自于赋税,并从属于赋税。② 从国家的财政支出的角度来看,由于任何行政权的行使都必须建立在相应的物质基础之上,当国家的财力不足以支应所有的行政行为时,财政资金的安排将直接影响行政权行使的效果。国家任何财政行为的完成,不仅仅影响行政机构是否有充足的资金来履行职责,更关系到国家对社会生活管理与干预的效果。无论立法机构授予行政机关的行政权力范围如何,缺乏财政资金支持的行政权力始终无法达到预期的实施效果,行政权的管理性和强制性必然被架空。自治行政,必然以财政自主为重心。③ 因此,从根本上说,财政权才是最根本的权力,财政权是行政权实际存在并得以实施的基础。立宪主义对政府权力的制约,就首先体现为对政府征收赋税和使用赋税的限制④,财政权由此也获得了独立的价值与特性。财政权与行政权的日渐分离与独立,成为近代社会以来最为重要的现象之一。

在宏观层面上,财政权与行政权的分离则更为明显。财政行为所完成的是财政资金在不同部门、不同领域中的配置比例的安排。在这一层面上的财政行为是作为将来一定时期内的一定规模和数量的行政行为的前提而存在的,财政行为的作出仅仅喻示着国家对即将发生的行政行为的同意以及相应的资金支持。宏观层面上财政权的行使,成为具体的行政行为获得其资金来源的合法基础。国家在批准财政收入与开支的同时,实际上也就是批准了一项行政活动,即"以收入为目的,以支出为途径和手段的行政操作行为","拨付款项实际包括的是对政府操作行为的默许"⑤。正是从这个意义上说,财政行为应当是先于行政行为而存在的,国家享有财政权,才可能参与国民财产的分配,进而对所获得的财产进行合理的安排与配置,从而也才有国家机关职权的行使。

同时,随着凯恩斯主义的滥觞,国家不再仅仅作为"守夜人"存在,而是

---

① See McCuLLochv. Maryland, 4Wheat. (17U. S. ) 316, 4L. Ed. 579(1819).
② 参见王怡:《宪政体中的赋税问题》,载《法学研究》2004 年第 5 期。
③ 参见葛克昌:《国家学与国家法——社会国、租税国与法治国理念》,台湾月旦出版社股份有限公司 1996 年版,第 97 页,注 1。
④ 参见王怡:《宪政体中的赋税问题》,载《法学研究》2004 年第 5 期。
⑤ 参见〔法〕莫里斯·奥里乌:《行政法与公法精要》(下册),龚觅等译,辽海出版社、春风文艺出版社 1999 年版。

第一篇 财政权的运行与规制分析

积极地介入经济的运行,对经济生活加以干预和调节。一方面,财政政策逐渐成为国家调节经济生活的重要杠杆,财政权所要满足的不再仅仅是作为行政行为物质基础的国家资金的用度,更同时被赋予经济政策的选择和制定的权能。财政权的经济内涵主要着眼于国家宏观经济的发展态势,针对经济发展形势作出相机抉择,以国家参与国民财富的分配和国家的消费行为来调节市场上的消费量和投资量,以此干预经济的发展。国家对经济生活的干预作为一种特殊形式的公共产品,其对财政资金的支持更有着天然的依赖关系,财政收入取得的方式、筹集资金的规模等都足以成为政府干预经济的重要形式。财政资金投入的规模及所选择的支出方式,也都将影响市场上的供给关系。政府以财政政策对经济生活加以干预和调节,在作出相应的财政行为时,便不再以政府的运行成本作为判定财政规模适度的基点,而有其独立的价值选择与判断。另一方面,国家以金融政策、货币政策对经济生活加以干预时,同样必须借助于大量资金的投入,以国家财力的介入,对国民的财产资源的配置加以合理的引导,从而影响国民经济的运行。一旦经济政策缺乏充足的资金支持,其政策效果的实现必然大打折扣。于是,国家财政资金用度上的安排,尤其是否安排资金来满足经济政策的需求、安排多大的资金量来支持经济政策的运行,将直接决定国家干预经济的效果。因此,表面上看来是国家的经济调制权决定经济生活的方向,而实质上来看,真正具有决定意义的,恰恰是隐性的财政资源的安排与用度,亦即财政权的行使。从这个意义上说,财政权得以摆脱行政权、经济调制权的羁绊,其独立化的趋势亦得以进一步加强。

(三)财政权的权力内涵

财政权的独立价值日益彰显,但除国家的课税权[①]之外,其他财政权包括其他收费权、财产管理权、营运权和支出权,其权力的属性却具有隐蔽性。行政权的行使以财政资金为前提,那么,财政权的行使不过是一种"技术性、机械式的资金提供作用",财政作用只是一种完全从属于行政作用之"附属作用"或"前提作用",这种附属作用也就形成财政权的内部行政性格乃至

---

① 由于国家的课税权直接关系到国家参与公民财产权的分配,因此,课税权被认为是对公民财产的直接侵夺,具有强制性和无偿性,在立法上也受到更多的关注,以保障公民的财产权和自由权,税法也因而具有严格的公法色彩,"税收法律主义"也成为与"罪刑法定原则"相并行的公法原则。在学界,对课税权的理论与技术的考察也逐渐成为公法学上的又一重要领域。

外观上的"非权力的给付性格"①。在为行政行为提供财源的情况下,财政权与公民权利之间更为行政权力这一屏障所隔绝。在社会福利国家下,国家的财政行为承担了更多的福利给付和市场经济宏观调控的职能。从表面来看,行政给付是为某种形式的"给付权利",具有授益性。而经济的宏观调控则由于其行为的引导性和相对人的不确定性,并不存在对公民权利的直接强制。正因为如此,财政权被认为不具备权力的要素和内涵,从而被排除于国家权力之外。财政权的隐蔽性造成了立法上对财政权规制的忽视,从当前的各国财政立法来说,除税收有较成体系的立法之外,甚少有法律规范对财政权的整体运行作出规制,即便有,亦仍停留于对财政行为的技术性规定的层次上,"任令行政得随意管理、自由支出","形成行政之自由领域"。②

乔纳森·哈克斯认为,权力在其最基本的方面,一直被理解为驱使的能力,是强迫他人做本来不愿意做的能力。韦伯亦认为,权力是处于社会关系之中的行动者排除抗拒的可能性,它意味着在一种社会关系中,哪怕是遇到反对也能贯彻自己意志的任何机会,不管这种机会是建立在什么基础之上。因此,权力应当是具有支配、控制或影响他人的能力,是一种强制的力量。③如果说财政权与人民之间并不发生直接的权利义务关系的话,财政权是无法对人民施以"支配、控制和影响"的。为对财政权的属性加以认定,即必须完成对财政权与公民之间相互关系的考察。

如前所述,财政收入的取得、管理和支出应当是三位一体的。财政收入以提供行政的财源为其根本目的,则国家能够参与国民财富分配取得财政收入必然依赖于财政资金的管理与支出实际效果。尽管财政收入,尤其是国家课税,是对公民财产权和自由权的直接侵夺,但在国家取得收入时,对公民财产权不过是潜在的或有侵夺。财政资金管理与支出的有效性,则关系到这种侵夺的现实性。公民是以财产的让渡为代价来交换国家所提供的公共服务的。只要国家提供了公民能够实际享有的必需的公共产品,那么,公民所让渡的财产便成为公共服务的合理成本,公民所让渡的财产便成为享受公共产品而支付的对价。在国家适度参与人民财产的分配,合理管理、经营所取得的资金,有效安排其各项支出,公民所支付的"税收"或"规费"

---

① 参见蔡茂寅:《财政作用之权力性与公共性——兼论建立财政法学之必要性》,载《台大法学论丛》25卷第4期。
② 同上。
③ 参见方世荣:《论行政权力的要素和制约》,载《法商研究》2001年第2期。

与所享受的公共服务之间具有合理的等价关系,公民的各项权利能够得到基本的保障。在财政资金管理与支出效率低下的情况下,公民支付"税收价格"或"规费"却无法享受相应的公共服务,公民财产权的让渡便真正演化为对财产权的现实侵夺。也只有在财政资金管理与支出行为失范的情况下,才会使国家所课征的税收真正成为"无对价的强制性的财产剥夺"。在国家行政职能大幅扩张以致国家财力不足以充足支应全部行政行为时,财政资金的分配必须对各项不同的行政行为、司法行为进行仔细权衡,以保障所进行的国家行为对当前社会生活和经济发展而言具有必要性和正当性。否则,将难免在各项国家行为之间产生"排挤效应"。进而,国家在公共物品的提供上也必然有所偏差,对公民基本权利的实现也必然有所影响。从这个意义上说,财政权并非"不直接与人民发生权利义务关系",恰恰作为国家提供公共服务的财源上,财政权的行使是否合理将影响人民享受公共服务的程度及水平,并最终影响人民基本权利的实现。

从财政权的基本权能来看,财政权的强制性和支配性同样相当明显。在现代福利社会中,国家的财政承担了很大部分的福利给付的职能。在此所谓的"给付行政"的领域中,由于社会资源具有稀缺性,国家福利给付请求权的实现即具有很大的竞争性,社会福利给付支出的安排将影响与公民基本生活条件和与最低尊严维护相关的权利,在支出安排不当的情况下,"给付权利"反而成为"侵害权利"。财政权借税款征收介入公民财产的分配,再由各项福利给付在公民之间进行收入的调节,形成"劫富济贫"与"实质正义的追求",亦是对公民财产权形成某种强制与支配。加上国家借由其所掌握的巨额资金介入经济生活,刺激经济发展或抑制经济过热以熨平经济周期,平衡市场供需总量,规范市场失范行为,同样对市场主体的经济行为有所强制。无论是收入的重新分配还是经济的调节,国家的财政行为都必然对财产分配与资源配置的现状形成一定的强制性矫正,财政权的公权力属性亦于此时予以外化。

随着财政权独立化趋势的加强,财政权的公权力属性日益显性化亦成为必然。在财政权甚至决定行政权乃至司法权的行使的情况下,尽管在某些场合下财政权的权力主体与公民之间并未建立直接的法律关系[①],但其财政权的运行必然对人民权利的实现程度产生一定的影响或强制。任何权力

---

① 在很多情况下,财政权的行使同样会形成权力主体与公民之间的权利义务关系,如课税权的行使或者直接的福利给付。

都应当受到制约,因此,从"规范论"或"权力论"的角度对财政权的整体运行予以关注,同样应当为法学界所重视。

## 二、财政权的范围与层次解析

财政的运行包括不同层次的运行系统,在对财政权作出整体性的概括之后,对财政权的范围及层次进行层层剖析,有利于对财政权所包含的丰富内涵给予更多的关注,也能够以此确定财政权运行中亟须规范之处。

### (一)财政权的范围解析

从基本面上来看,财政权可以划分为最基本的财政收入权和财政支出权两个部分。无论是国家收入体系还是财政支出规模,都以收入权和支出权为核心。因此,对财政收入权与财政支出权的具体权能,也就有必要予以考察。

#### 1. 财政收入权

财政收入权直接关系到国家能够以何种方式取得财政资金以及所能够取得的财政资金的范围。在不同的国家,财政收入权的范围及其内涵的不同也直接决定国家收入体系上的差异。我国并未对财政收入作出全面的概括,而仅仅在《预算法》第19条规定,预算收入包括税收收入、国有资产收益、专项收益以及其他收入,对预算外的资金收入则语焉不详。我国台湾地区的《财政收支划分法》中对台湾地区的财政收入则做了详细的描述,规定税课收入、独占及专卖收入、工程受益费收入、罚款及赔偿收入、规费收入、信托管理收入、财产收入、营业盈余及事业收入、协助收入、捐献与赠与收入、公债及赊借收入以及其他收入均属于国家的财政收入的范畴。不论国家以何种方式取得财政资金,都必须有相应的征收权限,因此,国家所取得的收入的种类应当直接决定了财政收入的法律权属。从各国的规定来看,课税权、规费收入权、国有资产收益权以及公债发行权是最为主要的收入权属。

#### (1)国家课税权

从当前各国的财政收入来看,税收收入所占的比重逐渐增加,各国也逐渐成为"租税国家"。以我国为例,根据国家税务总局的统计快报,2003年度我国的财政收入(不含债务收入)为20 501亿元,税收收入为20 450亿元,占财政总收入的99.7%。税收作为国家参与国民收入分配和再分配的一种规范形式[①],国家收入由私人财产的收益中分享,由公民无偿转移一定

---

① 参见刘剑文主编:《财政税收法》,法律出版社1997年版,第141页。

的财产给国家。尽管税收是国家对公民财产权的无偿的强制性剥夺,但对纳税义务人而言,纳税"仅将其受宪法保障之所有权中一部分收益归国家所有,以作为国家保障其经济自由之对价"①。"租税国家"必然与市场日渐分离。

在市场经济体制下,国家不再是市场的参与者,而仅仅作为市场秩序的维护者和协调者。国家权力机构很少直接握有各种财产,不再以国有财产直接从事生产经营,而是以所有权和经营权分离的形式间接运营国有财产,也不直接取得这部分财产收益,国家无法取得自营收入。在国家并无自营收入的情况下,为维持国家权力系统的正常运行,必须将国家的财政需求转移给国民财富的生产者,从公民手中让渡一定比例的财产来维持国家的运行,使国民按一定的比例进行分担。人民将其受国家保护的财产中的一部分收益归国家所有,以作为保证国家保护其财产权和经济自由的对价,并将此财产的让渡固定化和经常化,即以税收的形式转让其财产。国民以税收的形式来分担国家提供公共产品的成本,并以"量能负担"、"普遍负担"在国民之间进行平等分担,使国家运营成本在国民间的分配体现平等与正义。因此,在市场经济体制下,国家的经常性收入必然为税收,而其他经济活动收入或税收之外的强制性收入则仅作为补充。

税收成为最主要的财政收入形式,也就决定了国家的课税权成为最重要的财政收入权。有学者认为,课税权是由国家主权派生的,是国家对税收拥有的取得权和使用权,课税权的性质由国家的性质决定,故税法上的税权则是人民民主专政和社会主义国家对税收的课征和使用享有的权力②。亦有学者认为,税权是国家为实现其职能,取得财政收入,在税收立法、税款征收、税务管理方面的权力或权利,是取得财产所有权之权③。因此,课税权的本旨在于国家财政收入的保障,在对课税权的行使进行设计时,国家债权保护的视角始终都应当受到重视。

国家课税权的行使即在于使国家以法律所确定的方式和程度参与国民收入的分配,这种财产让渡上的无偿性无论如何都将形成对公民财产权和自由权的限制与剥夺,必然给国民带来一定程度的"税痛感"。与其他征收权相比,国家课税权与其公共服务提供的义务之间并不存在严格的对应关

---

① 参见葛克昌:《税法基本问题——财政宪法篇》,北京大学出版社 2004 年版,第 71 页。
② 参见陈刚:《税的法律思考与纳税者基本权利的保障》,载《现代法学》1995 年第 5 期。
③ 参见赵长庆:《论税权》,载《政法论坛》1998 年第 1 期。

系。与国家课税权相对应的是公民的单方纳税义务,国家没有给付对价的义务,公民也没有取得任何对价的权利。从这个意义上说,国家课税权必然是以侵权为手段的权力形式。因此,国家课税权行使的规范化应当成为财政权规制的重点。

（2）规费征收权

税收与规费同是国家财政收入的重要来源,但两者存在着原则性的区别。行政规费是行政事业单位依法对某种社会公益事业提供公共服务而向直接受益者收取的费用。与税收的征收不同,行政规费的征收必须以具备一定的条件为前提,即国家提供公共服务,且该服务所派生的利益能直接为相对人所享有。由于相对人可直接享有公共服务的利益,该相对人即必须为国家提供该服务所支付的成本付费。行政规费的征收以补偿行政机关为提供该服务所支出的成本、费用为原则。因此,行政机关所收取的行政规费实际上仅在于弥补为提供公共服务所支出的费用,行政机关并未因此而取得任何收益。而税收是一种单方负担,用于满足一般的公共财政需要。国家有征税的权利而没有相应的对待给付义务。[①] 纳税人并非为其个人所具体享有的公共服务支付对价,而是对公共服务整体提供必要的资金。纳税人仅是公共服务的间接受益者。国家本身可不受对价的拘束,得自行选择目标,自行确定其手段。国家税收债权的取得固然在于"提供国家之给付与服务,以增进个人经济行为之自由"[②],但其提供的公共物品通常具有普遍意义,享有公共物品的主体也具有不确定性,因此,其公共服务的提供义务是溢出于税收债务之外的,并非严格意义上的税收债权的对待给付义务。正由于税收并无直接或具体的对待给付义务,这使得税收与行政规费形成了原则性的区别。

从权力的角度而言,课税权是用以满足一般性的公共需求,而行政规费征收权则是行政职务的副产品。国家是否能够享有新的规费征收权,应当视行政行为的性质及可能衍生的新的受益而定。相较之下,由于公民的规费缴纳义务与所享有的行政给付之间具有对应关系,因此,尽管规费征收权

---

① 尽管有学者提出,由于租税是为取得国家提供的服务而支付的对价,租税的前提即是国家公共物品的提供。因此,租税的给付与国家公共物品的提供构成税收之债双方当事人的主义务。因而,税收并非单纯的单方债务,而更应该是双方债务。但国家的这种对待给付义务仅具有抽象层面的意义,从具体纳税人与国家的关系来看,国家对纳税人并不承担直接的给付义务。

② 参见葛克昌:《税法基本问题——财政宪法篇》,台湾月旦出版社股份有限公司1996年版,第119页。

第一篇 财政权的运行与规制分析

同样是基于公法而生的强制性收入权,但其强制性要弱于无偿征收的课税权。由于规费征收权直接衍生于行政行为,有学者因此认为规费创设之权并不在立法者①,这就造成规费征收权的行使在很大程度上游离于法律的控制之外②。缺乏规制的规费征收权即可能切断规费征收与特定项目的行政作为及其所生的公共利益之间的直接联系,使规费征收权成为国家侵犯公民财产的另一权力来源,这同样将影响公民财产权等基本权利的实现。因此,规费征收权同样应当纳入法律规制的轨道中。

(3) 国有资产收益权

国有资产收益是国家在管理、运营国有资产过程中所取得的收益,是在原有的国有资产上的增值。对国家而言,要取得国有资产收益,国家必须实际参与市场竞争、从事各种经营活动,因此,国有资产收益并非固定性的收益,而更多地取决于国家经营行为的收益性和营利性,并受市场竞争风险的影响,这就使得国家的财政收入无法预知,具有相当的不稳定性。加之国家以"最大之资金持有者"的身份参与市场竞争,较私经济主体享有先天优势,对市场主体的营业积极性、竞争秩序和职业自由均有所妨碍,对其营业自主性和积极性的挫伤亦难以避免。因此,即使在以公有制为经济基础的国家③,国家取得的国有资产收益仍不占国家财政收入的主要部分。

与规费和税收相比,国有资产收益并不属于强制性收入的范畴,国有资产收益权类似于私法上的财产收益权。但从本源上来,国家并无法自行取得国有财产,国家所占有的国有财产来源于人民的财产让渡。国家不过是以一种虚拟的主体或说代理者的身份为全体公民代行国有财产的所有权和收益权,国家所管理、运营的财产仍然属于公民的财产。更重要的是,国家在行使国有资产收益权时,必然成为市场上最大的投资主体。与私的市场主体相比,由于国家握有巨额的国有资产,其投资的方向在很大程度上将直接影响市场秩序的形成和整体的资源流向,从而对其他市场主体的经营行为产生或多或少的引导和限制。因此,国有资产收益权尽管并非直接衍生于公法权力,但仍然是基于法定代理人身份而生的法定性权力,其行使的合

---

① 参见葛克昌:《税法基本问题——财政宪法篇》,北京大学出版社 2004 年版,第 58 页。
② 我国当前的乱收费现象已成为财政活动无法回避的问题。就笔者看来,规费权的立法控制的缺失是造成这一现象的重要原因。
③ 我国在 1994 年税制改革实行"利改税"之后,国有企业不再直接上缴利润,而以缴纳所得税的形式来缴纳利润。即使在税制改革之前,国有企业所上缴的利润在总财政收入中的比重也难以同税收相比。

理性和有效性关系到国有资产增值的可能性和现实性,关系到作为市场主体的国家与私的市场主体之间的平等竞争,亦应当在法律规制的范围之内。

（4）公债发行权

政府在预算收支上发生入不敷出、不能平衡时,基于财政上之需要,并于承诺定期还本付息之条件下,向个人、商业团体、金融机构、外国政府或国际组织借款①,是为国债。随着国家职权的扩张,国家财政支出扩充,造成财政压力,而"租税收入有其历史条件限制,一国之国民经济所能提供的税收,均有极限"②,导致国家大幅度举债,其中尤以国债的发行为最。在财政赤字思想的主导之下,国债的发行收入也逐渐在国家的财政收入中占有较大的比重。

在国债发行中,国家是作为债务人与国债承购人发生债权债务关系的。单从表面上看,国家发行国债取得资金的使用权而承担到期偿还债务并给付利息的义务,而国债承购人则享有相应的债权,国家与国债承购人之间应当具有一定的平等性,国家发行国债不过是确立新的债权债务关系,与权力的行使无关,对公民的权利亦并无太大的影响。但在政府借款的情况下,并不是在费用开支确立的预算时期之内就把费用负担强加到居民身上,而是被延续或推迟到以后时期之内才还本付息③。国家债务的负担是以税收作为担保的,因此,公债也不过是"税收的先征"。更何况,发行公债不仅可能增加政府的开支,通过发行国债也具有工具的功能。国家通过公债的发行,也达致财政统治与政策诱导,对不景气时期加以调整。因此,公债发行权具有隐性的权力性格,同样应经由财政民主统制的手段,为立法之监督,防止财政赤字扩大,以保持财政之健全,并兼顾全体国民之平等保护及个别公债承购者之利益保护④。

不同的收入工具,按其功能之结合,提供国家收入之可能途径,达成国家政治及经济之稳定作用⑤。宪法上的收入体系既是财政国家的前提,又提供法治国家民主制度之活动基础,并满足社会给付国家之要求,成为经济责任国家的辅助工具与保护手段。国家不同的收入工具,乃为国家依宪法而

---

① 参见廖钦福：《宪法公债概念及基本原则之研究》,台湾大学法学硕士论文1997年,第69页。
② 参见熊彼特：《税收国家的危机》,转引自葛克昌：《国家学与国家法——社会国、租税国与法治国理念》,台湾月旦出版社股份有限公司1996年版,第98页。
③ 参见〔美〕布坎南、瓦格纳：《赤字中的民主》,刘廷安、罗光译,北京经济学院出版社1988年版,第16页。
④ 参见廖钦福：《宪法公债概念及基本原则之研究》,台湾大学法学硕士论文1997年,第69页。
⑤ 参见张昌邦：《税捐稽征法论》,台湾文笙出版社1979年版,第43页,注1。

征收,亦当受宪法之限制。①

2. 财政支出权

财政乃为满足国家提供公共服务的资金而存在。公共服务是"任何因其与社会团结的实现与促进不可分割、而必须由政府来加以规范和控制的活动"②。不同的公共服务用于满足公民的不同需要,不同的公共服务所需要的财政资金也有所不同,财政资金必须在各项公共服务之间做合理的分配。根据国家公共需求的不同,我们可以对财政支出权作如下分解。

(1) 作为国家机关运行成本的财政支出

在当前的权利系谱中,消极权利和积极权利是最基本的权利分支。积极权利的实现依赖于国家的积极作为,国家必须通过种种作为来保障公民的积极权利的实现。而消极权利则被认为是在国家行为与公民之间划定的自由领域,国家只需抑制其行为,公民的消极权利即能够得以实现。尽管权利是天赋的,但只有在获得法律确认的前提下,公民的权利才是可以实现的,权利需要由国家机构创设、解释和调整,更依赖于国家机构的执行和救济。国家通过提供法律制度,赋予公民相应的权利。政府用纳税人支付的费用建立并维持法律机构,以此建立切实可行的权利行使渠道,并建立相应的救济之路③。如果缺乏一个组织有效、公共支持的,能够征税和开支的国家机构,那么公民权利也必然无法得以真正的实现。从整体上说,徒法不足以自行,权利也无法自我实现。权利的保护并不仅仅是一个体制构建的问题,更应当是执行与救济的问题。无论是制度的构建还是制度的实行乃至最终的权利救济,都依赖于财政资金的投入,财政资金是权利顺畅实现的根本基础。

国家既为实现公民权利而存在,作为国家机关运行成本的支出应当是财政支出的最为核心的部分,用以支撑国家整体运行机构的存在和运作。同其他形式的财政支出相比,作为国家机关运行成本的财政支出用以满足国家最基本的财政需求,"需求弹性"较小。正因为如此,这部分财政支出权的行使所受到的关注最少,相应的规范性也最小。但财政资金在不同的国家部门之间的分配将直接决定国家机关权力的可执行性,从而决定公民权

---

① 参见葛克昌:《税法基本问题——财政宪法篇》,北京大学出版社2004年版,第71页。
② 参见〔法〕莱昂·狄骥:《公法的变迁:法律与国家》,郑戈、冷静译,辽海出版社、春风文艺出版社1999年版,第446页。
③ 参见〔美〕史蒂芬·霍尔姆斯、凯斯·R.桑斯坦:《权利的成本——为什么自由依赖于税》,毕竟悦译,北京大学出版社2004年版,第33—35页。

利的保护程度。在不同的部门之间维持均衡性的财政分享,使各个部门握有与其职能相当的适度的财政资金,才能保障国家机构的顺利运转,保证公民权利的实现。

(2) 作为经济调节的财政支出

"市场是没有心脏和大脑的",市场自身恰恰是浪费、无效率和不公正的根源。由垄断及不正当竞争所引发的对市场自由竞争秩序和经济民主的窒息,由信息分布不均所导致的交易成本的增加和对弱势群体权利的侵蚀,由外部性的存在而产生的对负外部性行为的过分激励和对正外部性行为的激励不足,由公共物品的非竞争性和非排他性所导致的市场供给动力的缺乏,都使得市场的运行产生了高昂的成本,其运行过程中的摩擦和矛盾始终不断,经济周期的波动更将这种摩擦时不时地"引爆"。而面对这一切,市场自身却无力予以恢复和纠正。此时,超脱于市场运行的外力的介入便成为市场得以恢复运行的必要动力。国家作为全国最大的资金持有者,其财政支出直接构成社会总需求的重要组成部分,财政支出的总量和结构同国民经济之间存在着不可分割的联系。对财政支出总量和结构的调整和改变,必然影响市场经济的整体运行。政府的财政行为作为"内在的稳定器"介入市场,熨平经济周期,平衡市场供需总量,规范市场失范行为,其介入的着眼点在于市场整体而非具体的市场主体。在政府的干预行为与个人的价值选择发生冲突时,强制便在所难免。在国家以财政支出行为调节经济发展时,市场主体的经营自主权不免受其影响,甚至形成对其经营自主权的限制与干预。因此,作为经济调节的财政支出所影响的,不仅仅是个体的市场主体的经营自由权,更影响到市场的自由竞争和运行秩序的建立,具有一定的侵权性质,同样应当纳入法律规制的范围之内。

(3) 作为社会福利给付的财政支出

作为社会福利给付的财政支出主要用于满足社会性服务,具有某种"公民权利"的性质[①]。为保障个人起码的经济生存条件和基本权利的实现,国家必须安排部分财政收入以提供文化教育、社会保障和福利性收入的形式满足个人的基本需求,以必要的物质条件的提供,来保证个人自由而平等的社会发展机会[②]。同时,社会福利给付具有强烈的再分配功能,通过转移支

---

① 参见李军鹏:《公共服务型政府》,北京大学出版社2004年版,第21页。
② 参见葛克昌:《国家学与国家法——社会国、租税国与法治国理念》,台湾月旦出版社股份有限公司1996年版,第60页。

付,在不同个体之间形成对收入差异的强制性矫正。

随着个人基本生活尊严和基本生存条件日益为各国所重视,国家的福利支出更加重了各国的财政负担。社会福利是某种形式的"给付权利",具有授益性。社会福利给付作为对人民基本生活条件的保障和最低尊严维护相关的国家行为,对人民基本权利的实现同样具有不容忽视的意义。在社会经济资源稀缺的情况下,社会福利的给付权利的享有具有很大的竞争性,国家之社会给付往往附条件、负担及举证责任,因此,对社会福利给付的财政支出同样不能给予太多的自由裁量权。

由于社会福利给付的需求弹性相对较大,在国家财政收入不足以支应全部财政支出的需要时,国家往往以在社会福利领域的大幅度收缩为代价减少财政开支,由此必然造成公民福利给付请求权实现的不足。国家对用于社会福利给付的财政资金的安排亦应当有一定的规范性和确定性,以确保对公民而言,国家的社会福利给付请求权同样是可以预测的权利。

(二) 财政权的层次解析

1. 财政的最终决定权

公共物品是那种不论个人是否愿意购买都能使整个社会成员获益的物品[1]。某一主体对公共物品的消费不能排除其他主体的同样消费,各主体的消费不能明确区分界线。公共物品的提供不具有竞争性,市场欠缺供给的动力,因此必须由超脱于市场之外的国家来提供。"政府实际上是在决定如何从居民和企业手中取得所需的资源,用于公共目标"。税收即是人民享受国家提供的公共物品而支付的一种对价。"通过税收筹集来的货币实际上是一种媒介工具",通过它,可以将那些实际的资源由私人品转为公共品。税收是"要求公用事业使用人支付使用的机会成本"。公民以税收或其他形式的财产的让渡为代价,换取国家所提供的公共服务,"国家的收入是每个公民所付出的自己财产的一部分,以确保他所余财产的安全或快乐地享用财产"[2]。正因为如此,人民与国家之间应当就公共物品的提供与所支付的对价达成一定的合意,并订立契约。

故此,在民主的政治制度下,在公共物品及劳务的提供上,不应当由国家享有唯一或最终的话语权,而归根到底,应当由公民决定。个人选择国家

---

[1] 参见〔美〕保罗·萨缪尔森等:《经济学》(第16版),萧琛等译,华夏出版社1999年版,第268页。

[2] 参见〔英〕洛克:《政府论》,叶启芳、瞿菊农译,商务印书馆1964年版。

为公民提供的公共物品及劳务的数量,并选定他们所愿意为之支付的对价及支付对价的方式。在最终阶段或层次上,个人总是必须选择他的资源如何被集体使用和政府预算的适度规模,并对这一预算在各类项目上的分配作出决定。① 只有某种需要被全体国民所认可,作为社会公共需要而由国家提供,人民才有义务为该公共需要承担相应的资金供给。因此,财政的最终决定权应当属于国民全体,个人应当表达自己在公共需要上的偏好,以便国家能够设法合并这些偏好来最终确定公民对公共物品的需求。在民主社会的财政制度中,公民至少应该拥有对财政决策的"潜在的选择权力","在任何时候都作为一个潜在的参与者,而不管他是否参与",财政决策应当是"立宪的一致同意"。②

但实际上,由于个人参与财政决策的成本是相当高昂的,而其个人选择对最终的财政决策的影响力却极其微小,这在某种程度上也决定了公民参与财政决策的非自觉性与理性的冷漠。在作出财政决策时要求全民参与下的一致性同意是相当困难的。在代议制民主下,作为替代的立法机关则实际享有了对财政的最终决策权。国民首先对财政选择赖以进行的制度和程序作出决定,以此约束财政决策的内容和规模,并通过自身代表的选择,确定替代行使财政决策权力的机构的组成,从而使自己对"公共收入与支出的同意"能够通过立法机构的多数决规则得以最终实现。

因此,无论是"无代表则无税",还是财政决策必须"在议会上经过国家的代表者(纳税人者的代表)议员的同意",都不过是财政决策权归属于立法机构乃至国民全体的具体表现。正是从这个意义上说,"立宪政治的历史,可以说是现代预算制度的成长史"。③

2. 财政执行权

财政决策权最终应当归于国民全体,但国家才是公共产品的提供者。国家应当根据国民对公共物品的实际需求及需求的范围,实际的选定自己所将要提供的公共产品的内容。从收入面上来说,国家通过税收的征收获取财政资金,并具体经理国库;从管理面上来看,国家对所取得的财政资金进行运营和管理,完成在不同的国家机关之间的流转与配置;从支出面上

---

① 参见〔美〕詹姆斯·M.布坎南:《民主过程中的财政》,唐寿宁译,上海三联书店1992年版,第95页。
② 同上。
③ 〔日〕井手文雄:《日本现代财政学》,陈秉良译,中国财政经济出版社1990年版,第97页。

看,伴随行政行为的完成,支付相应的成本。对公共服务而言,社会公共需要只有在被立法机关以立法的形式确认,并且交由行政机关执行、司法机关司法的情况下,才会成为公共服务。相应的,立法机关应当根据国家机关提供公共物品所需要财政资金的程度和范围,决定各个机构所能够掌握和实际支配的财政资金,交由国家机构在实际提供公共物品过程中具体使用财政资金,实现财政资金对公共需要的满足。

3. 财政监督权①

财政监督是保障财政决策权和执行权在法律规定的轨道和范围内运行的有效途径,因此,财政监督权成为与财政决策权和执行权并行的财政权的重要权能。财政监督权是国家有权机关在财政管理过程中,依照国家有关法律法规对涉及财政收支事项及其他相关事项进行审查、稽核和监督检查的权力。财政监督是以资金运行为中心的监督,其目的在于保障财政收支有序运行,使财政职能、职责得以全面有效地发挥。

## 第二节 立法机关财政决策权的运行与规制

如前所述,税收是对公共物品支付的对价,因此,人民应当对公共物品及其所应支付的对价有所选择和决定。国家只是提供公共服务的公共团体,与人民通过协商确定公共物品的提供及其对价的分担。因此,由立法机关承担总体性财政责任较为适宜,财政的收支应当"在议会上经过国家的代表者(纳税人者的代表)议员的同意"。立法机关的财政决定是整个财政体制运转的起点,"无代表则无税",更不能有财政资金的支出。

### 一、立法机关财政决策权的行使

人民选出的"代议机关"依照人民意志对公民所应当支付的公共服务的对价以及国家所提供的公共服务的内容作出决策。一般而言,由人民代表组成的议会对财政事项的决定主要通过两种途径:一是将有关财政活动的普遍规则制定为法律,一是通过年度的财政预算的批准实现对国家机构财

---

① 财政监督权的有效行使对于财政法治的形成同样具有重要的意义,可以说财政监督权与财政决策权、财政执行权的行使是相生相伴的,在决策权与执行权的行使过程中,必然伴随着财政监督权的行使。从这个意义上说,全面研究财政权运行的法律规制,对于研究财政监督权必然有其意义和价值。但本书主要将研究的着眼点置于财政权主体的行使权力行为的规范化和制度化,因此,在本书中,并不对财政监督权做过多的探讨。

政收支行为的控制。

(一) 财政立法

公共财政是在反对封建国家的过程中,资产阶级与封建君主争夺国家财权而最终确立的。税收本身所具有的侵夺公民财产权的特征每每成为资产阶级革命的导火索。从英国的《大宪章》《权利请愿书》开始,美国的《独立宣言》《弗吉尼亚权利法案》,到法国的《人权与公民权利宣言》,各国所确立的宪法性文件都以"人民同意"的形式表明议会在决定国家财政收支上的绝对性权力。随着税收征收范围的扩大,国家与人民之间在财产利益分配上的冲突日益突出,以一种更具有确定性和可预测性的方式来划定国家侵犯人民财产权的范围,受到更多的重视。税收立法也随之被纳入到公法的范畴,成为最早受到关注的财政法领域,税收法定主义甚至成为与"罪刑法定原则"相并行的法治原则。随后,国家的财政职能扩张,财政对国家经济和公民财产的影响也逐渐扩大,财政立法的视野也逐渐由税收法定扩展至财政法定。

对当前日益复杂化的财政实践来说,以法律的规范性来完成对国家财政行为的规制是法治发展的必然选择。"租税乃是对国民财产自由权之侵犯及对职业与营业自由权之干预"①,自不待言。尽管财政工具乃是实现"取之于民而用之于民",但国家的社会给付往往附条件、负担及举证义务,"受之国家之金钱者,其经济自由度逊色于个人所有者或用以纳税者"②,国家财政行为的完成势必弱化公民的经济自由。因此,只有以确定的形式规定国家财政行为完成的界限和模式,才能在保证公共需要得以满足的情况下,不造成对公民基本权利和自由的过度侵夺。在民主政治国家,只有以法治的形式将财政立法权保留于由人民所选代表组成的议会中,才能保证政府财政的活动范围不超过"市场失灵"和"政府失灵"的限度,也才能保证政府依法财政③。财政立法一般由议会严格保留,强调"宪法优位"或"法位阶原则"④。各国的国会往往针对不同的财政行为制定相应的财政立法,明确各个国家机关财权的行使权限,划定其运行的轨道。以法律所确定的反

---

① 参见葛克昌:《税法基本问题——财政宪法篇》,台湾月旦出版社股份有限公司1996年版,第102页。
② 参见葛克昌:《税法基本问题——财政宪法篇》,北京大学出版社2004年版,第70页。
③ 参见丛中笑:《构建公共财政框架的经济法思考》,载《当代法学》2004年第9期。
④ 关于法位阶原则的论述,可参见蔡震荣:《行政法理论与基本人权之保障》(第2版),台湾五南图书出版公司,第59—87页。

复及普遍适用的规则,确保国家财政行为的规范性和透明度,使公民对财政行为对其经济活动所可能产生的影响有所预见并得以合理安排其经济生活,避免国家缺乏规范的财政行为对私人经济行为造成随意的侵夺与限制,形成国家财政安排与私人经济安排的良性互动。

随着各国法治进程的发展,财政立法也逐渐成为规范财政权行使的主要方式。财政立法由立法机关以严格的程序制定,一旦制定即发生相应的拘束力,对相应的财政权的拘束较具体财政事项的单独审查更具有确定性和可预测性。相比较而言,财政行为的完成受到政治因素或经济因素的影响更大,如在西方国家的政党活动①,在我国各政府部门的利益消长及权力对比等都将直接影响财政资金的安排。因此,只有以一种确定的形式来规范财政权的行使,才能避免因政治力量对比和经济形势变化而做出随意的财政收支行为,形成财政活动的稳定秩序。从这个意义上说,财政立法是相当必要的。

从各国的立法情况来看,除传统的税种立法之外,各国以确立财政活动的普遍规则为目的的财政立法也逐渐呈现扩大化的趋势。税收立法在广度和深度上有所扩展,以国家课税权的自觉性约束为主导的税法规则日益受到重视,国库主义不再是税收立法的主导思想,纳税人权利保护在税收立法中得以更多地体现,税收征收规则日益向规范、限制国家征税机关权力的方向发展。以国家在财政活动中的"责任制、透明度、预测能力和参与性"为核心的财政法律制度也逐渐在各国建立,规定国家在具体要求的质量、成本以及时间安排下提供公共物品与服务的责任与权限、明确规定财政收支活动的决策程序,并向社会民众提供适当的参与基础和渠道,以此提高财政收支活动在政治上的可接受程度,最终实现财政收支活动的规范性进行,保证高效地实施各项目及工程,有效地提供公共服务。除规范预算行为的预算规则之外,财政立法的范围也逐渐扩展。例如,澳大利亚早在 1983 年就推出了《财务管理改进计划》(FMIP)和《项目管理及预算》(PMB)制度,目前联邦政府和各州政府都建立了一套较为全面的绩效管理与报告制度;新西兰则于 1988 年、1989 年和 1994 年分别颁布了《政府部门法案》(State Sector Act)、《公共财政法案》(Public Finance Act)和《财政职责法案》(Fiscal Re-

---

① 关于政党制度对财政行为的影响,可参见 Elizabeth Garrett, Law and Political Parties: The Congressional Budget Process: Strengthening the Party-in-government。

sponsibility Act),构成了其绩效预算的基本法律框架①,为制定和实施财政政策建立了全面的法律框架,以此监控政府活动符合既定的财政目标,协调、改进公共部门与私人部门的关系,并在政府财政管理中引入绩效预算,通过事先的分析预测和事后的审计评价,为财政收支总量的把握与结构的优化调整提供较为完善的公共决策机制,同时通过强制规定政府及时披露所有有关财政信息,提高政府财政行为的总体透明度。②

通过建立体系化的财政立法,实现公共财政运行机制的法治化,即将财政活动置于法治化的轨道上,致力于控制公共风险和提高政府管理水平与运行效率,使社会成员的意志得以真实决定、约束、规范和监督政府公共财政活动。

(二) 财政决策:以预算编制为例

1787年,英国国会通过了《统一基金法案》,规定政府的一切收支都必须向国会提出"财政收支计划书",并由国会审核批准,具有法律效力,从而确保政府的财政活动根据人民的要求和利益来进行。③ 预算是在代议制机构监督王权——主要是财政权的过程中产生的。从限制国王的征税权开始,到取得一切租税征收的立法权、课税监督权,再到掌握王室政府财政支出的批准权、分离国王私人支出与政府的财政支出,进一步扩张到事后的审计监督、控制国家的全部收入和支出,直到使全国财政收支统一于唯一的综合基金之中,议会对财政权的控制最终得以实现。在民主社会中,批复预算成为立法机关对政府部门财政收支活动进行控制的主要形式。

所谓预算,简单而言,是在一定时期内(一般为一年)国家的收入和支出,即国家财政活动的数字估量表。国家的财政活动通过编制预算来决定,要决定一定的财政政策,应当编制与之相应的预算。④ 议会的预算批复行为其目的是对国家机构中的年度收入与支出进行预测和批准。具体而言,预算首先决定全部资源在公共部门和私人部门之间分配的比例,其次决定财

---

① 贾康、文宗瑜、王桂娟:《关于控制公共风险与实施绩效预算的考察》,http://www.crifs.org.cn/0416show.asp?art_id=104。
② 参见萨尔瓦托雷·斯基亚沃—坎波、丹尼尔·托马西:《公共支出管理》,张通译/校,中国财政经济出版社2001年版,第110页。
③ 参见张馨、杨志勇等:《当代财政与财政学主流》,东北财经大学出版社2000年版,第29页。
④ 参见〔日〕井手文雄:《日本现代财政学》,陈秉良译,中国财政经济出版社1990年版,第87页。

政资源在公共部门内部的配置。

同财政立法相比,预算的拘束力远远不如法律,甚至在执行上也存在较大的弹性。预算仅仅预定某些国家机构在该财政年度履行其职务所能够支配的财政资金的范围,但并不影响该国家机构具体的职能行为,也无法真正拘束具体的职能行为所支出的财政资金的数额和方式,预算也很难对收支数额予以强制规定。但预算作为财政活动的控制系统和调节机制,通过对政府的年度财政收支予以规划,并经议会以法定程序批准,成为政府财政行为的年度性规范依据。立法机关通过批准预算,规定在某一财政年度下国家机关所能够实际掌握的财政资金范围,并规定该资金的用途和使用方式,以此规范政府在本年度内的财政行为,是一种预设性的财政行为规则。对所成立的预算,国家机关负有遵照执行的义务,而不得随意变更,"预算之执行系维持法定机关正常运作及其执行法定职务之经费,不能任由主管机关自由裁量,若停止执行致影响机关存续者,即非法所许"①。因此,预算实质上可以看作是一个会计年度内政府的财政计划;在形式上可以看作是经过议会议决的具有法律意义的命令,是立法机关对行政机关赋予财政权限的一种形式。②因此,应当"尽快建立起一个能够最大化地体现公众意志的预算制度,确立以公共决策决定政府收支的程序与机制,有效地控制财政的规范运行"③。只有当政府每花一分钱都必须经过预算审批时,才能表明政府的"钱袋子"掌握在人民手中,也只有发展到这一步,才能真正实现法治国家原则。④

财政立法所确定的是国家机关财政行为的普遍性规则,强调的是规则的普遍适用性和稳定性;而预算不过是年度性的立法,所关注的是财政行为的年度性约束,着重于财政行为的期间性和适应性,两者互为前提、互为条件、互为制约,共同协调、控制政府的财政活动,将政府的财政行为纳入法律规制的轨道。没有预算决定的财政支持,任何法律都不能实行;相反,没有法律依据,预算即使成立也不能决定财政的任何支出。⑤

---

① 参见黄默夫编著:《行政法》,2001年修正版,第7页。
② 参见焦建国:《论政府预算的法律本质——理论、日本特色与我国的选择》,载《财经问题研究》2001年第5期。
③ 参见焦建国:《公共财政是建立在现代预算基础上的财政制度——兼评公共财政论争中的几种观点》,载《当代财经》2001年第6期。
④ 参见熊伟:《公共财政、民主政治与法治国家》,载刘剑文主编:《财税法论丛》(第五卷),法律出版社2004年版,第2—10页。
⑤ 参见焦建国:《论政府预算的法律本质——理论、日本特色与我国的选择》,载《财经问题研究》2001年第5期。

## 二、立法机关财政决策权规制的必要性分析

### (一) 立法机关财政决策权的非正式规则约束

立法机关既是立法主体,又是财政决策主体。立法机关对自身权力的运作往往关注较低,立法机关财政决策权的约束也因而成为立法的空白领域,甚少有明确的法律规则。我国目前的立法机关财政决策权的法律依据主要集中于《立法法》和《预算法》及其实施条例,除此之外,《全国人大常委会关于加强中央预算审查监督的决定》、《全国人大组织法》、《全国人大议事规则》和《全国人大常委会议事规则》对立法机关财政决策权的行使也有所涉及。但除预算审查和批准的相关规则外,其他的立法规则和决策规则均是针对立法机关的一般职权行使而言的,很少针对财政决策的特殊性制定专门的权限行使规则。即使是立法机关的预算审批,其法律规定也是相当有限的。《预算法》只有第38、39和41条是专门针对立法机关的预算审批,在《预算法实施条例》中则未做任何操作上的细化。非正式规则[①]反而成为财政权运行的主导性的法律基础。从各国的立法来看,尽管立法机关立法权的运行规则已逐渐体系化;但单纯针对财政决策权的运行规则却相对缺乏,其规则更多的倾向于"大而化之"的阶段性的设定,而欠缺对财政决策过程中相关细节的规定,对各个步骤、阶段之间的相互衔接和配合缺乏必要的关注。即使从现行的成文化的法律规则来看,对财政决策权行使的规定在很大程度上并非都是强制性规定,而更多的是任意性规范,赋予立法机关以巨大的裁量和选择权。这使得财政决策过程的强制性极大地弱化,对所谓的立法活动的步骤、方式和顺序的规定仅仅是立法机关可有可无的选择,而恰恰是一些潜在的非正式规则对财政决策权的行使有着更大的影响力。立法机关财政决策权的行使具有泛政治化的倾向,一些非正式的立法规则甚至政治性的规则都可能对其产生一定的影响。对中国这样一个以成文法为主、而立法过程又充斥了诸多非正式因素的国家来说,非正式的规则具有决定性的意义。[②] 背离宪法规定的财政决策权的实际转移不仅发生于正式的立法主

---

[①] 根据伍德罗·威尔逊的《国会政体》对正式规则与非正式规则的解释,前者意指政治组织的法定制度或法定结构,后者则表示政治组织在实际操作过程中的正式行为及其遵循的"游戏规则"。

[②] 参见韩丽:《中国立法过程中的非正式规则》,载《战略与管理》2001年第5期。

体内部,更可能发生于正式立法主体与其他政治势力之间,财政决策权的行使也从而形成复杂的政治化过程。

正由于财政决策处于政治生活和经济生活的关键环节,直接影响公民实际享有的权利的范围及其实现程度,财政决策更应当对所涉及的各方当事人之间的利益加以综合考虑和衡量,以形成确定的规则来规范他们之间的权利义务关系。加之财政政策作为经济杠杆的作用,税收政策对经济发展将起到极大的调节和干预作用,因此,财政决策的作出应当具有更高的规范性和透明度,以确保立法机关所作出的财政决策是真正的民意的反映。但在规则缺失的情况下,财政决策的过程即容易沦为立法机关随意的选择,缺乏必要规则约束的财政决策过程,很容易导致财政决策的随意性而增加其侵权的可能性。

(二) 立法机关财政决策的自由裁量权的扩张

在具体的财政决策实践中,"政府的一切开支均应取得国民的同意"不过是财政法治的最高理想。在当前代议制的财政决策模式下,税收的开征与政府的开支都只能是代表同意的结果。在财政决策过程中,立法者对财政资金的取得方式、数额以及支出的方式、范围、配置的比例等都有一定的选择权,基于财政政策、经济政策、社会政策以及财政操作实践的考量而形成较大的立法自由裁量权。[①] 尽管在某种意义上说,代表是人民的代言人,二者并不存在太大的区别,代表同意是人民同意的同义语。但在不同利益的支配下,代表完全作为人民意志的表达是相当困难的。一方面,作出财政决策的代表与其所代表的人民之间是两个完全不同的主体,其所能够享受的财政利益或承担的财政负担不可能是完全一致的。因此,代表在作出财政决策的过程中,倾向于自身利益的关注即难以避免。财政决策的结果在很大程度上取决于代表与人民之间的相关程度,否则财政决策不过是少数"代表"的意志的表现,反而形成民主的滥用。另一方面,在当前以政府为主导的财政决策模式下,财政决策的作出更多的是政府部门推动的结果,而财政决策正是政府必需的财政资金的来源。在政府职能不断扩张,对社会经济生活干预程度不断提高的情况下,政府对财政资金的需求程度日益提高,也就更希望借由财政决策的合法性使其扩大征收范围,财政决策权反而成为国家侵犯公民财产权利和自由权利的另一种合法形式的专制力量,成为过度干预经济生活的集体性立法专断。在我国目前的财政立法体制中,立

---

① 参见葛克昌:《所得税与宪法》,北京大学出版社 2004 年版,第 33 页。

法机关的自我决断更为明显。财政部 1995 年 1 月 18 日颁布的《关于加强财税法规草案保密工作的通知》明确规定,由于法规草案中一般都有一些意向性的政策,为避免这些意向性的政策在法规未完成立法手续之前对国家政治经济生活带来影响,特别是财税法规涉及分配和各个方面的切身利益,比较敏感,对于制定中的财税法规草案应当保密,不得将未正式发布的财税法规文件公开或收编发行;特殊情况下需要公开或收编发行的,应报财政部批准。在这种情况下,公民无法确知财政决策的内容,当然无从表达或者借由其代表表达其对财政决策的意见。代表表达的仅仅是自己的意见,而不是全民的意见。立法机关的多数人决定并不能代表全民的同意,为避免立法机构的多数人决定与全体公民意志的背离,立法机关的财政决策权同样应当受到规制。

"立法部门的篡夺权力与行政部门一样,必然走向专制"[①]。国家财政资金的负担是在公民的财产权上所附加的合法化的社会义务,一旦财政决策权被滥用,所造成的损害将是难以估量的。避免财政决策的"立法专横",保证财政决策权的正确行使,使其真正在公民可视的范围内完成其决策行为,是财政法治的起点。因此,对财政决策权的自由裁量同样应当给予必要的规制,使得立法机关的组成人员在人民的监督下依照法定的步骤和方式行使职权,使代表真正成为人民表达其意志的通道,在保证代表权利行使的基础上,避免立法机关财政决策的立法专断。

(三) 立法机关财政权行使的非自愿约束

就公民而言,享受国家所提供的公共服务是现实的,而为此所承担的财产让渡义务则是相对隐性的,尤其在以税收给付的场合,受益人并不直接给付对价,其代价往往由国民全体借税收及其他国家公课负担,在公民的公共服务享有权与相应的给付义务之间并没有直接的关系。因此,对国民而言,对政府支出要求的扩大并没有意愿加以控制。对政府而言,由于财政资金掌握的数量及支出的范围往往直接影响行政机关职位的价值,政府为保证其职权的行使,往往有不自觉地扩张其预算支出的趋势,"而完全不顾及整个社会所付出之代价与成本"[②]。相反,在当前的财政支出压力下,立法机

---

① 参见[美]汉密尔顿等:《联邦党人文集》,程逢如、在汉、舒逊译,商务印书馆 1980 年版,第 253 页。

② 参见葛克昌:《国家学与国家法——社会国、租税国与法治国理念》,台湾月旦出版社股份有限公司 1996 年版,第 105 页。

关也更愿意维持现有的财政收入规模,这也是当前诸多的财政收入立法的改革迟迟无法推行的重要原因。立法机关更多的是从财政支出的角度来考虑财政收入的决策问题,这在很大程度上直接导致了国家财政收入的规模随着财政支出的扩张而不断地膨胀。代表依其偏好及利益集团的压力,不断有崭新或追加的福利法案或计划提出,财源则来自不知名的纳税人,这逐渐成为国家之长期负担。但在我国当前的财政决策模式下,由于税收等财政资金往往以税法所固定的税率和税目来征收,预算所审议的实际上仅仅包含财政支出的范围,在财政收入决策与支出决策之间存在某种不自觉的缺口,这也使立法机关在不完全考虑公共支出成本的情况下,不断审议通过同意增加公共物品开支的提案①。

在一个"租税国"中,国家的财政收入绝大部分取自国民财产的让渡,国家自国民手中分得的财产越多,公民手中保有的财产就越少。在国家支出意愿过于膨胀的情况下,国家参与国民财富的分配数额必然给公民财产权和自由权造成过大的侵夺,甚至对市场经济的发展造成"绞杀性"的限制,阻碍国民经济的发展。财政决策的内容不仅决定国家将取自于民的财政资金,而且决定国家将向公民所提供的公共服务。财政决策的作出应当是综合考虑财政支出规模与国民对财政收入的承受能力的结果。在立法机关无意限制财政支出规模乃至由此不断扩大财政收入来源的情况下,宪法上所保障之自由权与财产权不能单单依赖于议会的审慎计算,而须对其所制定的财政法律及其决策,加以形式的规范和实质的限制。②

(四)财政决策权的行使的泛政治化倾向

尽管国家的财政收支为支应普遍性的公共物品而存在,但由于国家的财政资金来自国家对公民财产权的强制性剥夺,不同的财政资金的配置模式必然形成对不同主体的收入状况的强制性矫正,对各方主体参与市场竞争的能力也有着深刻的影响。正因为如此,在财政决策过程中,必定充满激烈的相互冲突的意见的表达,但恰恰是这种表达,使财政决策得以反映各方的利益。因此,在财政决策过程中必须协调各种不同的甚至相互对立的价值追求及利益主张。在这一过程中,国家的政治模式成为具有决定性的因素。各种政治集团在财政决策过程中基于自身的追求,努力在财政决策中使自身力量得以最

---

① 对财政决策过程中税收与支出之间的沟通,可参见〔美〕詹姆斯·M.布坎南:《民主过程中的财政》,唐寿宁译,上海三联书店1992年版,第100—111页。
② 参见葛克昌:《税法基本问题——财政宪法篇》,北京大学出版社2004年版,第30页。

大化,使得作出的财政决策成为各种政治力量对比的直接反映。在西方的多党制政体下,财政政策每每成为政党竞选的重要筹码。在美国,税收政策便往往成为总统竞选的重中之重。增税还是减税,两大美国政党面对此一千古难题,总是详加考虑。收的太多,官逼民反,下一届就会被人民换掉,收的太少,没钱从事建设,人民生活一苦,又会在下次选举中换个党来做。所以一到选举旺季,人民都会关注两大政党的税务政策,而两党也铆足了劲,为自己的主张辩护。在2004年的美国总统竞选中,布什大打减税牌,而这也恰恰成为竞选对手克里攻击的焦点之一:免除有钱人还是一般老百姓之税负?减税会促进商业投资与经济发展吗?财政赤字如何化解?美国大选季节实际就是税收政策全民大检讨的季节。在这样的背景之下,税收政策成了总统辩论的热点议题,往往谁提出的政策对美国全民最有利,谁就握有进入白宫的入场券。①

在我国的政治体制下,财政决策则直接表现为各政府部门基于部门利益而发生的权力冲突。这导致了财政决策过程仅仅是各种利益集团相互博弈的结果,受财政政策直接影响的公民却无法对立法过程产生实质性的影响,这无疑将使所作出的财政决策无法满足公民的公共需求,导致国家财政资金的闲置或巨大浪费。以当前正在进行的企业所得税的"两税合并"改革为例,内资企业与外资企业并行的两套所得税体系每每为人所诟病,但一旦将其合并提上议事日程,却面临诸多的困扰。两税合并的草案遭遇包括某些政府部委在内的非常强硬的反对。就在财政部和部分专家学者高调推进企业所得税的两税合并的同时,有关部门和部分省份以"两税合并"将影响外商投资的进入、GDP增长、财政收入等为由,提出应当暂缓企业的两税合并。各个部门利益的纷争使原本有望于2004年已提交全国人大的内外税合并方案迟迟无法通过,近期内难以实现两税合并,最早要等到2007年才能提交给全国人大。② 在这种情况下,两税合并的缓行方主张在3到4年后实施两税合并,合并后给予外资5到10年的过渡期。最终,缓行方的观点成了主流。③ 以纠正内外资企业不公平的税收负担为主要目的的财政税收

---

① 陈薇芸:《美国税法与联邦个人所得税》,http://www1.cftl.cn/show.asp?c_id=3&a_id=2997。
② 参见《谁在阻挠企业所得税"两税合并"?》,载《国际金融报》2005年9月2日版,http://news.xinhuanet.com/fortune/2005-09/02/content_3432949.htm。
③ 关于企业所得税两税合并的部门纷争,可参见慧聪网:《多方阻力主张缓行,两税合并再度搁浅》,http://info.news.hc360.com/html/001/002/003/100215.htm;赵灵敏:《两税合并酝酿多年为何再次搁浅》,载《南风窗》2005年4月,http://www.nfcmag.com/ReadNews.asp?NewsID=952。

改革却迫于既得利益集团的压力而阻滞,确实令人深思。在纳税人并无直接的税收立法提案权的情况下,一旦税收立法方案无法进入立法程序,立法机关便无从表达其意愿,"人民经由其代表表示其(税捐)义务之规范的意思,便遭遇到技术障碍,而受扭曲"①。在一个多元化的社会中,不同的利益主体有自己不同的价值诉求,如果意见表达顺畅,所有的利益主体的意见都能够得以表达,那么利益均衡的格局也能够使财政决策充分地反映最大多数人的意志,税负的公平负担也因此而形成。但在既得利益团体能够对财政决策施加越来越大的影响力的情况下,就可能导致利益的失衡,财政决策的不公平也就难以避免。

(五)财政权行使的影响力要求确立财政决策的稳定性和权威性

财政的收入与给付直接影响公民基本权利的实现程度。在财政政策作为宏观调控的经济杠杆的情况下,财政权的行使更将影响社会经济的整体运行。因此,无论是财政立法还是国家的年度预算,其正当性的要求远远在其他法律规范之上。一旦其立法以随意的方式作出,难免让人质疑财政权行使的合法性。财政决策的刚性不应当仅仅表现在税法执行过程中,税法所固有的权威性和刚性应当在财政决策的过程中即有所体现,以表明国家在征收与安排财政资金时的慎重,使人民对国家的财政行为形成合理的信赖。

在通常情况下,财政决策的作出并非由特定的代表机关来完成,财政决策仅仅是立法机关工作的相当小的组成部分。财政决策机关一般即是立法机关,是由各方面的代表所组成的议事机构,其组成人员众多且较为分散,加之其并非是常设性的国家机构,其工作大多是以会议的方式进行,在组织代表进行财政决策方案的审议与表决上即存在诸多的困难。立法机关的工作时间相当有限,在其会议期间必须完成包括立法、政府工作审议在内的诸多事项,时间紧而任务重,难以将大量的时间和精力投入于财政决策方案的审议与表决之中。而由于财政立法和财政决策本身的复杂性和技术性,更要求参与财政决策的代表对财政决策提案所突出的国家收支意图及其社会影响有较为深刻的了解。但在当前的模式下,全国人大代表由于欠缺对财政及财政决策案的专业性知识,无法对财政决策提案作出独立的价值判断,人大对财政决策提案的审议结果并不会有任何实质性的影响。从我国的实践来看,遭到人大否决的财政提案微乎其微。

在这种情况下,适当划定财政决策权的运行轨道是相当重要的。我们

---

① 参见黄茂荣:《税捐法定主义》,载《植根杂志》第20卷第2期。

应当以固定模式下的程序性规定来规范财政决策过程,使财政决策能够在多方代表参与的情况下,实现信息的沟通与交流,加深代表对财政决策方案的了解,避免代表在财政决策上的盲目性,使代表成为财政决策的真正主导,从而提高财政决策的有效性和公众性。

### 三、立法机关财政权的规制体系

#### (一)立法机关财政权的宪法性约束

财政权和财产权,对于国家和国民而言是至为重要的。对国家而言,"无财则无政";对国民而言,"有恒产者有恒心"。财政权的行使直接影响财产资源在公共部门、私人部门之间的配置比例,同时也对公民所有的财产数额造成一定的影响,由此必然引发权利与权利之间、权力与权利之间、权力与权力之间的冲突。因此,财政权和财产权作为国家的基本权力和国民的基本权利,应当在宪法中作出明确的界分并予以保护,唯有如此,才能使国家有效地向社会公众提供公共物品,才能维持国民生存和发展的基础。[①]以国民同意为主导的财政法定主义,在法治国家首先表现为财政权的行使由宪法加以明确的规定。

立法机关财政权的行使对我国整个政治体制乃至法律体系都必然产生巨大的影响。一方面,国家权力体系的运行是依赖于国家财政资金来维持的,国家机构权力的设置、引导和管制都依赖于国家财政资金的配置比例。财政权的行使是国家机构权力行使的基础,对中央和地方政府间、各个政府部门间的具体权力的配置及行使都将产生巨大的影响。宪法应当对国家的财政收支体系的建构发挥其应有的指导性准则的作用,并依托财政收支行为,分配相关的国家职能,规定各个层级的政府机构取得和使用财政资金的权力。另一方面,尽管财政资金是国家提供公共物品以保证公民基本权利实现的物质前提,但在国家的财政资金取自国民的私人财产的情况下,财政权的行使必然与宪法所认可的基本权利之间存在诸多的冲突和摩擦。为保证国家的财政权与公民的基本权利的协调与配合,亦应由宪法对财政权与公民基本权利的界限予以明确的规定。因此,财政权的特性决定了在其行使过程中应当获得宪法的支撑,宪法应当首先为财政权行使过程中国民与国家、权利与权力之间冲突的协调提供宪法基础,保证国家权力的正常行使,避免国家财政权的不当行使损害公民的财产权利。

---

① 参见张守文:《财政危机中的宪政问题》,载《法学》2003 年第 9 期。

在财政权同时包含宏观调控的内涵的情况下,财政权的宪法控制或规范更是极为必要的。以财政权为基础的国家宏观调控应当建立在国家对市场机制的保障和市场规律作用发挥的基础之上。国家对市场的干预是以宪法和法律保障公民的经济自由和财产自由为前提的,国家的权力不应过多地介入市场运行之中,而应当在国家权力和公民权利之间划定一定的界限,避免财政权的行使对经济生活和社会生活造成过多的干扰。在现代市场经济下,财政政策成为国家干预市场经济的重要方式,财政权的行使必须同时考量经济效应和社会效应。因此,财政权的行使,无论是财政立法还是年度预算,都应当受到诸多的约束,以避免随意的财政权行使影响市场经济运行,限制公民权利和自由的实现。在这种立法机关必须制定规则以约束自身行为的情况下,宪法所确定的规则无疑具有更大的效力和约束力。"在财政收入甚少受限制之现代给付国家,纳税义务之基本权不能仅以议会保留为满足,而须另寻实质之保障","宪法一方面为财政政策之最终羁束,另一方面,作为对抗轻率财政政策及经济不理性行为之最后堡垒"[①]。因此,财政权的控制应转向宪法的约束,财政权只有在符合宪法规定时,才是正当而合法的。国家行使财政权应当依宪法所确立的标准予以衡量和具体化,以保证其对公民基本权利的影响仍在宪法所许可的范围之内。

从宪法的内容来看,宪法规定的是国家最根本、最重要的问题,如国家性质、国家的政权组织形式和国家的结构形式、公民的基本权利和义务、国家机构的组织及其职权等。宪法所体现的是国家权力与公民权利之间宏观层面的分配和界限,是国家权力行使的根本基础,更是对公民基本权利的保障。财政权行使的范围及界限,应当由宪法予以肯认。布坎南即认为,宪法制度是影响政治决策的方式和行为的根本制度,虽然政治竞争不能约束政府扩张的欲望,但通过对财政权的行使过程施加宪法规则的约束,通过宪法来防止财政权的过度扩张,即有可能对国家的财政行为形成合理的限制。[②] 宪法确定了"高高在上"的规定,既可以消除政策制定者出于利己动机和集团利益对政策制定过程施加不利影响,又可以提高政策制定过程的透明度,明确政策走向并增强实施效果的可预期性。

---

① 参见葛克昌:《税法基本问题》,台湾月旦出版社股份有限公司1996年版,第128页。
② 关于布坎南的财政立宪主义,可参见布坎南的《赤字中的民主》(1988)、《自由、市场与国家》(1989)、《民主财政论》(1993),并参考下列研究成果:丹尼斯·C.缪勒的《公共选择理论》(1999),文建东的《公共选择学派》(1996)和方福前的《公共选择理论——政治的经济学》(2000)。

财政权的行使关系到财政收入和公共支出两个方面,财政支出与收入之间存在某种程度上的相互规定性。为保障财政权运行的顺畅,宪法应当对财政收入、支出各自的内涵和原则以及两者之间的相互沟通作出基本的界定。在市场经济中,宪法对财政权的规定应当包括以下方面:

(1)宪法应当对财政收入诸概念作出明确的规定。在我国的收入体系中,多种所有制并存的所有制结构决定了国家收入体系中收入的多样性。财政收入的诸形式性质各异、地位不同、法律规制方式相差甚远,为保证能够对不同的财政收入形式在收入体系中的地位作出基本明确,宪法应当首先对财政收入形式的内涵和外延作出明确的界定,并对其征收范围、可能产生的调节作用予以肯定,使财政收入的概念能够作为财政收入立法和相关法律解释适用的基本依据,以此判断国家财政收入的取得是否构成对人民财产权和自由权的限制,以保证国家财政收入体系的合理化。

(2)宪法应当明确财政权的基本配置。我国在宪法中应当明确财政权行使的合理范围,规定一切财政收入必须纳入财政预算,一切财政收支必须由国库集中收付的制度;其次,要进一步明确不同国家机关的财政权划分,强化人大的财政立法权,实行"议会保留"和"法律保留"原则,明确财政法定原则;第三,要增加中央和地方财政权划分的规定,明确中央和地方各自的财政收入和支出的范围及其在财政制度中的法律地位,宪法应当将财政权在中央与地方之间作合理的分配,以保证各级政府获得与其事权相一致的物质基础。① 第四,宪法应当指明具体行使财政权的国家机关。由于征税权是对公民权利的侵夺,涉及国家权力机构收入的取得,为避免国家机关擅自行使征税权损害公民的权利及权力行使发生冲突,宪法作为规定国家机关权力划分的根本大法,应当规定征税权行使的具体机关。同时,为避免国家财政支出的无序和浪费,在宪法中还应当明确财政支出的具体决策主体和执行主体以及各自的支出范围和基本程序。为实现财政收入与支出之间的协调,还可以确定财政收入机关和支出机关之间的协调和沟通主体,对其财政收入和支出行为进行必要的协调。

(3)宪法应当明确规定财政权行使的基本原则。财政收入是国家自公民手中受让的一定比例的财产,其对财产权利的限制必然与宪法所保障的基本权利有所冲突。而另一方面,公民的所有权利都需要财政资金的支持,保障和促进人权,乃是现代国家公共财政的终极价值和根本目的之所在。

---

① 参见张永忠:《我国财政立宪问题探讨》,载《人大研究》2004年第11期。

因此,在人权的保护与基本财产和自由权利的侵夺之间,应当以财政权行使的基本原则划定其各自的界限,保证国家财政权的行使最终能有效地促进公民权利的实现,以此基本原则指导财政的立法、执行和司法。同时,在市场体制下,国家的财政行为不仅仅为维持国家机构的正常运作而存在,更是国家干预经济的重要手段,宪法更应当对以财政政策进行宏观调控所应遵循的原则进行规定,保证国家宏观调控措施的合法性,使国家的宏观调控与国家的其他权力能够相互协调和配合。

(4)宪法应当明确规定纳税义务必须依法履行。宪法中规定的纳税义务,列于人民的基本权利义务之中,理论上应当拘束立法、执法、司法。在人民依法履行纳税义务的同时,国家的征税权更应受到法律法规的制约,避免国家权力的滥用。

国家财政若不能取得宪法上的保障,国家课税权及其他财政收入取得不能在宪法上予以限制,不仅租税国危机不能避免;无论基本人权、权力分离制度以及中央及地方权限划分,均不可能落实与安定。[①]

(二)立法机关财政权的制度性约束[②]

1. 立法机关财政权制度性约束的整体性目标

(1)立法机关财政决策权运行的民主化

在我国这样一个人口众多的国家里,全民参与财政议案的审议和决策并不可能,在我国当前政治精英垄断财政决策的情况下,民众对财政决策的形成的影响力是相当小的。尽管人民代表产生于人民,但仍无法避免代表以自身的利益代替人民的共同利益。故此,应当为纳税人提供主动参与财政决策的合理渠道,或者至少保障其有可能对财政决策方案发表意见和建议。在人民代表大会制度下,应当保障纳税人可以通过两种渠道——即间接式的人民代表的选举和直接式的财政议案草案的意见的表达来实现"税收的人民同意"。加强民众对财政决策的参与,才能提高财政决策在民众之中的认同度和政治上的可接受度,保证财政决策能够获得顺利的执行。提高财政决策的民主化是一个国家民主化程度的标志之一,是尊重人民民主权利的表现,也是完善税收立法程序的首要目标。

---

[①] 参见葛克昌:《国家学与国家法——社会国、租税国与法治国理念》,台湾月旦出版社股份有限公司 1996 年版,第 105 页。

[②] 从某种意义上说,财政权的制度性约束应当包括宪法性约束,但为了对突出宪法在财政权行使中的重要性,本书将单独加以阐述。

（2）立法机关财政权运行的透明度

为保证财政决策的民主化，即有必要提高财政决策过程的透明度。公民只有充分了解国家财政资金的用途和使用方式，了解国民经济的整体发展，了解国家运行所必需的财政资金数额，才能真正对财政决策发表其意见和看法。为此，财政决策的各个阶段及阶段性成果都应当向社会公开。财政决策方案应当公之于众，并有一定的信息反馈渠道使得在最后作出决定之前能够接受公众的议论和评判。在重大的财政决策上，应当征求公众的意见。制定规划，应当公布规划草案，听取人们的意见和建议；在立法提案阶段，应当允许若干数量的公民或社团联名，直接向立法机关提出法案；在审议阶段，应当采用电视和电台直接转播的方式使公民及时了解审议情况，应当在媒体上公布法律草案以征求多方面的意见，必要时举行立法听证会；公布法律应当同时公布立法会议的议事记录，等等。要将现有的财政决策公开的做法制度化、法律化，规定各级、各类财政决策会议公开的范围、公开的形式、例外情况等。通过财政决策过程的透明度来提高民众的参与度，从而对立法机关财政决策权的行使形成有效和必要的监督。

2. 立法机关财政决策权规制的具体制度构建

（1）财政决策过程中的潜在规则的明晰化

对财政决策权的行使来说，必须遵循相应的运行机制自是不言而喻的。而机制往往是正式规则和非正式规则妥协后的产物，许多技术性的"改革"因为与更深层次的非正式规则发生冲突而最终归于失败。[①] 非正式规则在各国甚至不是一个理性选择的结果，而是历史、文化背景与政治演进等各因素所积淀后的无可选择。长期的历史发展及政治生活的推演，在我国同样必然沉淀出大量非成文化的潜在规则[②]，对我国财政权的行使产生巨大的影响。这些非正式规则催生于国家的政治体制，在相当长的时间内是难以修正和完善的，但其存在却成为财政决策权运行的潜在的路径依赖，其影响力甚至远远超过正式的技术性规则。因此，在构建约束财政决策权的规则体系时，仅仅着眼于正式规则的修改和完善是远远不够的，一个国家机构运行的非正式规则对财政决策权行使的影响范围和程度同样应当包含在内。因

---

[①] 参见萨尔瓦托雷·斯基亚沃—坎波、丹尼尔·托马西著：《公共支出管理》，张通译/校，中国财政经济出版社2001年版，第6页。

[②] 关于中国立法过程中的非正式规则，详细可参见韩丽：《中国立法过程中的非正式规则》，载《战略与管理》2001年第5期。

此，要想使整个机制框架得以改善，将非正式规则拉出水面是方法之一。只有在对财政决策行使过程中可能发生影响的各种非正式规则予以明晰化，才能对财政决策的实际影响主体与制约因素有所关注，对其进行有针对性的考量，从而提高规制的效率。

（2）改变当前政府主导型的财政决策模式

当前立法机关的财政决策过程中，无论是财政立法还是预算审议，从财政法律草案的起草到预算的编制，政府部门尤其是财政部和国家税务总局起到了主导性的作用，这极大地削弱了人民代表在财政决策中的主动性与积极性，在很大程度上进一步强化了财政决策的政治性色彩。从提高财政决策民主化的角度来说，应当削弱政府在当前财政决策中的作用，加强人大代表和有关机构在财政决策中的作用。

人大代表应当在财政决策中处于主导地位，以在财政决策中反映人民对公共物品的需求，保证国家财政权的行使限定在适当的范围之内。为此，应当保证参与财政决策的人大代表能够对财政决策议案提出独立的价值判断，对财政决策议案进行实质性的审查。但普选产生的人大代表在进行财政决策的审议上确实存在专业性的限制，这导致在当前的决策模式下，人大对政府所提出的财政法律草案和预算草案只是一种全有或全无的选择，能够从技术性和专业性的角度对财政决策议案提出自己见解的人大代表实际上是相当少的。他们对财政决策议案的审议更多的是一种形式上的审查，而不会产生实质性的影响。因此，一方面，我们应当提高人大代表在财政政策方面的专业化水平，更重要的还在于为人大代表提供相应的专业化的辅助，使其能够真正理解财政政策对社会、经济发展的影响，进而摆脱人大代表在审议时对政府机构的依赖，减少人大代表对政府机构的盲从。

在增强人大代表作用的同时，独立于政府的全国人大常委会预算工作委员会在财政决策过程中的作用也有待加强。预算工委作为全国人大常委会的工作机构，自1998年成立以来，承担着包括起草财政立法草案、对财政法律案的审议、对财政性行政法规的备案审查等工作，其对财政法律草案及预算草案的审查功能应当加强。在财政决策之前，人大代表的意见应当可以通过预算工委反映到财政决策中。同时，预算工委应当作为人大代表进行草案审议的专业咨询机构，在人大代表欠缺必要的专业知识的情况下，预算工委在财政决策审议的过程中，即承担了对财政决策议案加以解释说明，阐明其可能产生的利弊影响的任务。人大代表对财政知识的欠缺，应当通过预算工委的工作来加以弥补，进而加强财政议案审议和决策的专业化和规范化。

(3) 财政权的程序性规制

在财政决策过程中,作为立法机关组成人员的代表一般"拥有根据自己的判断发表意见、参与讨论并进行表决等来自选民的概括性授权",对代表针对税收立法草案所作出的选择或其他的意思表示进行实体性方面的限制或要求,在民主政治体制下被认为是对代表的自由权的剥夺。因此,在很大程度上,立法机关在财政决策中的自由裁量权是很难用实体性的法律规则加以明确限制的。因此,对财政决策权的控制,仅仅可能从程序方面设定一定的制度性障碍。在民主政治下,任何权力的行使都必须遵循一定的运作方式,程序的设置及其运作都要反映对权力的规范与制约。① 通过为财政决策活动设置必要的公正、民主、科学的程序性规则,使得立法机关的组成人员在人民的监督下,依照法定的步骤和方式行使职权,使代表真正成为人民表达其意志的通道,在规范代表权利行使的基础上,防止立法专断的产生。

立法机关财政决策权的行使是国家机构得以运作的起点,其行使结果为国家参与公民财产收益的分配及相应的财政资金的配置和使用提供了合法的依据。因此,财政决策权只有遵循某种确定的行为方式、步骤、程序,才能使财政决策权在其固有的权限范围内实现行使的有序性。通过对财政决策过程的某种程度的分解,将财政决策权限定在确定的运行轨道之内,以法律许可的标准和方式正确地行使,使其成为一种"合程序性"的权力。财政决策程序作为一种操作规程,具体规定了各步骤、各阶段所要实现的税收立法的具体内容,同时以强制性的次序要求和期间约束严格限定税收立法活动的步步推进,以其明确的、具有权威性的规范为财政决策的有序进行提供固定的行为模式。

以确定的程序对财政决策权加以规范和制约,不仅体现了国家权力机构对财政决策权行使的正当性的关注,更使得人民能够以法律规定的渠道和方式对财政决策权的整体运行过程和行使方式给予必要的监督和干预,使"无代表则无税"的财政法治理念在财政决策过程中得以体现,使财政决策真正成为"人民同意"的结果。

---

① 参见苗连营:《立法程序论》,中国检察出版社2001年版,第9页。

## 第三节 行政机关①财政执行权的运行与规制

在立法机关作出财政决策之后,更多的是依赖于行政机关对财政决策的执行。如果说立法机关的财政决策权决定国家财政资金的总体取得及流向的话,行政机关执行权的行使则决定财政资金的具体配置和实际流向。行政机关财政执行权的行使直接在私人部门与公共部门之间实现财政资金的流转,从财政法治整体构建来说,同样具有相当重要的作用。

### 一、行政机关财政执行权的运行

相对来说,行政机关财政执行权的行使主体较为分散,各种权力的属性、运行模式及规制方式都存在较大的差别,在此分别加以阐述。

(一) 行政机关财政收入执行权的运行

1. 行政机关税收征管权

行政机关的税收征管权主要是指税务机关及其他有权机关的征税职权,是征税主体依法拥有的对税收征纳事务进行管理的权能,具有法定性、权力服从性、专属性、优益性和不可处分性的特征。② 税收征管权的行使在于保证国家税款征收入库,在"税收国家"中是最主要的财政收入来源。税收征收权带有一定强制性,是对纳税人财产权利的侵夺,应当基于法律的明文规定才能行使。

税务机关作为国家的代表机关行使税收征管权,因此,税务机关的征管并不直接支配公共债权总额,所征收的税课应当归入国库。税务机关应当于法有明文时才能行使税收征管权,其征管行为应当是严格的羁束行政,排除税务机关的行政裁量权。在税收征管过程中,完全依法定标准确定及征收捐税,不容便宜行事,随机应变,而为合目的性之裁量。③ 税务机关无权随意创设税收之债,亦无权随意减免税收,仅有如何实现税捐债权的自由,而无变更税捐债权的权利。税务机关完成税款征收之后,应当及时将所征收

---

① 从财政执行权的角度来说,任何国家机构,包括行政机关、司法机关、甚至立法机关都可以成为财政执行权的主体,在此选择最具有代表性的行政机关,就其财政权执行所存在的问题加以剖析,以期对国家机关的整体运行有所助益。
② 参见施正文:《税收程序法论——监控程序法运行的法理与立法研究》,北京大学出版社2003年版。
③ 参见葛克昌:《税法基本问题》,台湾月旦出版社股份有限公司1996年版。

的税款按照国家规定的税收征收管理范围和税款入库预算级次缴入国库。

2. 行政机关收费权的运行

同税收征管权作为纯粹的执行权相比,行政机关收费权在很大程度上也包含了创设权的内涵。"由于能否创设新的或提高旧的受益负担,完全系于其行政职务行为之品质而定"①,行政机关实际上有权根据其职务行使的需要而决定征收规费的种类及数量。由于规费一般基于行政职务行为产生,因此其征收机关一般为提供该公共给付的行政机关。行政机关收费权的行使同样应当是严格的羁束行政,根据行政机关作出的行政行为所付出的成本及收益决定规费数额,不得随意增加收取规费的项目和数额。

在我国当前的财政体制下,尽管规费收入同样是财政收入的重要组成,但由于规费收入一般不纳入财政预算的范围,因此,行政机关所征收的规费收入一般被作为预算外资金留于财政部门在银行专门设立的预算外资金专门账户。

3. 行政机关的其他财政收入执行权:以国债发行为例

除税收和规费之外,行政机关还可以通过其他途径获得财政收入,如发行国债、征收受益费、进行特别公课等。相对来说,行政机关的这些财政收入执行权具有较大的弹性,并非法定的强制性征收,行政机关可以根据经济形势的变化、特定的财政需求来权衡是否征收或发行。

以国债发行为例。在通常情况下,国债发行权归于财政部。财政部应当根据国家年度收支计划中的收支差额来决定国债发行规则、发行数额、发行条件、公布发行日期等。为保证发行的国债数额符合国家财政运行的需要,不至于对经济发展造成较大冲击,财政部在发行前应当对国债发行可能产生的影响加以预测分析,并保证国债发行数额不超过相应的国家债务承担比例。财政部一般不直接发行国债,而是通过包销、代销的方式予以发行。国债发行后所取得的发行收入应当及时收归国库,由国务院统一使用。

(二)行政机关财政资金管理权的运行

1. 国库管理权

国库的经营管理权是独立于财政收支执行权的,它是在收支核算的基础上,凭借所掌握的全面、准确和及时的收支信息,对收支活动展开全方位的管理和控制。② 国库管理是衔接财政收入与支出的过渡阶段。通过国库

---

① 参见葛克昌:《税法基本问题——财政宪法篇》,北京大学出版社2004年版,第59页。
② 参见刘剑文主编:《财税法学》,高等教育出版社2004年版,第228页。

管理，真正实现财产从私人部门到国家、再从国家流回私人部门的有序运转，实现从财政收入到支出的有效沟通。尽管国库管理权并不直接进行财政资金的收支，而只完成财政资金在不同国家部门中的流转，但其有效行使仍足以对财政收支权形成必要的制约。国库管理权首先在于确保准确及时地收纳国家预算收入，并按照中央和地方不同的预算级次和预算科目进行划分，实现资金管理的有序化。其次，根据支出权限和程序办理资金的拨付，最后对资金使用的效率进行审计，切实保证国库资金的使用效果。

国库管理权的目的在于形成国库资金安全和有效地管理和使用。有序性和效率性是对国库管理权行使的基本要求，因此，国库管理权应当尽量建立确定的管理模式，划定国库管理权运行的固定轨道，以确定化的管理秩序减少财政资金流转中资金的流失。

2. 国有资产运营权

任何国家都握有一定的国有资产，尤其在以全民所有制为经济基础的国家。在一般情况下，政府作为国家的代表对国有资产行使运营权，实现国有资产的保值和增值。

对非经营性的国有资产的管理主要体现有效、合理和节约使用的原则，通过适当的配置，使其在社会公益事业中得以有效地利用。对经营性国有资产，政府一般可以通过直接设立国有企业或股份投资对国有资产加以运营。在设立国有企业的情况下，政府直接作为企业主参与市场竞争，国有资产运营的利润或损失都直接由国家来承担。在股份投资的情况下，政府则以股东的身份分取红利并在投资的范围内承担损失。政府行使国有资产的运营权有较大的弹性和自由度，通常可以根据国有资产的性质、用途和数额来选择不同的运营方式，只要该种运营方式有利于该国有资产的保值和增值。同时，政府也可以根据经济发展的需要，以国有资产的投资作为调整经济结构的方式。根据市场发展的不同需要，选择政府介入经济的不同方式，通过国有资产的投资，实现经济的调节。

（三）行政机关的财政支出执行权的运行

1. 传统意义上的财政执行权的行使（国家的一般政务支出）

传统意义上的财政资金是为支应行政机关的运作而存在的。有行政作为才有财政支出，行政行为的完成必定伴随财政资金的支出。就具体行政机关的一般政务支出而言，应当严格依据行政机关的职能范围、职位设置来完成本机关内部财政资金的配置，从这个意义上说，行政机关的一般政务性支出同样是羁束性行政，行政机关应当在本部门所分配的财政资金数额的范围内,在行政行为完成时具体安排使用相应的财政资金。但具体的行政作为由其性质决定,其所需要的财政资金往往存在较大的差异,因此,行政机关在安排具体项目的财政资金上亦存在一定的自由裁量权,可以自由选择确定某一行政行为将占用的财政资金的数额,但同样应当保证所支出的财政资金与完成的行政行为之间存在相关性,即支出的财政资金为行政行为所必需。在行政行为的过程中,行政机关应遵循特定的程序完成资金的给付。

2. 以社会福利给付为基础的财政执行权的行使

尽管社会福利给付支出同样是基于行政机关的行政给付行为完成,但与一般政务支出不同的是,社会福利直接构成行政给付的内容,通过行政机关的行政给付完成财政资金从国家到公民的转移性支付。在社会福利给付国家,"政府应从各方面提升人民精神、文化及物质之生活素质"[①],为此公民享有要求政府提供服务的社会福利给付请求权。公民的社会福利给付请求权与其基本权利的实现直接相关,国家应当依据公民请求权的内容进行给付,而不得随意增加或减少,也不得无根据地差别对待。除一次性或临时性发放的社会福利外,福利给付应当是定期性的,应当进行连续地、稳定地供给。因此,行政机关的社会给付资金的安排和使用应当根据法律法规所确定的用途、数额和标准进行,而不得随意变更,从这个意义上说,社会福利给付权的羁束性格远在一般政务支出之上。

3. 以经济社会调节为目的的财政执行权的行使

在大多数情况下,以财政行为对经济进行调节同样伴随大量的财政资金的支出,政府大多是以投资、价格补贴、应用性研究资金的投入等对经济发展加以调节的。在这一过程中,政府通过所掌握的财政资金的投入与撤出,对经济发展给予逆向的调节,"熨平经济周期",财政资金的宽裕度发挥了极大的作用。在为经济调节而支出财政资金上,政府获得较大的自由裁量权。在立法机关确定的资金额度内,政府可以根据经济形势发展的需要,自由决定资金的用途、方式、规模和数额,以针对不同的经济状况作出相应的调节。经济调节所必需的任何资金使用,都被认为是在自由裁量权的范围之内,是合法的。尽管如此,资金使用的程序和方式的限制仍是必需的。政府仍应当遵循相应的程序,完成其资金的用度。

---

① 参见葛克昌:《国家学与国家法——社会国、租税国与法治国理念》,台湾月旦出版社股份有限公司1996年版,第52页。

## 二、行政机关财政执行权规制的困境分析

政府的财政执行权并不仅仅为支应行政机关的政务支出,它是一种更为积极的权力,从消泯各种社会问题到市场经济的干预,包含了更丰富的内涵。作为一种积极的权力,其本身就有对自由裁量的内在追求。政府的财政执行权旨在通过财政资金的运用为公民提供公共服务,为市场经济运作创造一个良好的环境,协调国民经济的运行和发展,保障公民基本权利的实现,保障社会公共利益。任何社会形势、经济发展的变动,都可能对行政机关财政执行权的行使产生巨大的影响。在很大程度上,政府的财政执行权应当针对社会、经济生活运行中的各种变化作出及时的回应。因此,政府只有顺应社会、经济的发展,着眼于社会、经济生活中各种具体的变动因素,及时调整其提供公共物品的方向和内容,适时采取必要的措施,才能真正满足人民对公共服务的切实需要。同社会、经济生活的变动性相适应,政府的财政执行权必然包含比受到严格限制的行政权更多的自由裁量权,有权针对具体的人、具体的事作出相应的政策选择。

自由裁量权本身即是法律没有明确规定其行使要件的权力。在法律规定的范围内,权力主体可以基于其行为的目的自由衡量、评价、选择,而不受法律的审查。这种自我决定而不受法律的审查的权力存在一定程度的推定的合理性,往往更容易突破法律的界限而导致权力的滥用。包含了诸多自由裁量权内涵的财政执行权,其外延被无限制地扩展了,权力扩张与滥用的可能性也被无限制地加大了。英国维多利亚时代的法学家戴西从英国法治的涵义出发,认为政府不应该拥有自由裁量权。然而,"法治所需要的并不是消除广泛的自由裁量权,而是法律应该能够控制它的行使。现代统治要求尽可能多且尽可能广泛的自由裁量权"[①]。

财政执行权的自由裁量内涵的存在是一种必然,困难的是如何规范财政执行权本身固有的自由裁量的自我扩张的本性。从某种意义上说,控制财政执行权关键即在于控制自由裁量权。"自由裁量,如果没有行使这种权力的标准,就是对专制的认可"[②]。但从当前财政执行权的规制来看,还存在相当多的困难,难以对其形成有效的制约。

---

① 〔英〕韦德:《行政法》,徐炳等译,中国大百科全书出版社 1997 年版,第 56 页。
② "布朗诉阿兰案",344,美国,443,at496(1952),转引自孙笑侠:《法律对行政的控制——现代行政法的法理解释》,山东人民出版社 1999 年版。

(一) 财政法律静态规制的不足

就财政执行权来说,对其进行有效规制,由财政法律划定其运行的范围和轨道无疑是最根本的选择。但在财政立法中,法律只能提供"无固定内容的标准"和"一般的条款",法律标准在很大程度上被模糊化了。这种法律标准的模糊化在财政法却是一种不得已的选择。

1. 法律本身有其安定性和可预测性的要求,过于多变的法律只能导致法律权威的丧失。而社会、经济生活的变动性却迫使财政法不可能过于强调法律运行的一体性和恒定性,而是追求更开放和更灵活的法制运行系统。这就决定了财政法只能通过授予其权力主体自由裁量权来应对复杂多变的经济生活。法律只给其提供一般性和普遍性的标准,而将更大的空间留由政府自主决定,从而在法律的相对稳定和适当的灵活之间实现一定的平衡。

2. 由社会生活的复杂性所决定,力求简明的财政法律无法表述全部的经济事实,无法调整所有的财政执行行为。这就为政府的财政执行提供了自由裁量的空间。

3. 财政行为本身的经济性决定了对经济规律的遵循和经济工具的具体操作上具有更大的专业性和技术性,立法机关在制定这种专业性的法律时往往难以胜任,不得不将操作中细化的规定交由政府来完成,从而赋予政府一定的立法权。

4. 法律语言的含糊性亦使财政执行主体在行为时得以根据其自身的道德标准予以自由裁量。法律标准的模糊化导致了财政执行向更大程度的"目的性或政策导向"转变。在财政执行的过程中,道德因素或政策因素被更多地考虑,法律的成分却日益衰减,法律的权威被削弱了。正如应当严格奉行"租税法律主义"的税收立法领域已被政府过多的侵入一样,实质课税的盛行,亦使原本受严格拘束的课税处分获得了自由裁量的余地。作为财政政策重要内容的税率和税收优惠措施,亦会随经济形势作出相应的变动。税法内容上的灵活性和变动性与其自身对安定性和可预测性的要求产生了更大意义上的背离与脱节。财政法,特别是实体的财政法对财政执行权的控制已有种难以为继的尴尬了。

5. 预算的规则性约束相当弱,进一步放松了对政府财政执行权的控制。在对政府财政收支行为予以年度性审批的预算中,议会所批准的预算实际上是政府的一项行动计划,而不是对正当行为规则所做的一种陈述。①就预算的内容而言,根本不会含有任何规则,而更多的是关于政府取得资源、掌握资源并以此所应达成的目的和应采取的使用方式。在立法机关的预算审批之后,政府所获得的并非一般性的正当行为规则,而是一种"执行的命令"或权力。

(二)程序规制的形式化

从严格规则主义到程序形式主义再到合理性判断模式,我们始终在寻求合理而有效的控权架构模式。然而,规则只是一种静态的权力控制,严格规则主义模式在规则一般化和标准模糊化的财政法面前,形式意义上的法律的控权功能实际已被架空,法律规则只具形式意义,甚至只停留在纸面。而在程序形式主义模式下,形式正义的过度强调却弱化了具体案件具体分析的可能,必然导致实质正义追求的弱化。在以实质正义为其最高法治理念的财政法中,程序正义和实质正义的紧张关系便无可避免了。就庞德的社会利益看来,好的法律应该提供的不止是程序正义,它应该有助于界定公众利益并致力于达到实质正义。实质正义的追求包含了更多的具体分析评判下的自由裁量。对自由裁量权的控制,更有赖于对自由裁量权行使后果的合理性判断。但对政府财政执行行为的绩效分析本身就是一个动态的系统。财政执行行为最终绩效的产生由于其所处的复杂的社会经济环境而受诸多因素的制约,任何偶发的因素都可能导致财政执行行为背离其原有的目的。根据财政行为的绩效来判断行政机关的行为是否合法、合理,对行政机关亦过于苛责。经济形势的发展往往并非行政机关行为时所能预见,"有限理性"是任何主体都无法避免的。以事后的聪明来认定其行为合理与否,对行政机关亦不公平。无法承受责任之重的行政机关便只能以消极甚至是怠惰来应对。无论严格规则主义、程序形式主义还是合理性判断,都很难缓和财政执行权架构下权力扩张与权力控制之间的紧张关系。

(三)行政机关财政行为归责的困难

对财政执行权规制的弱化,更来自于财政领域归责的困难。在财政执行过程中,财政行为往往不是个人权力行使的结果,而更多的是集体行动的产物,于是就有在集体行动下个人责任的分散与消解。在行为的责任主体的判断上,亦存在机关承担与个人承担的两难选择。对财政执行行为的绩

---

① 参见〔英〕弗里德利希·冯·哈耶克:《法律、立法与自由》,邓正来、张守东、李静冰译,中国大百科全书出版社2000年版,第214页。

效分析存在诸多的困难,亦使规则很难实现。对行政主体财政行为的绩效分析更多的是一个动态的系统,是一个综合评价的过程。不同的财政执行行为的利益选择是不同的,短期利益与长期利益、局部利益与社会整体利益的选择在不同的财政行为下表现是不同的。对不同的财政行为后果的法律评价是综合的,往往包含了更多的道德和政策的因素。从不同的角度衡量财政行为的合理性,难免带有极强的主观色彩,而欠缺评价的客观性。客观性的缺失,当然无法完成对可责行为的消极评价。

加上财政执行主体本身的角色就具有多重性,它在保证财政资金的顺利运转的同时,也负有保障经济和社会稳定发展,保障社会利益,或者是其他公共物品提供的义务,这决定了财政执行主体实际上具有一定的永续性。同时,其经济来源的财政补偿性也限制了对财政执行主体追究责任的可能性。[①] 另一方面,由于财政执行主体与公民之间往往不存在直接的权利义务关系,财政行为的完成,其影响的范围往往是不确定的,公民所受的损害与财政行为之间的因果关系也难以确定,这进一步加大了对财政执行主体归责的困难。

（四）行政机关财政行为可诉性的缺失

E.亚当森·霍贝尔认为,法律是"一种社会规范,违反这种社会规范,就要由拥有为社会所公认的执行制裁权的人通过威胁要适用或实际适用有形力量的方法而加以制裁"。财政领域却存在这种"拥有为社会所公认的执行制裁权的人"的缺失。政府是作为权力主体而超脱于市场和个人之上的,私人主体由于缺乏强制力,便不可能对政府的财政行为作出消极评价的后果。权力的限制显然在于权力之间的相互制约与平衡。在三权分立的模式下,对政府权力的控制,除立法机关的立法控制外,更重要的是法院对政府行为的合法性审查。但法院赢得其免受政治干预而独立行使的有限的权威,是以法官使自己脱离公共政策的形成过程为代价的。法官不必追究公共政策的一些基本问题,甚至也无须细究其判决的更广泛的社会效果。[②] 因此法院对政府财政执行权行使的任何审查,都可能成为一种"替代性的审查"。因此,财政执行权的可诉性的缺失,难以将政府的财政执行行为纳入到司法程序中,司法机关无法对财政行为予以审查,归责更是空谈。

---

① 参见张守文:《经济法理论的重构》,人民出版社 2004 年版,第 453 页。
② 〔美〕诺内特·塞尔兹尼克:《转变中的法律与社会——迈向回应型法》,张志铭译,中国政法大学出版社 1994 年版,第 74 页。

即使财政执行行为被纳入司法审查之中,法院要完成对其合法性的审查和评价同样是相当困难的。法律普遍性的一个必然推论就是严格限制法官在作出选择时所参考的有关事实的范围,如果判决所参考的因素太多,而每一个因素又变化不居,那么分类范畴或类推标准很难得出,甚至更难维持①,法官所作出的判决便很难有其确定的标准。财政执行行为的作出必须建立在对社会、经济发展的多方面因素综合性考量的基础上,法官对其行为予以审查同样必须对这些因素加以考量,而社会、经济形势的发展变化往往是变动不居,法官或者难以获得相关的资料,或者必须依赖于政府所提供的相关信息,这就使得司法机关对其审查时不但缺乏确定性的标准,同样也加深了司法机关对政府的依赖。加上财政执行权的行使是对社会、经济形势判断的相机选择,其政策或法律判断标准的认定往往仅具有现时性,只在社会需要和经济发展的当时才有意义,司法机关事后的判断很难反映当时的现实。而司法对财政行为过多的审查,又有干预财政执行权的自由裁量的嫌疑。

于是,"权责对等原则"作为一条重要的公法原则在财政执行权的规制中无法得以体现。"授权者委授的权力和责任应当一致、均衡,即按照授出的权力的大小,确定相应责任。根据责任的大小,赋予必要的权力。授予执行的责任,必须赋予指挥的权力。有权无责,必然滥用权力。因此,授权者进行授权时,必须将权力和责任均衡地授出。"在当前政府作出财政行为却无须承担任何责任时,权力的控制只能流于形式。没有责任的承担,对财政执行权的控制只是一句空话。

### 三、行政机关财政执行权规制的新思路

行政机关财政执行权的运行产生了"权力混合和机构界限模糊的状态",规则的权威被削弱,自由裁量权得以扩张,因此,对财政执行权的规制,应当体现在"实体法及其实施中不断减少专横和武断"②。

在对财政执行权的控权与授权之间作出选择时,我们无法回避这样的事实,即财政执行权行使的相机抉择是不可避免的。牢牢的控权固然可以

---

① 参见〔美〕昂格尔:《现代社会中的法律》,吴玉章、周汉华译,中国政法大学出版社1994年版,第184页。
② 〔美〕诺内特·塞尔兹尼克:《转变中的法律与社会——迈向回应型法》,张志铭译,中国政法大学出版社1994年版,第74页。

将财政执行权的行使束缚在某个空间之内,但丧失了敏感性的政府无法应对社会、经济生活的变动而采取相应的财政执行措施。政府所提供的公共物品即可能滞后于社会生活需要,政府便成为一种无益的存在了。我们很难想象,一个谨小慎微的政府能够根据社会经济环境的变化而不断调整其所提供的公共物品、完成其熨平经济周期的重任。唯有一个"回应型的、负责任的政府"能够根据其所处的经济背景,及时地回应社会生活的需要。对财政执行权的控制本身并非最终的目的,而仅仅作为保障市场的运行基础和公民基本权利的手段而存在。寻求一个合理的权义结构模式,无疑是规范财政执行权运行的关键所在。财政执行权所构建的法律秩序"应当是一种回应型的、负责任的法律秩序",也就是"能够对社会环境中的各种变化作出积极回应"的法律秩序。政府获得财政执行权,同时应当被赋予相应的义务以保障财政执行权能够在固有的运行模式下发挥其应有的作用。在对财政执行权加以规范的同时,应当给予政府足够的自由,以"更完全、更理智地考虑那些法律必须从他们出发并且将被运用于他们的社会事实"[①]。由此所决定,财政执行权的规制过程必定是一个动态而开放的系统,从而形成权力、权利与义务三者综合平衡的权义架构。

(一)财政执行权规制体系的建立

1. 财政执行权法律规则的明晰化。规则对财政执行权的控制是一种源生性的控制,是对财政执行权予以规制的起点。它划定了权限的范围、行使的时间、空间、行使的条件以及财政执行权的行使界限。它解决的是权力授予的必要性和正当性,从而于事前即对权力的滥用予以预防,是一种静态的权力控制模式。如在国债制度中明确规定国债发行的主体、条件、程序、规模、结构、利率、偿还方式等内容,将国债的发行过程纳入法律明确规制的轨道中。

2. 财政执行权的过程性控制。过程控制不同于程序控制,它以程序控制为基点,包含了比程序控制更丰富的内容。事实上,对财政执行结果的过多关注非但对权力控制无益,与财政权的最终价值追求亦是悖反。正是财政执行权本身的变动性决定了必须以程序的稳定来实现法律秩序的安定,从而缓和实体变动与法律秩序稳定之间的紧张关系。充实程序本身的规则设计以保证财政权实施结果的合理性、合法性,以其程序的规范性保证财政

---

[①] 〔美〕诺内特·塞尔兹尼克:《转变中的法律与社会——迈向回应型法》,张志铭译,中国政法大学出版社1994年版,第74页。

第一篇 财政权的运行与规制分析

执行权的行使结果能够得到接受和维护,促使其合法、能动地行使,这对于财政执行权的控制是更为可行的一种选择。程序正义(正当法律程序)提供了最低限度的公正。只要严格遵守正当程序,结果即被视为合理。从某种意义上说,财政执行权的授予意味着我们相信政府是勤勉而善意的主体存在。只要其在财政执行权限内作出的行为是以必要的经济、社会信息为基础,行动是本着经济、社会利益的最大化并尽了相当的注意义务,在不存在相应的自由裁量权的滥用时,即使行为的结果与其所要实现的目的有所背离,甚至造成对权利和市场一定程度的损害,财政执行主体亦无须为此承担责任。政府是否可归责,判断的标准在于是否履行了必要的程序要求,而不在其造成的结果如何。政府所遵循的程序不仅仅是一种程序性的正当法律程序,更应该是一种实质性的正当法律程序。政府作出财政行为时不但应当遵循必要的程序,更应当符合法律规定的宗旨、目的和正义。过程控制在程序的基础上还要求政府作出财政行为时必须掌握相当的专业知识、关注相关的权利人。这种过程控制对于财政执行权来说,是一种更为现实的控制。

3. 确立政府财政执行的公开和披露制度。公众是财政收入的承担者,有权获知财政资金支出与使用的情况。任何公众应该可以于合理的时间和地点查询政府财政资金的收入、取得、管理和支出的有关信息。政府作为财政执行主体,应当提供有关的信息甚至回应公众的质疑。政府要承担信息传递网络及系统的构建与维护职能,要保证信息传递的畅通与及时,不能妨碍公众获得有关的财政信息。为此,政府应当定期提供政府支出报告。在澳大利亚和新西兰,为了保证社会与公众的有效监督,建立了政府与公共部门的报告制度,其中的要点是:[①](1)政府行为的报告制度。政府行为尤其是财政预算行为,应该定期真实地向议会及公众报告。而且这种报告要求的是行为过程的报告,如果仅仅是行为结果的报告,那么无论结果如何,都可视为政府违规。(2)公共部门运行的报告。公共部门行使的是政府衍生的职能,其管理水平及效率直接影响着政府形象以及公众对政府的信任。因此,公共部门运行的过程及结果必须进行定期真实的报告。(3)财政预算及其执行结果的报告。社会公众对财政预算享有完全知情权,不仅有权了解财政预算的报告,还应当有权了解财政预算执行结果的报告。(4)报

---

① 参见贾康、文宗瑜、王桂娟:《关于控制公共风险与实施绩效预算的考察》,http://www.crifs.org.cn/0416show.asp? art_id=104。

告标准及格式的确立。政府是全面报告制度的主导者与监督者,因此,必须制定定期报告的标准及格式。标准及格式要按方便公众真实获取信息的要求进行设计,而且有利于公众把握某些信息的细节。这对我国建立财政执行信息公开制度有相当的借鉴意义。确立政府财政执行的定期报告制度,有利于提高财政透明度,形成公众监督压力,保证财政资金支出与使用的效率,防范公共风险。

(二) 财政执行中问责制的确立

在财政执行中确立问责制不仅仅是为了资金的有效利用,而是为了实现更好的结果;问责制所要强调的不仅仅是对现有制度体系和程序提出批评,而在于推动产生更好的公共物品与服务的供应系统。[1] 因此,应当由财政执行主体对其完成的财政执行行为承担相应的法律责任,保证其能够在确定的程序下提供最优化的公共物品。一旦政府与公共部门的行为偏离了社会利益和公众利益,就应当追究有关当事人及行政长官的责任。问责制度的建立与完善,就是把追究政府与公共部门失职行为制度化。政府作为财政执行部门,决定大部分财政资金的最终去向,其低效率不仅浪费纳税人的钱,而且影响公众生活质量的提高,政府要通过问责制度推动公共部门提高效率。[2]

政府财政执行行为的过程和结果,必须代表并维护社会利益和公众利益,政府对涉及公众切身利益的财政执行行为应当公示并充分征求公众意见,充分考虑执行行为的社会影响及对公民权利实现的积极促进意义。一旦执行失误,给社会公众造成不可挽回的影响,政府必须对其执行行为承担相应的法律责任。对于公众对公共部门的投诉,政府必须回应并采取措施,追究相关主体的法律责任。

为完成财政执行结果、执行行为与执行主体之间的归责,首先应当对财政执行结果或者说是绩效给予确定性的评价。财政行为的绩效是利用所提供的资金,在不牺牲质量并遵守现行法律规范的前提下实现已达成的预期效果。[3] 绩效的评价对财政执行的归责有着绝对性的影响,不同的人对财政

---

[1] 参见萨尔瓦托雷·斯基亚沃—坎波、丹尼尔·托马西著:《公共支出管理》,张通译/校,中国财政经济出版社 2001 年版,第 8 页。

[2] 参见贾康、文宗瑜、王桂娟:《关于控制公共风险与实施绩效预算的考察》,http://www.crifs.org.cn/0416show.asp? art_id=104。

[3] 参见萨尔瓦托雷·斯基亚沃—坎波、丹尼尔·托马西著:《公共支出管理》,张通译/校,中国财政经济出版社 2001 年版,第 11 页。

第一篇 财政权的运行与规制分析

执行行为可能产生不同的评价机制,不同的评价基于其采用的不同价值和标准将对同一财政行为的结果得出不同的结论。① 因此,首先应当确立一定的标准以能够对财政行为予以确定性的评价。如果说把财政执行的绩效仅仅限定于遵守预算拨款规定,或者是从字面上遵守规定和条例,在一段时间后会导致有关部门忽视公共资金支出的目的,最终形成一种强调手段而非目的的"文化",忽视公共利益,而且还会使政府部门形成这样一种心态:建立严格的而且具有内在一致性的控制方法就会成功,而不考虑这些控制方法在履行公众赋予国家的职责时是否有必要,或者是否有所裨益。② 对财政执行的过程性评价尽管可以得出有关项目是否被诚实而高效地执行的问题,但却无法得到关于社会效果评价方面的信息。③ 而事实上尽管某项财政决策都有其预期的目的,在该决策被诚实地执行的情况下,仍不可避免将附带产生其他非预期的效果。因此,对财政决策绩效的分析便不应当仅仅停留在对预期目的的简单评价上。

政府的财政行为首先是一种经济行为,以成本—效益分析方法对其进行评价,是相当重要的。只有政府所投入的财政资金能够取得预期的收益,财政行为才可能是有效率的。因此,财政行为的绩效分析,首先应当是行为的成本—效益分析,从投入、产出、结果等方面给予确定化的评价。但财政行为并不仅仅是经济行为,其影响的范围并不仅仅限于资金的收付和经济效果的产出,而在更大的范围内对公民基本权利的实现和社会秩序的形成产生影响。因此,对财政行为的整体社会效果的评价同样相当重要,应当对财政行为对社会生活的影响依据公平、正义原则给予评价。在财政决策所确定的预期目的与产生的损害之间,同样应当有比例原则的适用,即只要财政行为的预期目的的实现超过其所产生的损害,该财政行为就应当被认定为是有效率的、合理的。

明晰的绩效分析直接决定了责任承担的可能程度。绩效标准内涵越小,责任制越清晰、越直接;而绩效标准外延越广,责任制越不清晰,分散程度也越高。因此,财政行为的绩效分析的标准应当是明确而具体的,尽管不

---

① Hillman, Arye L, Public Finance and Public Policy: Responsibilities and Limitations of Government, Cambridge, UK; New York: Cambridge University Press, 2003, p.105.
② 参见萨尔瓦托雷·斯基亚沃—坎波、丹尼尔·托马西著:《公共支出管理》,张通译/校,中国财政经济出版社 2001 年版,第 303 页。
③ Hillman, Arye L, Public Finance and Public Policy: Responsibilities and Limitations of Government, Cambridge, UK; New York: Cambridge University Press, 2003, p.150.

一定要量化。在不同的财政行为下,其具体的绩效分析指标则应当由相关的法律予以明确化。

值得一提的是,我国在 2004 年底颁布实施的《财政违法行为处罚处分条例》①对财政违法行为所应当承担的法律责任予以明确的规定。这对于确立财政执行权的责任制度有着重要的意义。但从《处罚处分条例》的规定来看,其所规定的法律责任以行政责任为主,其责任的追究机制同样主要局限于行政程序。这在一定程度上造成了财政执行主体对自身行为合法性的自我审查与责任追究,大大弱化了责任机制的强制性和惩罚功能。

### (三) 财政执行行为可诉性的确立

财政执行行为是国家提供公共物品的决定性环节,直接影响了国家所提供的公共物品的数量和质量,从而使国家的财政权与公众的基本权利之间建立直接的联系。公众是最终享受政府所提供的公共物品或服务的主体,因此,只有公众才有权对政府提供公共服务的质量和数量作出最终评判。为保证公众能够对政府的财政行为给予适当的评价,即应当提供适当的途径保证其能够否定政府不恰当的财政行为,由此在公众的基本权利与政府的财政执行权之间形成有效的对抗,从而对政府的财政执行权形成有效的制约。

政府的财政行为并不具有天然的合法性,同样应当受到司法审查。在行政权与财政权日益分离,而财政权的权力属性日益彰显的情况下,对财政权的执行行为给予司法审查更是不容忽视的。尽管我国目前法院的司法审查存在相当多的缺陷,但通过相关制度的完善,如绩效评价标准的明晰化、责任制的确定等,能够为法院的合法性审查提供更为确定的标准。而对政府政务信息公开的严格要求,能够保证法院获得进行审查的详细资料,以对其进行事实与法律的判断和审查。公民对国家的财政收入和支出都应当享有民主管理权,因此,公民应当不仅有权对违法征收行为提起诉讼,而且对国家或地方政府违宪、违法的财政支出行为也享有相应的提起诉讼的权利,给予司法救济权利和途径。

从公民权利救济的途径来说,司法救济无疑应当成为最终且最有效的救济模式。在我国当前的行政诉讼制度下,只有具体行政行为的利害关系人能够对行政机关提起诉讼,而对财政行为的相对人则未提供相应的救济

---

① 以下称《处罚处分条例》。

第一篇 财政权的运行与规制分析

渠道。① 诚然,法院对政府的财政行为进行审查确实存在诸多的问题,但政府的不当财政行为最终将影响公民所享有的公共服务的数量和质量,并最终会增加公民的财政负担,因此,这种违法的财政支出行为实际上侵害了公民法律上的权益,已构成了主观上的侵权,公民应当有权提起诉讼。②

目前,西方一些国家已采用不同的方式允许民众对违法的财政支出行为向法院提出诉讼,如在美国即确立了纳税人诉讼制度。纳税人纳税之后,其知情权和监督权也是受法律保障的。税收征收之后的用途,除涉及国家机密之外,其市政财政预算、决算是受到严格监管与控制的,普通市民可以登陆政府的公务网站查询一些项目的开支情况,提出质疑,甚至以纳税人的名义提出诉讼,因为他有权怀疑政府的财政支出并非基于公共利益的考量。③ 美国的州法院和联邦法院以判例形式确定,国家有义务对违宪支出的租税做无支付理由的确认。纳税者可以对与自己无法律上直接利害关系的违法支出租税行为提起主观诉讼,可以以国家或地方政府为被告,针对违法的租税支出提出返还税金等诉讼请求。纳税人只要凭其纳税证明,就可以以纳税人的名义对政府的财政支出行为提起诉讼,只要能够证明政府的财政支出并非为了实现公共利益,并非出于市政建设或公务的需要,就可以要求法庭判决该政府工作人员向公众赔礼道歉甚至引咎辞职,并自行承担该行为的费用。这就是西方法律体系中的纳税人诉讼制度。美国、日本和法国都有相应的纳税人诉讼制度,但在具体操作上有所不同。日本《地方自治法》第242条第2款规定,地方自治体内的住民可以对地方自治体的违法支出行为提起"住民诉讼",其诉讼请求可以为:停止支出、取消或确认该支出行为无效、要求地方政府对违法支出进行损害赔偿等。纳税者诉讼作为人民对国家财政支出进行民主监督的手段,其立法已日益受到各国的重视。④

---

① 税务诉讼主要为纳税人在税款征收过程中所发生的争议提供司法救济,而其他诸如收费行为、财政支出行为等,则为司法诉讼所回避。
② 税收立法是民众参与公共选择的重要环节。但在立宪阶段,缺乏对税收征收和支配的宪法限制,而在税收立法阶段,公民也很难以民主的方式来表达自己对税制的选择态度。
③ 参见佚名:《西方的纳税人诉讼制度》,http://grandall.ynceo.cn/Article/xianfaxingzheng/200503/2727.html。
④ 参见甘功仁:《论纳税人的税收使用监督权》,载《税务研究》2004年第1期。

## 本篇小结

从根本上说,国家存在的必要性直接决定了财政权的性质。在漫长的封建主义时代,君主的财政权不过是君主所有权的同义语,公民当然无权干涉也无权质疑。然而,在民主主义制度下,在传统的"家计财政"被抛入历史的故纸堆的同时,也让我们对国家公共财政确立和行使的基础加以重新的审视。民众公共欲望的满足以国家公共物品的提供为主。国家无法自我创造财富,而公共物品的提供必须以一定的物质财富为基础。民众享受公共服务,即必须为此支付相应的对价。民众为此所让渡的财产构成国家财政运作的基础。同时国家为民众提供公共服务和公共物品,国家收取各种财政资金并在提供各种公共服务过程中支出财政资金,这一前提性的限定,决定了国家财政权确立的基点不过在于保证民众的基本权利的实现。正由于基本权利的实现以稀缺公共经费的支出为前提条件[1],民众为保证国家的财政行为足以实现其基本权利,即有权对国家财政权的合理、合法的运作过程加以干预和监督。民众当然有权对其让渡的财产权与所获得的公共服务进行权衡比较,以判断其财产的让渡"是否得不偿失","是否得到的利益大致等于支出"[2]。国家作为财政作为的主体,应当明确其分配财政利益和负担的基本原则,审慎决定如何使用稀缺的财政资金,选择最优的方案以保证最大程度地实现民众的基本权利。

伴随着国家财政资金的用度,应当重视的不仅仅是民众对国家财政行为的监督与制约,或者说这仅仅是一种最为基本的判断,而更为重要的,应当对国家财政行为的权源,即国家的财政权作出更准确的定位。财政权仅仅是国家行为的附庸还是独立的权力形式,这一根本的判断将直接决定如何对财政权进行规范和制约。如果说财政权依附于国家行为,那么应当纳入法律规制范围的便仅仅是国家的立法权、行政权和司法权,财政权没有独立存在的价值,更没有规制的必要。但随着行政国的诞生,财政权与行政权的分离也日渐明显。财政权所承载的不仅仅是提供国家行为所必要的资金,而具有更为丰富的内涵,财政权配置的模式和行使的结果甚至直接决定

---

[1] 参见〔美〕史蒂芬·霍尔姆斯、凯斯·R.桑斯坦:《权利的成本——为什么自由依赖于税》,毕竟悦译,北京大学出版社2004年版,第169页。

[2] 同上。

国家行为的有效性和效率。财政权与公民权利具有一定程度的相互依存关系，这更决定了财政权具有深刻的权力属性，从而，国家财政权的行使同样应当纳入法律规制的范围之内。

在我国，财政资金的决策和执行在很大程度上依然处于非公开的状态，公民无法确知国家将在多大程度上参与财富的分配，也无法确知国家将如何使用由公民手中受让的财产。从而，公民基本权利的实现处于一种被动状态，也就是说，公民享受公共服务的程度，不过依赖于国家在行使财政权上的自觉，公民无法自主选择所需的公共服务的规模和范围，更无权决定为此而支付的对价。公民权利与国家权力之间的对抗与制衡，无疑是对国家权力最有效的制约机制。在财政权的行使过程中更是如此。税收作为公共物品对价的属性决定了财政决策的过程必然是一个"国民同意"的过程。财政资金的收取和使用的任何决策和执行都应当以公开而民主的方式作出，接受公众的审查。这是实现财政法治的根本性要求。无论立法机关的财政决策权还是行政机关的财政执行权，都应当为民意所约束，在法治化的时代背景下，即应当为法律所约束。

## 第二篇 财政收入行为研究初步

### 引 言
### ——财政收入行为理论的缘起

二战以来,随着国家职能不断扩张,行政作用日趋复杂化与多样化,财政规模随之大幅膨胀,此种"量"的变化,最终迫使各方不得不正视财政规范之"质"的转变问题。财政作用日益展示出其独立的功能,并突出其权力性和公共性的两面特征。[①] 现代财政一方面在财政管理以及财政支出作用领域,其隐藏之权力性日益彰显;另一方面,在财政收入作用领域,其权力性却有日益隐晦的趋势,此实为现代财政之一大特征。[②] 相对应,公共性作为财政权的基本属性和品格,对其权力性做了适当的调整和约束。财政收入事项不外税收、费用和特别基金等几类,但其合法依据却在于公共财政权力的正当行使,财政收入行为也必然受到法律的约束。此种背景下,抽象于各类政府财政活动之共性的财政行为理论,在财政法学上便具有了重要的意义。

财政行为是财政法学中最基本、最重要的概念。从财政行为入手,可以探讨财政行为的主体、结果、责任及补救等财政法的一切问题,并由此构建一个以财政行为为核心,以财政活动过程为纽带的财政法学体系。财政行为可以分为财政收入行为、支出行为和管理行为,其中支出行为更多地集中于技术事项和趋向于具有民法特征,管理行为则更多地立基于一般的财务处理和抽象的行政运作。而其中,只有财政收入行为才直接涉及公权力和私权利、财政权和财产权的冲突与协调,才紧密关乎公共领域和私人领域、政府行为和市场行为的整合与互动。在大陆法系中,财政收入行为研究主要是以公课理论为基础,并运用公法学的基本原理,将促进公民权利保护和

---

① 参见蔡茂寅:《财政作用之权力性与公共性——兼论建立财政法学之必要性》,载《台大法学论丛》第 25 卷第 4 期,第 55 页。
② 同上书,第 65 页。

## 第二篇 财政收入行为研究初步

国家永续发展作为价值目标。① 而在英美法系国家,由于其不成文法和判例法传统,没有特别的财政法理论体系,相关理论学说实际见诸于财产法和侵权法领域。

财政行为目前尚未成为行为理论研究的焦点问题,甚至税收行为的研究都未为学界充分重视,但此种视野局限不应当影响学理思维的前瞻特质。无论是从理论上财政法的独立性发展趋势和内在要求出发,还是从实践中政府财政规模扩大化的特点和法制约束的必然性来考虑,财政行为研究作为基础性的财政法内核理论,都具有极其重要的开拓意义。

财政收入行为作为最具权力性和公共性的财政行为,在分析脉络和研究路径上可作如下展开:一是财政收入行为的概念范畴,即分析财政收入行为的基本构成和法律意义;二是财政收入行为的价值分析,即对财政收入行为的深层动因和权力性格进行法学维度的解构;三是财政收入行为的规范研究,即采取哪些法律原则和制度规范去约束财政收入行为的实施。

## 第一节 财政收入行为的概念构建

### 一、财政收入行为的法律界定

(一) 财政收入行为的范畴提炼

任何一门成熟的法学学科,都应当有自己的行为理论。行为理论之所以重要,是因为法律的直接功用与目标,就是规范人的行为。与此相关,法律主体的行为,涉及到法学研究的逻辑起点——调整对象问题。如果对调整对象做"直接"与"间接"的"二分",则人类行为可能会被认定为法律直接的调整对象,而在人类交互行为的基础上所产生的社会关系,可能会被看作法律间接的调整对象。② 事实上,对人类行为的重视,本身就是法学研究的传统,正是源于对行动的不同分析与解构,才形成了多样的法学研究方法和法学理论。③ 因此,法学研究在重视规范研究的同时,还应当关注对主体行为的研究。

---

① 参见葛克昌:《人民有依法纳税之义务——大法官会议解释为中心》,载葛克昌:《税法基本问题——财政宪法篇》,北京大学出版社2004年版,第48—80页。
② 参见张守文:《税收行为的范畴提炼及其价值》,载刘隆亨主编:《当代财税法基础理论及热点问题》,北京大学出版社2004年版,第1页。
③ 参见胡玉鸿:《法学方法论导论》,山东人民出版社2002年版,第9页。

在广义的法律行为中,是否可以提炼出一类特定的"财政收入行为",或者说,在财政法学上可否提炼出"财政收入行为"这一范畴,对于财政法学上的行为理论的形成和发展,对于整个财政法学理论的完善,都是非常重要的。而要提炼出"财政收入行为",就必须能够说明其在逻辑上的独立性、理论上的自足性和实践上的必要性。在逻辑上讲,财政收入行为作为政府为提供公共职能所需取得收入的行为抽象,在归纳和演绎两个面向上可以成立,并取得其不同于其他非收入行为或非财政收入行为的相对独立性。在理论上讲,不同社会关系的形成,实际上是立基于或受制于主体的行为。行为理论本身已经形成了比较成熟的概念、观点和学说,而在财政收入领域中对其行为进行一定基础上的提炼,是具有理论自足性的。在实践上讲,财政收入事关公民基本权和国家永续发展,具有非常重要的法学蕴涵和社会意义。而财政收入行为的提炼则是贯穿和支撑这一事项和过程的理论标度,所以实践上财政收入行为理论的必要性和重要性也尤为显著。

基于前述对法律直接功用的认识,可以认为,财政收入法的直接功用,就是规范财政收入法主体的行为,并且由此来调整主体之间的财政收入关系。如同对财政收入权概念的理解一样,对财政收入行为概念的认识也可能会歧见纷呈,因而作出明确界定或定义自然较为困难。这也可能是财政收入法上行为理论长期被搁置的一个重要原因。财政收入行为同财政收入权的行使直接有关,财政收入权的法理基础和具体内容都对财政收入行为理论产生重要影响。

财政收入权作为财政权的一个重要组成,其来源、性质和结构对界定财政收入行为具有基础性的作用。从财政权的来源来看,财政权不是天然就存在的,而是来源于纳税人的授予。基于此,财政收入行为的产生和行使则必然应得到公民和纳税人的法律授权。从财政权的性质来看,财政权具有公权力的强制特性,与公民的金钱给付义务和双方主体非平权性互为对应。在这个意义上,财政收入行为是一种在程序和实体上受到限制的羁束财政行为。从财政权的结构来看,财政权包含财政收入权,财政支出权和财政管理权,而其中财政收入权是财政支出权和财政管理权的法理前提和存在基础。这样财政收入行为在学理逻辑和权力供给上就具有了先导性和前置性的特别意义。

尽管财政法是一个综合法律部门,但这并不影响财政法学成为一门独立的法学学科。① 而植根于此种命题之下的财政收入行为理论,一方面需要借鉴其他传统法学的已有研究成果,特别是民事法律行为理论和行政法律行为理论的精髓实质;另一方面也要结合财政法自身特点,在行为的特征、要件和效力上作出有别于和独立于相关行为的基础性研究,并借此构建财政收入行为初步的理论体系。财政运作和财政活动中的各种措施和行为之抽象意义,只有在法学理论上进行深入挖掘和特色创新,才可能使得这些运作过程和财政活动进入到财政法学的理论视野,从而进一步由此而纳入到财政法治的轨道中来。也正是在这个角度上讲,财政收入行为的概念提炼才具有规范意义和实证意义上的法律价值。

当财政收入行为的范畴提炼由可能性变成为现实性时,财政收入行为的概念界定就成为认识和解读财政法收入行为理论的必要任务和基础。尽管在一个综合的、抽象的和尚待进一步完善的财政法学体系中,对某一法学概念和范畴进行提炼已经是一件比较困难和风险较高的事情②,但是这并不意味着这种提炼和概括不能继续,因为这样一种尝试性的铺垫工作本身就具有财政法行为理论上的资料整理的性质和必要。同时,从理论和实践发展的需要来看,确实需要建构财政收入法上的行为理论,需要对众多的财政收入法主体的行为实施有效的规范和限制。这种现实的问题和客观的需要,则是建构和展开财政收入行为理论的最大动力源泉。

(二) 财政收入行为的概念辨析

法律行为理论起源于民法学,法律行为概念和系统的法律行为理论均始自德国,民事法律行为制度在德国民商法总则中首先被确立,统辖着合同法、遗嘱法和婚姻法等具体的设权行为规则,形成民商法中不同于法定主义体系的独特法律调整制度;作为抽象观念,它又以系统完备的理论形态概括了民法学中一系列精致的概念和原理,形成学说中令人瞩目的独立领域。此后,这一概念为各法律学科所普遍关注,也在法理学、行政法学中形成相应的概念。站在比较分析和价值分析的角度,研究和辨识财政收入行为,首先需要从与相关法律概念的关联和区别开始着手。对财政收入行为与法理

---

① 学科的划分标准与部门法的划分标准是不同的。法学学科只要有其独特的研究对象,具有能够与其他学科相区别的研究方法与研究成果,就可以成为一个独立的部门法学。参见刘剑文:《中国大陆财税法学研究视野之拓展》,载《月旦财经法杂志》2005年第1期。

② 对于税收行为的范畴提炼,有学者认为这不仅是一个难度较大的问题,而且,在理论或制度资源不足的情况下,还可能是一个研究风险较高的问题。参见张守文:《税收行为的范畴提炼及其价值》,载刘隆亨主编:《当代财税法基础理论及热点问题》,北京大学出版社2004年版,第19页。

学意义上的法律行为、民事法律行为、行政法律行为的关联与区别展开讨论,于廓清和明晰财政收入行为的概念基础和理论前提尤为重要。

1. 财政收入行为与法理学意义上的法律行为

在法理学中,法律行为是一个涵括一切有法律意义和属性的广义概念和术语,是各法律部门中的行为现象的高度抽象,是各部门法律行为与各类别法律行为的最上位法学概念和范畴。① 法律行为具有社会性、法律性、可控性、价值性的特征,在过程上可以分为发动阶段、实施阶段和完成阶段,并在结构上可解析为内在(主观)方面和外在(客观)方面。② 这种一般意义上的法律行为是财政收入行为得以提炼和建立的理论基础。可以这样说,如果没有法理学意义上法律行为的存在,那么财政收入行为的法学提炼将变得不再可能。

财政收入行为作为公权力机关实施的旨在取得公共收入的行为,涉及国家与公民的权利义务关系,必然进入法律评价和法律调整的范畴。在逻辑层面上讲,财政收入行为作为对财政活动的一种法学意义上的本质抽象,是统属于和内含于法理学上法律行为的范畴的。但是,财政收入行为也和此种意义上的法律行为有着诸多的差异。这主要体现在三个方面:其一,在产生时间上,一般法律行为的概念尽管脱胎于民事法律行为范畴,但是依然是在18世纪得以产生;而财政法律行为则是在民事法律行为、行政法律行为理论均得以完善的晚近才进入学术界的视野。其二,在行为结构上,一般法律行为仅只具有主观方面和客观方面两重要求,但财政收入行为在此基础上还应加上权力性方面的要求,尽管财政收入行为不要求以法律授权和权力合法性为自身存在之必要。其三,在内在属性上,一般法律行为并不必然区分公法行为和私法行为,也不在行为的功能取向上作出界定,但财政收入行为基于其公法行为的特定属性,内在地有着公共性的本质要求,这也是由财政作用与财政权力的基本属性影响和决定的。

2. 财政收入行为与民事法律行为

民事法律行为一般是指民事权利主体所从事的,旨在创设、变更和废止民事法律关系的行为。此种私法上的法律行为理论,具有深厚的理论积淀和悠久的文化特征。按照《德国民法典》上的界定,(民事)法律行为是指一个人或多个人从事的一项行为或若干项具有内在联系的行为,其目的是为

---

① 参见张文显主编:《法理学》,高等教育出版社、北京大学出版社1999年版,第101页。
② 参见张文显:《法哲学范畴研究》(修订版),中国政法大学出版社2001年版,第60—93页。

了引起某种私法上的法律后果,亦即使个人与个人之间的法律关系发生变更。① 而就民事法律行为的本质进行定义,则谓(民事)法律行为者,是指"以意思表示为要素,因意思表示而发生一定私法效果的法律事实"②。可见,民事法律行为的基本内核是意思表示,目的指向在于发生一定的私法效果。在此一点上,财政收入行为尽管不排除财政法主体一定程度上的自由裁量,但公法与私法的基本界限却也是民事法律行为和财政收入行为的不二沟壑。

展开而言,民事法律行为与财政收入行为在诸多方面表现出明显的差异。其一,在价值取向上,民事法律行为在于实现私法自治,尽管可能这种私法自治受到了学者们的一些批评。③ 财政收入行为则期望在私法自治的先定约束下,实现某种税捐和费用的特定负担,以达成某种程度上的负担正义。④ 其二,在构成要件上,民事法律行为的构成要件至少包含私法上意思表示和表示行为两个基本要素,而仅以简单意思实现为例外。⑤ 财政收入行为的构成要件则在于本书后面所要详述的权力授予和权力裁量两个法源依据,而以法律保留作为其行使界限。其三,在表现形式上,民事法律行为涉及的事项宽泛而细致,法律界限是不侵犯公共秩序,而财政收入行为涉及的事项则主要集中在与行政给付有关的领域,其法律界限是不非法侵犯私益空间。其四,在层次上,民事法律行为以意思表示为核心精神,在其下位概念中有物权行为和债权行为等的理论展开,而对财政收入行为而言,则只是在财政权合法存在的前提下,按税捐、费用和特别基金抑或广义收入所包含的国债收入等特别收入的类别下进行行为理论的梳理和构建。

3. 财政收入行为与行政行为⑥

行政行为的概念来自法国,1826 年以来经过学理上的发展,逐渐在立

---

① 参见〔德〕卡尔·拉伦茨:《德国民法通论》(下册),王晓晔等译,法律出版社 2003 年版,第 426 页。
② 王泽鉴:《民法总则》(修订版),中国政法大学出版社 2001 年版,第 250 页。
③ 参见〔德〕迪特尔·梅迪库斯:《德国民法总论》,邵建东译,法律出版社 2001 年版,第 140—147 页。
④ 参见葛克昌:《综合所得税与宪法》,载葛克昌:《所得税与宪法》,北京大学出版社 2004 年版,第 7—9 页。
⑤ 参见〔德〕卡尔·拉伦茨:《德国民法通论》(下册),王晓晔等译,法律出版社 2003 年版,第 426—431 页。
⑥ 此处探讨财政收入行为与行政行为的区别,实际是指狭义财政收入行为与行政行为的区别,也即此处财政收入行为仅指行政层面上的财政收入行为,目的在于两者能在同一层级上进行概念比较。后文也有所提及。

法中取得了重要的地位。1945年的《军事政府法令》第25条第1款规定行政行为是"行政机关在公法领域中处理具体事件而采取的处分、决定、命令或者其他措施"。该定义亦被德国行政程序法所吸收,德国《联邦行政程序法》规定:"行政行为是行政机关为处理公法事件而采取的,对外直接产生法律效果的任何处置、命令或者其他高权性措施。"①我国通说也承继这一定义方式,认为行政行为是指国家行政机关(和法律、法规授权的组织)依法实施行政管理,直接或间接产生法律效果的行为。② 独立的财政法脱胎于传统行政法,其行为理论也必然继受了行政法上的行为理论。财政收入行为与行政行为在种属关系上,可以认为前者源于后者并在狭义上脱胎于后者,两者在本质意义上都是基于授权为公民设定一个存在约束力的具体规范(负担或授益),在构成要件上也存在类似之处,都包括主体要素、职能要素和法律要素等。但是财政收入行为更为强调财政权力先行存在的前提性、财政之于行政的基础性和现代国家财政行为的政策性。

进一步阐释之,行政行为在如下几个层次上与财政收入行为有着显著不同:其一,在理论基点上,行政行为在行为作用的层面上被称为功能意义上的行政(lanotion fonctionnelle de l'acte administratif),也即是依据行政法院的判例产生的理论。其意义在于证明行政行为是行政活动的法律手段,用于证明一定的法律效果。③ 而财政收入行为的提炼是在现代国家财政作用日益增强的背景下,对财政权的基础性和财政法的独立性进行反思而构建的,财政收入行为是正向的归纳,而非逆向的演绎。其二,在法源依据上,行政行为更多的是基于宪法规则和法律技术上的授权,相应涉及公民基本权的内容宽广而庞杂,行为的法源也有诸多法令;而财政收入行为则更多的是基于宪政法理和公民人权的实现,相应的关注点只是集中在公民权的核心即财产权方面,行为的法源也比较集中。其三,在表现形式上,行政行为基于行政机关的单方意思表示,除极少数特别事项外,无需经过议会的专门授权,具有较大的行政裁量性;而财政收入行为基本上均基于法律的授权或由议会通过,遵循严格的法律保留原则,财政收入行为作出过程中的自由裁量空间很小。其四,在要素构成上,行政行为一般将具体性要素、处理性要素

---

① 参见[德]汉斯·J.沃尔夫、奥托·巴霍夫、罗尔夫·施托贝尔:《行政法》(第二卷),高家伟译,商务印书馆2002年版,第15—16页。
② 参见应松年主编:《行政法学新论》,中国方正出版社2004年版,第123—125页。
③ 参见王名扬:《法国行政法》,中国政法大学出版社1988年版,第134—137页。

第二篇 财政收入行为研究初步

和效力的外部性作为基本构成①;而财政收入行为则并不以行政事项的具体性和行政方式的处理性为必要,它更多的是表现为给付事项的财政公益性和财政规则的直接执行性。其五,在依存关系上,行政权力一般须以财政权力的先行存在为基础②,行政行为往往需要以在先的财政收入行为作为资金支撑,财政收入行为则对后来将要发生的行政法律行为提供财源保证。其六,在体系发展上,随着行政作用的功能定位逐渐实现向公共服务性质的转型,行政模式逐渐趋向于从压制型过渡到回应型③,行政行为的理论体系也开始把重心放在行政合同、行政指导等柔性行政法律行为上④;而财政收入行为则是朝向完全相反的路径发展,财政收入行为中的目的性税捐收入行为和特别基金收入行为体现了一种在严格法律保留下的政府自由裁量权泛化态势⑤,显然这不是以公民对财政收入事项的直接参与为基础和必要的。

(三)财政收入行为的内容蕴涵

就现代的财政法来说,财政收入必须以人民的同意为前提,那么,"议会的同意"实际上是财政收入活动的开始,是更抽象的财政收入行为。那么在财政收入行为理论中,是否应当将财政收入立法纳入到财政行为的理论范畴中来呢?或者说,这种研究思路是否具有理论上的合法性呢?此种情况下,对行为理论又应作何种新的理解和重构呢?

传统行为理论是以私法行为作为基础,之后公法上之行政行为也开始进入行为理论的范畴,但此些行为理论只限于行为特征及执行本身,而不关涉行为所及事项的立法理由。其实在本源意义上,法律对社会控制的方式有很多种,其中最基础也最重要的是行为控制。而在法律控制的视野下,行为本身则具有很丰富的内涵和更多层面的意义。⑥ 无论是立法行为、执法行为或司法行为,也无论是合法行为、中性行为或违法行为,对行为的定义和理解均建立在不同的思维角度上。行为就其本身而言,是可以作为一种模式和元素来对社会现象进行分析的。传统行为理论基于民法、行政法上的

---

① 参见于安:《德国法上行政行为的构成》,载《中国法学》1999 第 5 期。
② 参见王怡:《立宪政体中的赋税问题》,载《法学研究》2004 年第 5 期。
③ 参见崔卓兰、蔡立东:《从压制型行政模式到回应型行政模式》,载《法学研究》2002 年第 4 期。
④ 参见石佑启:《论公共行政变革与行政行为理论的完善》,载《中国法学》2005 年第 2 期。
⑤ 参见葛克昌:《管制诱导性租税与违宪审查》,载葛克昌:《行政程序与纳税人基本权》,北京大学出版社 2005 年版,第 69—88 页。
⑥ 如有学者认为,人们在社会中实施的行为受到法律的调整,便构成法律行为。参见谢邦宇、黄建武:《行为与法律控制》,载《法学研究》1994 年第 3 期。

学科分野和部门阻隔,而各自派生出民事行为和行政行为的类型,并有着类似但并不相同的理论体系。

随着现代社会的发展和法律文化的进步,传统的行为理论已经出现了从封闭的、内生的和具体的基本面相过渡到开放的、外生的和综合的现代立场的可能。首先,传统行为理论是在原有的时代背景和制度格局下产生的,当前社会经济结构已经出现了复杂化和交织化的趋势。现代以来,国家在调整社会经济生活中不断使用经济杠杆和财政手段,这些行为的合理性在传统法律理论和学说中均无涉及,这就客观要求行为理论在政府行为约束上进行重构。其次,传统行为理论对于行为模式和权利义务关系的理解和探究,本身有进一步发展和修正的内在必要。二战以来,交往理论和人权保护被提到很高的程度,而这些在行为理论上却没有反映,同时行为理论本身也不包含财产权和社会权的因素。再次,传统行为理论的严格学科分野已经不适应现代法律研究交叉性和综合性的特点。不同法律部门和学科的行为理论往往各自为阵,此种现实研究状态已经不能适应新的法律门类的内在需要,开放性的行为理论则开始浮出水面。

现代社会中的法制更新与理论演变,也促成了新的法律体系和法律概念得以产生。而这其中,财政法是比较典型的法律部门。从传统行政法中剥离出来的财政法不仅具有相对于行政法的独立性,而且具有包括各种涉及财政之经济特征的法律范畴。财政收入行为则与财政法的此种特质相对应,亦具有独立性和综合性的特点。其独特性不仅体现在财政收入脱离了行政行为的窠臼,还体现在财政收入行为不再从执行行为本身去理解,而超越到其本源之立法行为。这种独特性也使其克服了行政行为的视野局限,而将整个财政过程纳入到行为理论的范畴中。其综合性则体现在财政行为不仅包括传统的税收行为,还扩及到费用、公债等政府取得财政收入或调节经济的行为。这是对财政过程的法理抽象,体现出很强的综合性和包容性。

将财政收入行为定义在立法和执行两个方面,可能会引起如下的疑问:其一,照此逻辑,是不是同时存在立法上的财政收入行为和财政收入上的立法行为这两种行为呢?如果存在,两者之间关系如何?其二,财政收入行为将立法与执行纳入一体,那么如何实现国家对财政收入行为的控制呢?是通过立法上的法律保留还是司法?其三,即便立法上的财政收入行为成立,那又如何安排其与行政执行上的财政收入行为之间的关系呢?

从法理结构上看,立法上的财政收入行为与财政收入上的立法行为存在一定的区别。立法上的财政收入行为属于财政收入行为的一种,是指财政收入行为在立法阶段的状况是具体的、低阶的描述。财政收入上的立法行为则不一定属于财政收入行为,如财产权先定约束下的财政立宪,则是更高阶的立法层级,是属于财政收入行为的直接法源是抽象的、高阶的概括。需要说明的是,这里所指的财政收入行为立法阶段并不包括财政立宪层面上的意蕴,而只是局限在法律和行政法规的层面上。否则,财政收入行为的涵义即被泛化,也就无法理解高阶宪法对财政收入行为的终极约束和合法性评价了。

  财政收入行为将财政立法与财政执行融为一体,并不是混淆了立法和行政的本质区分。相反,正是因为财政行政上的权力性特征,才使财政立法与财政行政联系紧密。在财政立法行为纳入财政收入行为的前提下,实现国家对财政收入行为的控制主要是通过宪法的规制进行的。可以认为,在财政立宪的状况下,在法律、行政法规等位阶上有关财政事项的立法行为依然是属于法治约束之下的。宪法中规定的财政体制或是财政法律的变更程序,法律、行政法规等就不得越权规定。其中的相关行为责任,可依据违宪审查而予以确认和追究。宪法中规定适用法律保留的财政事项,行政法规、规章等低阶法律文件就不能作出规定。而其中的相关行为责任,则在法律审查和行政诉讼中予以确认和追究。

  不难发现,财政收入行为上的立法行为与执行行为存在逻辑上的衔接关系。一项财政决议或是财政事项的作出,必然会经过立法上的授权与行政上的执行之依次实施方能达成。至于财政收入行为完成立法阶段,这并不影响其作为财政收入行为本身的性质。财政立法行为和财政执行行为均属于财政收入行为,两者反映了财政收入行为的不同阶段,是财政收入行为的不同表现形式。

  在此基础上可以得出的结论是,对财政收入行为应该有广义和狭义两个层面上的理解,其中狭义上的财政收入行为仅指执行层面或曰行政上的财政行为,广义上的财政收入行为则还应包括立法,而这种立法是非立宪位阶的一般立法。财政收入行为体系是一个独立的行为体系,与行政行为体系存在本质的区别。下面本文所称之财政收入行为,如无特别说明,一般指广义上的财政收入行为。

## 二、财政收入行为的基本分类

(一) 财政收入的财政学分类

欲对财政收入行为的分类作一个逻辑上和整体上的把握,则必须先将目光投射到其赖以立基的财政学前提之财政收入的分类。在财政学上对财政进行理论上的分类,其价值意义一方面在于可以从不同的角度对财政收入进行研究,另一方面也在于这种分类方式可以为财政法学的研究提供财政学上的统一概念和基础范畴。财政学层面上的财政收入概念与财政法学上的财政收入概念理应具有共同性和一致性,这也为财政收入行为的财政学和法学关联分析的研究方法提供了技术上的和学理上的可能。

在财政学上,财政收入或曰公共收入可分为广狭义两种,就狭义而言,仅指包括在通常概念下的那些定期收入,就广义而言,是指一切进项或收入,包括公共借款和出售公共财产之收入。广义上的财政收入包含哪些具体种类,财政学学者们有不同的理解。如有的学者认为,可按收入的持续与否,将财政收入分为经常性收入和临时性收入。经常性收入是指在连续财政年度可以获得的收入,包括税收、公共收费、公有财产收入和公共企业收入等。或按收入来源渠道将财政收入划分为直接收入即政府凭借所有权取得的收入和派生收入即政府凭借政治权力取得的收入。还可以按照是否依据权力将财政收入划分为强制收入和非强制性收入。[①]

还有的学者认为广义的财政收入包括强制收入(租税、战争赔款和罚金等)、代价收入(公产与公业收入等)和其他收入(专卖收入、捐献收入等)。[②] 有的学者则认为公共部门的收入包括租税、使用人费或商业性收入、行政上收入和公债四类。[③] 也有学者认为财政收入可分为税收和其他收入两种,其中后者又可分为规费收入、事业收入和外事服务收入、固有资产管理收入、罚没收入等。[④] 还有学者根据我国具体国情,认为政府收入分为预算内收入、预算外收入和非规范收入(或称"非预算收入"或"制

---

① 参见储敏伟、杨君昌主编:《财政学》,高等教育出版社 2000 年版,第 36 页。
② 参见〔英〕道尔顿:《财政学原理》(第 4 版),周玉津译,台湾正中书局 1969 年版,第 16—17 页。
③ 参见李金桐:《财政学》(增订 3 版),台湾五南图书出版公司 1991 年版,第 74—76 页。
④ 参见陈共主编:《财政学》,中国人民大学出版社 1998 年版,第 91 页。

度外收入")。①

一般意义上的财政研究通常是按政府的收入形式,也就是政府采取什么方式获得收入来划分财政收入。这样,财政收入可划分为税收、费用、特别性基金、公债收入、国有资产收益和其他特定收入。而在财政学理论上,对于公债收入和国有资产收益是属于公共财政收入的体系范畴还是作为独立的概念,是存在争议和质疑的。② 公共财政的要求在于政府应当基于提供公共产品和克服市场失灵两大职能而向私人获取资财,在这个角度上,对财政收入的界定上可以分为狭义和广义两种,狭义的财政收入包括税收、费用、特别性基金三类,广义的财政收入则还包含公债收入和国有资产收益。应当指出的是,基于公共财政的内在要求,公债收入应是基于公共建设的需要而发行,国有资产收益应是存在于非竞争性和自然垄断性的领域。考虑到我国国有资产的特殊性,一般在财政收入体系中也有作特别探讨的趋势。至于其他特定收入,则因其不属于经常性收入、并且所占收入总额之比例不大,所以研究时往往是单独列名或简要讨论即可。

(二)财政收入的财政学分类之法学解析

为了对政府财政收入行为的存在基础有一个综合性和体系性的认识,首先应当对国家财政收入体系有一个鸟瞰式的把握。我国内地立法对财政收入体系并未作出规定,财政法学理论上也尚未进行实质性研究,而仅在立法研究上有过相关的理论成果。③ 我国台湾地区《财政收支划分法》则对国家财政收入作出了具体而明确的规定。该法第二章"收入",共分十节,在其附表一收入分类之"中央"收支部分,将第八节中捐献及赠与收入与其他收入,均独立列项,共计12类:(1)税课收入,(2)独占及专卖收入,(3)工程受益费收入,(4)罚款及赔偿收入,(5)规费收入,(6)信托管理收入,(7)财产收入,(8)营业盈余及事业收入,(9)协助收入,(10)捐献与赠与收入,(11)公债及赊借收入,(12)其他收入。

---

① 参见贾康、白景明:《中国政府收入来源及完善对策研究》,载《经济研究》1998 年第 6 期。

② 参见张馨、杨志勇、郝联峰、袁东:《当代财政与财政学主流》,东北财经大学出版社 2000 年版,第 290—293、450—487 页。

③ 这些立法政策和研究成果一般为政府所属研究机构作出。具体理论建议,参见财政部"中国公共财政管理体制研究"课题组:《中国公共财政管理体制研究》,载《经济研究参考》2002 年第 56 期;"财政法制建设研究"课题组:《论建立适应社会主义市场经济和公共财政体制要求的财政法律体系》,载《经济研究参考》2003 年第 37 期;财政部条法司课题组:《财政法律体系研究》,载《财政研究》2003 年第 8 期。

另外，又依台湾地区《预算法》第 22 条之规定："政府征收赋税、规费及因实施管制所发生之收入，或其他有强制性之收入，应先经本法所订预算程序，但法律另有规定者，不在此限。"是以《财政收支划分法》的 12 类收入，又可大致分为须经预算程序之强制性收入与非强制性收入两大类。前者也可称为经济活动收入，包括财产收入、营业盈余及事业收入、独占及专卖收入、赊借收入等；后者则可称为基于统治权的收入，为其余基于公法而生之收入，包括租税、规费、受益费及特别公课(Sonderabgaben)。①

通过对德国法上之公法上金钱给付义务体系与立法划分上的财政收入体系的比较，我们不难发现，以公法上金钱给付体系为基础，借权利义务的要素构成，可对国家财政收入进行符合法学表达习惯和思维模式的整理和重构。德国法理论从国家财政权和公民财产权两个角度提炼出两个高位阶的财政法学概念——强制负担(Zwangsbeitrage)和公课(Abgabe oder Auflagen)。此实为一体两面之定义，强制负担是指强制人民使其所分得之负担，公课则指公权力所赋课征收之收入。② 而一般意义上的公课，则是指国家及其他公法上团课，基于财政高权而强制征收之金钱给付义务。这些税以外之公课，包括规费、受益费、公法团体会费、其他财政公课(如平准金)及社会保险费。

有学者依据德国公课体系的构成，厘清了公法上金钱给付义务的基本类型和特征。依 Dieter Birk 的归纳，公课的上位概念是公共负担。其将公共负担分为给付义务和容忍义务。容忍义务的公共负担，例如《联邦空气污染防制法》第 14 条就有规定。给付义务的公共负担，分为金钱给付义务与自然给付义务。自然给付义务的公共负担，例如兵役义务。金钱给付义务的公共负担，分为公课与制裁。制裁的金钱给付义务，包括滞纳金、怠报金、怠金等。公课的金钱给付义务，区分为公共财政需求的目的与非为公共财政需求的目的。非为公共财政需求目的的公课，例如投资辅助公课、扼杀性公课。为公共财政需求目的的公课，分为非对待给付与对待给付。对待给付的公课，指受益负担，包括规费及受益费。非对待给付的公课，区分为公法团体一般财政需求的目的与为特别财政要求的目的；税捐系为特别财政

---

① 参见葛克昌：《人民有依法纳税之义务——大法官会议解释为中心》，载葛克昌：《税法基本问题——财政宪法篇》，北京大学出版社 2004 年版，第 48—56 页。
② 同上书，第 56 页。

需求的目的。①

需要说明的是,以上依凭国家与公民之间权利义务关系所述之公法上的金钱给付义务,实与私法上债权是有显著区别的。以公权力角度而言,租税与其他公课及私法债权债务关系有三点主要不同:其一,公法上金钱给付义务债权人为公共利益之维护者,依量能原则处理金钱给付义务关系,并依有利于义务人的原则解释债权关系;其二,公法上金钱给付义务,相对于债务人(人民),债权人(国家)则处于公权力主体地位,往往依单方之意志而为之,并在债权执行中可不依赖于第三者(法院);其三,公法上金钱给付义务关系中,国家虽居于上位,但亦受严格的约束。租税(其他公课亦然)债权债务关系的产生与施行,均应受宪法、法治国家原则(公民基本权保障、平等原则等)所约束。②

(三) 整理与构建:财政收入行为的法学分类

对财政收入法体系进行理论分析,需要以财政理论和实务中的财政收入构成为基础。但我国台湾地区学者的观点与内地财政理论及实践之现实体系并未有直接和密切的关联,所以就内地而言,财政收入法的体系的归结似乎应仍依财政实务习惯而定。另一方面,站在比较法的立场上,财政法学研究为法理论体系的构建计而借鉴各国先进经验也是大有裨益的。德国法上的公法上金钱给付义务作为大陆法系公法的理论典范,对于财政法要素的设计和构建无疑具有非常重要的参考价值。只是在当前我国财政法体系尚未成熟建立的情形下,在立法中完全借鉴和引用德国法的概念和做法,似乎条件并不成熟。我国现行财政法体系还是以税收、费用和其他财政收入为内容基础进行展开的,但这并不影响内地财政法学者在研究财政收入法时借用相关的概念和理论,以实质意义上的给付义务为基础,对公法上国家与人民之间的金钱给付关系进行符合内地财政习惯和法律传统的解读和评价。

财政收入行为是对财政学意义上财政收入活动的法学抽象,相应的法学分类在内在依据和产生基础上与财政学上财政收入的分类是一脉相承的。但是在法学分类方法上,财政收入行为的分类更多的是考虑权力来源

---

① 参见黄俊杰:《特别公课类型化及其课征正义之研究》,载《台北大学法学论丛》第 50 期,第 106—107 页。
② 参见葛克昌:《论公法上金钱给付义务之法律性质》,载葛克昌:《行政程序与纳税人基本权》,北京大学出版社 2005 年版,第 18—19 页。

依据、权利义务配置和意思表示内容等诸方面。本书初步考虑将财政收入行为按以下几个标准进行基本的法学分类。需要指出的是,财政收入行为的法学分类并不仅仅局限于此。

1. 按财政收入行为的权力性因素将财政收入行为分为强制性财政收入行为与非强制性收入行为

国家通过财政取得公共收入,一是基于强制性的公法上收入取得,二是基于非强制性的私法上收入取得。前者如国有土地及其财产收入、国有企业收入、赊借收入等,一般只作补充财源或其他经济、社会政策之工具。而在私有财产制国家,国家公共收入大半出于公法上强制性收入,也即前述所指基于公法上之金钱给付义务,或称之"公课"。此种强制性公课中,有以国家之对待给付(服务)作为对价的规费;有花费在公共设施上并由受益者负担的受益费。两种费用的不同在于前者的承担人需事实上利用或受益于某公共设施或服务;而后者承担人则只需存在这种利用或受益的可能性。除此之外,强制性收入还包括租税,即非依特定的国家具体服务而为衡量(利益说),乃按义务人之负担能力为基准(能力说)。① 是故,强制性财政收入行为又可再分为对价性财政收入行为和非对价性财政收入行为。前者包括规费、受益费等,后者特指租税。

2. 按财政收入的权力来源依据将财政收入行为分为中央财政收入行为与地方财政收入行为

在中央或地方权限划分中,财政权大致包括立法权、行政权与收益权。② 而司法权多为中央专属权,不宜分割划分,因其具有消极、被动性质(即不告不理原则),且具有全国一致的性质,所以财政司法权在中央而不在地方。财政权中以收益权最为重要,各级政府如无财政即无生存能力。又因财政收益须依法为之,故其前提为立法权。至于行政权则关系稽征效率与行政职权,其目的在于实现行政目标和财政收益。考虑到地方人民的政治参与度与地方财政自我负责性,地方财政权力供其政府实现自治任务之能力,扩

---

① 参见葛克昌:《综合所得税与宪法》,载葛克昌:《所得税与宪法》,北京大学出版社 2005 年版,第 7—8 页。
② 参见陈敏:《宪法之租税概念及其课征原则》,载《政大法学评论》第 24 期,第 34 页。

展其权利,故财政权为中央地方权限划分之核心问题。① 基于此,按财政收入的权力来源依据将财政收入行为分为中央财政收入行为与地方财政收入行为两类,一是在行为权源上就中央和地方财政权限作出划分,二是进而在行为规制上凸显租税法律主义和财政事项法律保留的深层含义。②

3. 按财政收入的法律来源依据将财政收入行为分为基本权财政收入行为与非基本权财政收入行为

按财政收入的法律来源依据可将财政收入行为分为基本权财政收入行为与非基本权财政收入行为,前者是指税收等涉及全体纳税人和公民基本宪法权利的财政收入行为,后者是指规费、受益费等具有一定对价给付性质的基于非宪法基本权的财政收入行为。此种按基本权进行分类的意义在于三个方面:其一,此种分类在权源位阶上作出区分也反映出财政收入行为的层次高低和内容宽窄,基本权的财政收入行为层次上升到宪法位阶和法律保留意义,在内容也仅涉及紧密关系公民基本权利的方面;其二,基本权财政收入行为不仅涉及议会多数决问题,同时还牵扯税法整体秩序所表彰之价值体系,与宪法价值是否一致问题③;其三,此种分类也使得立法上的基本权限、行政上的自由裁量、司法上的审查方式均具有法源依据和研判标尺。

### 三、财政收入行为的特征、要件与效力

(一) 财政收入行为的外部特征

财政收入行为作为财政收入法上的基础性概念,对其进行理论研究必然要求从内涵和外延两个方面进行把握和理解。对于财政收入行为的界定,亦可以从法现象和法本质两个层次来进行阐释和归纳。就法现象层面也即财政学视角而言,财政收入行为可以表述为是指国家和特定组织所为,

---

① 参见 Klaus Vogel, Die Finaz-und Steuerstaat, in: Isensee/Kirchhof, Handbuch des Staatsrechts der Bundesrepublik Deutschland, Bd. I, 1987, § 27, Rn. 2. ; Vogel, Die bundesstaatliche Finanzverfassung des Grundgesetzes( Art 104a bis 108GG), JA, 1980, S. 577. 转引自葛克昌:《地方课税权与纳税人基本权》,载《税法基本问题——财政宪法篇》,北京大学出版社 2004 年版,第 167—168 页。

② 有学者认为,区分租税和非税公课,在宪法上有三层意义:一是中央与地方权限划分上之意义,二是是否受到租税法律主义之适用,三是基本权利宪法之保障问题。参见葛克昌:《宪法国体——租税国》,载葛克昌:《国家学与国家法——社会国、租税国与法治国理念》,台湾月旦出版公司 1996 年版,第 157—159 页。

③ 参见葛克昌:《综合所得税与宪法》,载葛克昌:《所得税与宪法》,北京大学出版社 2004 年版,第 17 页。

以取得财政收入为目的,旨在实现财政职能的行为的总称。就法本质层面也即法学视角而言,财政收入行为则是指国家或地方公法团体基于租税国家之行政给付的基本原理,而在公财政权与私财产权中取得均衡的法律事实。

从财政学角度来看,财政收入行为的外部特征可以从以下四个方面来进行理解。其一,财政收入行为的执行者也即财政主体是政府机关和特定组织。此种主体包括依公共选择的规则,取得公共财政收入的相关政府机构和特定组织。其二,财政收入行为的理论依据在于公共产品理论和公共选择理论。① 此两种理论的要点在于,政府是否需要和怎样提供公共产品给公民和市场主体。其三,财政收入行为必须以取得财政收入为目的。这是由财政收入行为的质的规定性决定的,否则这种持有而不使用的行为实际上只是财政管理行为。其四,财政收入行为的目的在于实现财政职能。财政的三大职能通常是指资源配置、收入调节和稳定经济②,财政收入行为的这一特征使其区别于一般政府非财政资金使用行为和财政机关内部的财政管理行为。

从法学角度来看,财政收入行为的外部特征可以从以下四个方面来进行阐释。其一,财政收入行为的权力主体是国家或地方公法团体。不仅包括行政主体,还包括立法主体和司法主体,这是由权力的不可分割性决定的。③ 就公法团体而言,其存在的目的应在于行使行政职能或提供公共服务。同时还应提到的是,财政收入行为的义务主体是自然人和社会组织。其二,财政收入行为的理论基础在于对价给付的基本原理。这里的对价应作广义层次上的理解,此种公法上的金钱给付之对价应理解为具体和抽象两个方面。④ 这种义务的理论立基点在于,国家虽处上位地位,但亦要受较严格之拘束。⑤ 其三,财政收入行为的功能取向是在公财政权与私财产权中

---

① 随着各国财政历史的变迁,财政理论也呈现出林林总总的样态。目前由美国学者布坎南等人创建的公共产品与公共选择理论是建立和发展现代公共财政的理论基础。

② 参见储敏伟、杨君昌主编:《财政学》,高等教育出版社 2000 年版,第 29—34 页;王传纶、高培勇:《当代西方财政经济理论》,商务印书馆 1995 年版,第 20—31 页。

③ 关于财政收入行为是否有广狭义之分,理论上还需进一步探索。基于本书只是对财政收入行为的初步建构,下文所述皆为狭义,即对财政收入行为一般只作在行政层面上的理解。

④ 如税收在具体征税过程中表现为无对价,但从抽象的层面上看是政府公共产品与公民税收的宏观对价;公债中政府的对价则体现为偿还本金加上时际成本(利息)。

⑤ 参见葛克昌:《论公法上的金钱给付义务》,载葛克昌:《行政程序与纳税人基本权》,北京大学出版社 2005 年版,第 18—19 页。

取得均衡。基于此,财政收入行为在以取得财政收入为主要目的的同时,还应贯彻受益负担和量能负担的基本原理,以及捍卫纳税人权利保护的基本立场。其四,财政收入行为的基本属性是一种法律事实。因法律行为的作成得发生一定权利或法律关系的变动,所以财政收入行为在本原意义上是一种法律事实,自无疑义。

(二) 财政收入行为的构成要件

研究财政收入行为可以从范畴提炼和法律特征入手,但欲对财政收入行为进行内部结构分解和外在效应探讨,则必然会涉及财政收入行为的效力问题。财政收入行为的构成要件可分为形式要件和实质要件两项进行展开。财政收入行为的形式要件包括主体要件、职权要件、内容要件和程序要件等四个方面。实质要件则是包含三个方面:一是权力性要件,二是公共性要件,三是法律性要件。

1. 财政收入行为的形式要件

财政收入行为的形式要件是指哪些行为在形式上符合政府财政收入行为的一般性特征,是对财政收入行为外在基本结构的要素分解。只有符合财政收入行为的形式要件,此种政府行为才具有财政法上财政收入行为的外观,才能体现财政收入行为的专有属性。财政收入行为的形式要件包括主体要件、职权要件、内容要件和程序要件等四个方面,以下详析之:

其一,主体要件。财政收入行为的主体是财政法上的特定主体,也即依据相关法律法规得以在财政法上取得主体地位的中央或地方政府及公法人团体。基于财政收入行为的综合性特征,财政收入行为的主体包括立法、行政和司法三个层面的机关团体,以及依据法律法规的授权而具有财政收入主体地位的公法人团体等相关组织。任何非依法律法规授权之法人或非法人团体以及个人,不得为取得财政收入之行为。主体要件是财政收入行为的支撑性要件和前提性要件,是财政收入行为的基础。

其二,职权要件。职权要件是指作出财政收入行为的公法人机关,必须享有作出该财政收入行为的法定职权。作出不在该机关法定职权范围以内的财政上的收入行为,就是超越职权。对于规费或收益费的征收,地方公法人团体往往有一定的自由裁量权,但是此种裁量权也是基于严格的法律授权,也即此种裁量的范围和权限依然是处于法律规定之职权范围之内。这里需要指出的是,财政收入职权与财政收入权两者比较而言,前者强调财政收入的职责要素,偏重形式意义上的法律规范规定,后者则强调财政收入的权力来源,属于实质性方面的权源法理。

其三，内容要件。财政收入行为的内容主要是指财政收入的事项，必须是以货币或曰金钱给付为主要方式。现代财政收入取得的方式已经彻底改变了早期财政的实物和劳务给付的简单状态，并以价值稳定和易于交付的金钱作为国家向自然人和法人课以负担的标度。无论是税捐、规费及收益费，还是公债和特别收入等，均是以货币的给付作为财源的计量和标度依据。内容要件在权利义务关系上的表现是，此种行为的意旨即在于一种公法上债权的移转和实现，其核心是一种单方面向民众苛以负担的意思表示，并通过财政立法和财政行政加以实现和完成。

其四，程序要件。财政收入行为应遵循一定的程序规则，其步骤、方式、方法、时限和顺序，需要依据法律的直接规定进行或是基于法律的特别授权决定。财政事项中税捐作为最核心和最主要的组成，其立法、征收和救济程序遵循严格的法定程序。非依法定权力并经法定程序，任何机关和个人不得修改税种、税基、税率等课税要素。同时，规费、受益费的开征也应遵循此一程序要求。公债之发行，也是得遵循议会的议决程序，方得以在财政健全主义原则下得以通过和实施。程序性要件作为程序正义的一般要求，是对财政收入行为的实体构成方面进行补充和完善。

2. 财政收入行为的实质要件

财政收入行为的实质要件是指财政收入行为在实质意义上的内在要求，此要件包含了财政收入行为的核心要义。财政收入行为的实质要件包括权力性要件、公共性要件和法律性要件。其中，权力性要件是针对财政收入行为的权源性构成而言，公共性要件是基于财政收入行为的社会性构成而言，法律性要件则是基于财政收入行为的效力性构成而言。申言之：

其一，权力性要件。权力性是财政收入行为的根本性质，是财政收入行为的内在基础。财政收入行为需要凭借一定的国家强制力，以实现建立在非对待给付基础上的金钱课征。此要件是从两个方面进行提炼和挖掘的：一方面是财政收入行为作为财政行为本身，基于其为行政行为的基础和核心并从行政权中独立和分离出来的高权行为，另一方面也是因为财政收入行为是政府财政活动中权力性要素的总结和抽象，是对公共权力在财政领域的特别关注和重视。财政收入行为的权力性也体现在两个层面：一是在现代国家中给付行政的比重日益上升，而基于此的财政行政则因其非羁束行政之性质，而在财政事项上拥有较大的裁量权；二是具体财政事项的决定和征收，应当体现财政权力的特别影响和财政行为的内在权源。此要件是财政收入行为的首要要件,因为其决定财政收入行为的基本属性。

其二,公共性要件。当代西方财政经济理论将公共物品理论和公共选择理论作为其公共部门之政治经济学的两大基本组成①,都体现了"公共"二字对于经济学和财政学的深远影响。而一切立法行为都必须基于公益而非私益,是早自罗马时代以来的法律常识,所以举凡法律的正当性以及法律的权威性,都建立在追求公益的前提下。公益的维护及提倡,可以说是现代国家积极的任务,也是许多实际政治运作行为所追求的目标之一。② 公共性作为法学上对财政作用和财政活动的本质提炼,比较财经理论上的"公共"而言,更具有权利义务上的特别指称。公共性的法基准包含两大因素,一是"人权尊重主义",这是公共性的"实体的、价值的"面向;二是"民主主义",这是公共性的"程序的、制度的"面向。③ 公共性要件是财政收入行为的表现要件,因为其反映了财政收入行为的外在特征。

其三,法律性要件。财政收入行为的法律性要件并非是指财政收入行为是否合法,而是指财政收入行为是否具有法律上评价和规制的意义。财政收入行为的法律性体现在三个方面:一是财政收入行为必须以法律授权为首要前提,或是议会保留作为财政收入行为的裁量约束;二是财政收入行为应当以财政权的民主统治和法律控制,作为贯穿财政收入行为的全部过程;三是财政收入行为在法律上的基本取向在于对公民基本权利的依法保护,这是财政收入行为权力性和公共性的价值立基点。进一层而言,财政收入行为的法律性意义特别集中地表现在国家的基本财政事项应当进入宪法的视野,实行财政立宪。④ 同时,无论是在行政法之法源意义上,还是在财政法之法源意义上,财政收入行为均应依据特别之法律依据,遵循特定之法律程序,依托特定之法律主体,而为具体之法律行为。法律性要件是财政收入行为的价值要件,因为其彰显了财政收入行为的法律内涵。

(三)财政收入行为的法律效力

财政收入行为的法律效力是指财政收入行为在法律上的意义,也即所

---

① 参见王传纶、高培勇:《当代西方财政经济理论》,商务印书馆1995年版,第54—111页;张馨、杨志勇、郝联峰、袁东:《当代财政与财政学主流》,东北财经大学出版社2000年版,第72—123页。
② 参见陈新民:《德国公法学基础理论》(上册),山东人民出版社2001年版,第181—182页。
③ 参见蔡茂寅:《财政作用之权力性与公共性——兼论建立财政法学之必要性》,载《台大法学论丛》第25卷第4期,第58—72页。
④ 参见李龙、朱孔武:《财政立宪主义论纲》,载《法学家》2003年第6期。

发生的法律后果如何,表现为一种特定的法律约束力和强制力。财政收入行为只有发生预期的法律效果才能达到其应有的目的,并在实际财政活动中发挥其应有的作用。因此,财政收入行为的效力是财政收入行为研究中的一个重要问题。从某种意义上讲,研究财政收入行为的目的就在于确定其行为的效力,为财政收入主体提供行为准则,也为立法机关提供财政收入的立法思路。

对财政收入行为的法律效力进行研究,主要涉及四个问题:一是财政收入行为的效力内容,即财政收入行为作出和行使时,具有哪些法律效力;二是财政收入行为的主体效力,包括财政收入行为对政府的效力、对被课公民和组织的效力以及对公众的效力等;三是财政收入行为的空间效力,即财政收入行为在中央与地方上的不同效力表现;四是财政收入行为的时间效力,即财政收入行为在什么样的时间范围内具有法律效力。

1. 财政收入行为的效力内容

财政收入行为究竟具有何种效力,可以借鉴行政法上行政行为的效力理论。行政法学界的大多数观点认为,行政行为具有确定力、拘束力和执行力等三种效力。也有学者将其概括为公定力、确定力、拘束力和执行力等四种效力。还有学者将其概括为公定力、拘束力、执行力、不可争力和不可变更力等五种效力,或是概括为先定力、公定力、确定力、拘束力和执行力等五种效力。① 应该指出的是,财政收入行为在概念表述上的综合性以及与行政行为涵义的不重合性,使得财政收入行为的效力也呈特别性。财政收入行为的效力内容仅只在于法源公定力、权属确定力和行为拘束力三个方面。②

财政收入行为的法源公定力是指财政收入行为一经作出,即对任何人都具有被推定为合法有效而予以尊重的法律效力。这是由财政收入行为在法源上体现为一种公财政权与私财产权的法律属性所决定的。财政收入行为的权属确定力是指财政收入行为一经作出,就具有不受任意改变的法律效力。这是由财政收入行为在权属上体现为一种财政权在机关间横向和中央、地方纵向上的严格约束所决定的。财政收入行为的行为拘束力是指财政收入行为一经作出,就具有约束和限制财政收入主体和相对人的法律

---

① 参见周佑勇:《行政法原论》,武汉大学出版社 2000 年版,第 159—163 页。
② 行政法上行政行为的法律效力与财政收入行为的一个重要不同点即在于立法特征是否包含在内,由此所做的效力理解在范围上有所不同,关于其权力研究,可以进一步探讨和商榷。

效力。

2. 财政收入行为的主体效力

财政收入行为的主体效力是指财政收入行为对其相关主体的法律意义和后果,可以从三个方面展开:其一,对作出财政收入行为的公法人团体而言,其行为作出的同时也意味着自身受到该行为公定力的约束,同时即便是对财政权权属作出的相关事项,基于被课人和公众的特别信赖,也对其本身产生行为上的拘束力。其二,对被课以负担的特定被课人而言,财政收入行为尽管侵犯其私财产权,但是此种行为的作出却是基于法律授权或特定公共利益,其公定力、确定力和拘束力也当然地适用于财政收入行为的指向对象,即具体的被课人,而使其在法律后果上成为一种客观事实。其三,对被课以负担的抽象被课人即公众而言,财政收入行为基于公法上的金钱债权债务关系而产生,在法律评价上具有优于私法上债权的特别效力,所以即便是与一般意义上的私法自治冲突,也不影响其在权属上的确定力和行为本身的拘束力。

3. 财政收入行为的空间效力

财政收入行为的空间效力是指财政收入行为在什么样的空间和地域具有法律上的影响和后果,主要涉及中央与地方的财政关系。通常而言,随着地方公共支出的不断扩展以及地方自治权力需求的不断生长,财政收入行为的空间效力成为一个重要课题。从法源上讲,凡宪法和法律规定特定事项的财政权在中央的,地方财政行为不得涉及,否则是无效的;从权属上讲,凡基于法律授权之财政权的分解均应具有明确的公定力,一旦确定即对政府和人民具有即时的拘束力;从行为性质上讲,财政收入行为在中央和地方的效力与财政收入行为本身有关,如特定税捐不得在地方上征收。财政收入行为的空间效力除中央和地方关系外,还涉及部门之间的资源分配,此处不赘述。

4. 财政收入行为的时间效力

财政收入行为的时间效力是指财政收入行为在什么样的时间范围内,即从什么时间开始到什么时间为止具有法律效力的问题。这可以从生效和失效两个方面来阐述。就生效时间而言,财政收入行为一经作出就具有法律效力。但是财政收入行为的作出并不一定意味着相对人即能知晓,此种时间上的间隔使得财政收入行为时间上的效力探讨尤为重要。一般而言,财政收入行为的作出一般以立法机关通过相应法律或议案作为财政收入行为的生效时间,至于授权而赋予相关机关自由裁量权的特定行为,也以此时间为依据,只是具体效力的展开延缓自裁量决定的作出。就失效时间而言,财政收入行为一般基于特定法律法规的撤销、废止和修改相应的发生效力上的变化,即丧失法律效力。

## 第二节 财政收入行为的调控原则

传统观念认为,宪法和行政法同属于"公法",并构成了这个领域的全部。[①] 晚近以来,财政法学逐渐从行政法学中独立并走向勃兴,在公法学构成中具有独特而鲜明的重要地位。财政收入行为从财政法中提炼出来,应遵循财政法的一般原则。同时基于财政法和财政行为的宪法背景和行政法法源,作为调控财政收入行为的基本原则,理应涵盖民主宪政的基本因子和行政法治的核心要素,并指导财政收入行为的合法运行和对财政收入行为的法律评价和规制。从法理逻辑上讲,民主宪政是财政收入行为最高阶的调控原则,行政法治是财政收入行为最基本的实施原则,财政平衡是财政收入行为最具体的规制原则。前述三者共同构建财政收入行为调控的基本框架,在法律价值和运行理念上对财政收入行为进行指引、规范和评价。

### 一、民主宪政与财政收入行为调控

中国政府的财政困境的直接原因是由公共支出需要的极度扩张与有限财政收入之间的突出矛盾所致,更深层面上则是因为中国宪政体制存在缺陷,致使财政权力未能得到有效控制与理性运作。[②] 财政问题研究往往会涉及民主、宪政和法治等相关法学范畴,其中财政权特别是财政收入权也基于此成为财经理论与法治理论的联结点。财政收入行为作为财政收入权的实现形式,理应纳入到此种研究思路中,成为民主宪政视野下符合人权法则的政府财政行为和金钱给付行为。结合财政收入行为来理解民主宪政,可以从财政民主、权力制衡和人权保障这三个层面来对财政收入行为进行展开。其中财政民主是财政收入行为合法产生的制度前提,权力制衡是财政收入行为合法运行的机制基础,人权保障是财政收入行为合法行使的价值追求。

---

[①] 参见张千帆:《宪法学导论》,法律出版社2004年版,第31页。
[②] 参见周刚志:《论公共财政与宪政国家——作为财政宪法学的一种理论前沿》,北京大学出版社2005年版,第182—188页。

## （一）财政民主是财政收入行为合法产生的制度前提

财政收入行为的产生是基于财政收入权的先行存在，所以财政收入权的正当性就成为谈及财政收入行为而应首先讨论的问题。而财政立法领域（financial legislation）是代议机构进行"立法"的最早的领域，人们也因此在这个领域早就认识到涉及财政的"政治法律"（political laws）乃是某种不同于"司法法律"（judical laws）的东西。① 同时基于财政事项事关公民基本权的根本方面，"民主政府在财政以及非财政方面的实际操作，要求它的公民坚持所谓的'立宪态度'"②。而宪政首先是与民主紧密相连的，因为民主意味着"排除暴力与恣意之统治而以基于人民之自我决定而且依各该当时合于自由民主的多数决之意见所形成的法治国之统治秩序"③。民主原则是指人民为国家的主权者，国家主权特别是财政收入权之行使，必须直接或间接有民主的正当性，而且某一财政决策愈是具有重要之内涵，则其所需之民主正当性愈高。

财政民主主义主要表现为财政议会主义，即重大财政事项必须通过议会审批。财政收入行为作为预算之一个方面组成要素，可以从两个方面来阐述：一方面是体现在形式意义上，遵循民主程序的代议机构通过对政府预算的约束来体现对政府财政收入权和财政收入行为的控制。其中主要旨意有三点：一是多数决原则应当在议会议决程序中认真达成④；二是财政信息和列入收入范围的财政事项应当切实做到畅通、细致和全面；三是财政收入行为的监督和控制程序应当科学化、日常化和制度化。另一方面则是反映在实质意义上，代议机构作出财政收入行为的理由和目的应当确实体现国民意志和社会基本正义。这又可从三个层面来谈：一是代议机构本身应当真正代表国民，这在间接民主制度下尤为重要；二是在行政职能日益扩张的当前，政府财政权力已大大加强，议会应当更为有力地加以制约；三是在适应普遍经济政策和社会永续发展的大前提下，在财政收入行为控制方面，议

---

① 参见〔英〕弗里德利希·冯·哈耶克：《法律、立法与自由》（第一卷），邓正来等译，中国大百科全书出版社 2000 年版，第 213 页。
② 〔美〕詹姆斯·M. 布坎南：《民主财政论》，穆怀朋译，商务印书馆 1993 年版，第 312 页。
③ 黄锦堂：《行政组织法之基本问题》，载翁岳生编：《行政法》（上册），中国法制出版社 2002 年版，第 323 页。
④ 有学者认为，多数决原则是民主程序之基本要求，不过，多数决定之立法并非一定是真理之实现，其仅是试误过程而已，因此有可能是错误，甚至是违宪的。参见郭德厚：《国会审查预算案所作决议之宪法界限探讨》，载《台北大学法学论丛》第 52 期，第 6 页。

会和政府的关系应当体现分立中的协调。①

"如果不尊重市场力量的政治诉求,如果不通过合理的制度使权力真正服务于市场,公共财政永远将无法摆脱权力的支配,公共财政的改革最后也只会满足于表象。"②在这个意义上讲,财政收入行为应该通过代议制度和民主程序来对其法理上的合法性作出肯定性的评价。无论是强制性的财政收入行为还是非强制性的财政收入行为,也无论是中央的财政收入行为还是地方的财政收入行为,均应纳入到民主统制的范围中来,实现宪政精神在财政收入领域的展开和贯彻。财政收入行为的权力性、公共性和法律性要件也在财政民主的基本原则下得以有机统一和整合,财政收入行为的实质意义上的合法性才可能得以确证。

在立宪政策的现代讨论中,财政学学者往往试图通过非财政渠道来对政府权力进行约束,即用宪法或其他可行的方式;并认为民主程序是最好的过程约束手段,一方面它并不直接影响可能取得的特定结果,另一方面它使得规则具有普适性成为可能。③ 从宪政和公法学的意义上讲,民主是一种基于正义法理而约束政府权力和保障公民权利的基本途径,尽管在某种意义上会影响宪政的稳定;而从宪制经济学和公共财政学的角度来谈,民主则是在程序上和技术上对财政收支平衡的制度维持。但无论是从技术的角度还是从正义的角度,归结起来,财政民主或曰财政民主主义的基本要义在于服从一种基于收支平衡和民主程序的财政法治规则。

(二)权力制衡是财政收入行为合法运行的机制基础

戴雪的法治理论认为,构成宪法基本原则的"法治"(rule of law)有三层含义:一是法律至上,二是法律面前的平等,三是宪法作为通常法律的后果。④ 尽管詹宁斯对戴雪的法治理论提出过批评和质疑⑤,还有学者认为其

---

① 有学者认为,随着经济社会发展,议会对财政收入行为的消极监督已被积极的引导职能所代替,议会还要到承担相应的经济政策的任务,昔日议会与政府之尖锐对立正逐渐消弭。参见周玉津:《财政学概要》,台湾五南图书出版公司1984年版,第196页。

② 熊伟:《公共财政、民主政治和法治国家》,载刘剑文主编:《财税法论丛》(第5卷),法律出版社2004年版,第6页。

③ 参见杰佛瑞·布伦南、詹姆斯·M.布坎南:《征税权——财政宪法的分析基础》,载〔澳〕布伦南、〔美〕布坎南:《宪政经济学》,冯科利、秋风等译,中国社会科学出版社2004年版,第184—199页。

④ 参见〔英〕戴雪:《英宪精义》,雷宾南译,中国法制出版社2001年版,第231—245页。

⑤ 参见〔英〕W. Ivor.詹宁斯:《法与宪法》,龚祥瑞、侯健译,三联书店1997年版,第211—220页。

## 第二篇 财政收入行为研究初步

理论仅只具有法制史上的古典意义①,但伴随着 20 世纪 80 年代以来英国政府对福利国家政策重作考量,以及学术理论界自由主义思潮的再度泛起和勃兴②,戴雪的法治理论仍然不失为现代法治理论中的基础和典范。戴雪的法治理论,"就针对的政治权利而言,彰显的是议会主权和司法独立而贬抑的是日益扩张的行政权"。③ 在此基础上,政治权利的如何行使成为政治学上讨论的重要命题,而分权学说和代议制民主两者则一起构成了"合宪"政府制度的主要支柱。④ 这样,基于民主原则建构的法治理论,其政治学基础即在于分权(separation of powers),并"成为宪政与法治国家的一项共同原则"⑤。

而从法治国原则的整个体系上看,法治国原则包含了两个核心要素:一个是主观的基本权利要素(ein subjectiv-grundrechtliches Element),基本权利的保障可以说是作为主观法功能地位(als subjective Statusord nung),使法治国原则具有主观公法请求权的防御力;另一个则是客观的法治国要素(ein objectiv-grundrechtliches Element),权力分立原则可以是作为客观法功能地位(als objective Funktionenord nung),使法治国原则在国家权力的运作上,尤其是在司法者之权利救济与立法者之法律保留的制度设计上,能够紧密连接实质法治国之保障基本权利的目的,而产生互补关系的作用。⑥ 在客观法上展开的权力分立原则不仅是大陆法系国家法治理论的基本构成,而且在英美法系国家,即便是在形式主义和功能主义两个层面上进行解释,都认为分权制衡原则是基于宪法的一般性规定。⑦

考察英国法治的漫长历史实践,可以发现,英国宪政的形成实际上与财政法治和对财政收入权的控制紧密相连。财政法治在制度上起始于法律对国家最高权力的限制,即 1217 年《大宪章》对国王征收租税之权力的约束。此后,这种权力制约的中心渐渐移位于议会对政府的制衡,而对政府而言,

---

① 参见陈新民:《国家的法治主义——英国的法治国与德国的法治国之概念》,载《台大法学论丛》第 28 卷第 1 期,第 74 页。其他学者的质疑和批评观点,参见张彩凤:《英国法治研究》,中国人民公安大学出版社 2001 年版,第 141—192 页。

② 如新自由主义者、经济学家哈耶克等学者,不仅阐明了一种"自生自发的秩序与规则"的文化进化的宏大社会哲学理论,而且也讨论了构成这样一种社会"自由秩序原理"的自由和法治的重要性。参见其专著《通往奴役之路》、《自由秩序原理》、《法律、立法与自由》等。

③ 张彩凤:《英国法治研究》,中国人民公安大学出版社 2001 年版,第 139 页。

④ 参见〔英〕M. J. C. 维尔:《宪政与分权》,苏力译,三联书店 1998 年版,第 1—2 页。

⑤ 张千帆:《宪法学导论》,法律出版社 2004 年版,第 36 页。

⑥ 参见许育典:《法治国》,载《月旦法学教室》2003 年第 7 期,第 40—45 页。

⑦ 参见王名扬:《美国行政法》,中国法制出版社 1995 年版,第 89—101 页。

"这种法治化的日常控制手段,最重要的就是财政控制手段"①。一方面,政府提供任何新的公共服务都必须由议会授权,使预算得以通过而使其具有合法性和正当性;另一方面,议会的授权立法必须同时赋予权力享有者行使其权力所必需的财政支持,而绝不能允许权力本身附随着自行创收的职能。就公共财政的议会控制而言,政府的财政公开应当遵循以下三个方面的原则,即政府倡议原则、下院控制原则和上议院不得修改原则。② 有学者指出,议会的财政权力也应得到控制,国王、内阁和党派等在一定程度上也对议会财政行为的作出产生影响力。③

财政收入问题成为政治学理论和政治运作过程关注的焦点和核心,是以财政权和行政权为基础的国家权力集中与分散、冲突与协调的具体体现,是中央和地方财政权共生与博弈、互动与整合的突出反映。而处于国家预算制度约束下的财政,与以往任何时期财政的关键性区别,就是其具有的财政分权与制衡的内容。④ 从政治学理论基础的层面来看,分权学说和均衡政制理论是财政收入法治得以建构的逻辑前提和基本假设;从政治权利运作的角度来看,议会的主要职能是立法、监控财政(收支)和监督政府⑤;而从权力格局演进的意义来看,议会政治地位和权力范围不断上升和扩张,实际上反映了现代意义上财政收入权的权源发端与展开。索乌坦和埃尔金认为,政治学的关键任务是"提高政治行动者设计制度以达到有价值的政治目标的能力"⑥。而财政收入权及其行为的运作作为政治领域的重要组成,通过对其在功能取向和学理基础上进行分析,可以得知财政收入行为的基本内核和实质蕴涵。

(三) 人权保障是财政收入行为合法实施的价值追求

在传统上,以英美为代表的西方国家普遍把自由与权利作为最高价值。但是人为什么能享有权利呢?近年来,一些西方学者对这一基本问题作出了比较深刻的反思,并提出了"人格尊严"(Human Dignity)这一概念作为权利的人性基础。这在一定程度上是对康德哲学的回归,因为"纯粹理性虽然

---

① 张越:《英国行政法》,中国政法大学出版社 2004 年版,第 317 页。
② 参见同上书,第 318—320 页。
③ 参见〔英〕W. Ivor. 詹宁斯:《法与宪法》,龚祥瑞、侯健译,三联书店 1997 年版,第 121—131 页。
④ 参见张馨:《比较财政学教程》,中国人民大学出版社 1997 年版,第 288 页。
⑤ 参见刘建飞、刘启云、朱艳圣:《英国议会》,华夏出版社 2002 年版,第 69 页。
⑥ 〔美〕斯蒂芬·L. 埃尔金、卡罗尔·爱德华·索乌坦:《新宪政论——为美好的社会设计政治制度》,周叶谦译,三联书店 1998 年版,第 3 页。

使得我们形成这些理念,它本身却不能证明这些理念的实在性"①。人格尊严"作为权利存在以及界定的基础,它是一个更为基本的宪法范畴,并有可能成为世界共同承认的基本宪政规范。只有在承认并尊重人所固有的尊严之基础上,谈论权利、自由、民主或法治才有意义"②。人格尊严作为人权实现的基本前提,是各项法律行为行使的基本取向。财政收入行为作为对人民财产权的夺取和交换,理应将人权保障作为其合法行使的价值追求。

在税法学上,纳税人基本权利的理论来自日本的北野税法学派。该学派的代表人物北野弘久以纳税人基本权为中心,从宪法的角度构筑了一套以维护纳税人权利为宗旨的税法学。而在宪法上将税的征收和使用相统一的观点,则是北野税法学关于纳税人基本权的核心内容。北野弘久在几个基本前提的基础上指出,纳税人仅在税的征收和使用符合宪法规定的条件下,才需要承担纳税义务,这就是纳税人的基本权利。③ 此种对纳税人基本权的理论研究,对财政收入行为的合法形式具有价值取向上指引作用。财政收入行为作为税收之广义上的延展,包含非税收入行为,但从本质上讲,都是对人民课以金钱负担的行为,所以此种基本权在财政法上也有其重要意义。

进一步而言,"税者,非国家对财产权之分享,而系对财产权人经济利用行为之分享"④,这样,税收之目的也具有保障公民权和促进社会福祉最大化的特点,但这并不影响法律对财政收入行为进行严格的限制和约束。此种限制,系指对人民基本权利禁止剥夺,且不得侵犯其本质内涵(核心领域)。国家若未维持人民之再生利益,而为扼杀性(Erdrosselung)之课税,则已非仅财产权之限制,而系财产权之剥夺,更甚至系对人民经济生存权之违宪侵犯。⑤ "课税权为国家权力之一种,依法治国原则之宪法要求,必须在合宪之范围内行使,故不得违宪课税,而人民对于违宪之课税并无必要纳税。因此,税捐正义系作为课税权之宪法界限。"⑥所以,基于正义性的理念指引是财政收入行为调控之人权保障原则的一个应有之义。

---

① 〔英〕罗素:《西方哲学史》(下卷),何兆武译,商务印书馆1976年版,第253页。
② 张千帆:《宪法学导论》,法律出版社2004年版,第56页。
③ 参见〔日〕北野弘久:《税法学原论》(第4版),陈刚、杨建广等译,中国检察出版社2001年版,第57—58页。
④ 葛克昌:《租税国危机及其宪法课题》,载葛克昌:《国家学与国家法——社会国、租税国与法治国理念》,台湾月旦出版社股份有限公司1996年版,第119页。
⑤ 参见黄俊杰:《税捐正义》,北京大学出版社2004年版,第5—6页。
⑥ 同上书,第6页。

"纳税"宪法制度之形成,系应肯认税捐基本权,并有效实践纳税者之权利保护。至于国家课税权之行使,则应依民主程序由立法机关以多数决定为之,并符合税捐法定主义、税捐公平原则与过度禁止原则等宪法意旨,以有效落实纳税者之权利保护。① 是故,财政收入行为之法律调整,似不得着重强制人民纳税义务之实现,而系应逐渐强调税捐基本权的承认,以有效实践纳税人之权利保护。对财政收入行为而言,这种税收上的基本权理念也延展到规费、受益费以及公债等的人权保障上来,规费征收的理性主义原则、受益费的不特定对待给付关系的评价以及公债理论中代际负担的理解,均是基于对人性尊严和公民基本权的考虑。

复杂的现代化社会使得个人可能享有自由。当然这个自由的尺度在不同的国家有很大的不同,在从可以容忍到特别舒适这样一个巨大范围内浮动,而民主法治国家则是在这种社会的一个框架和基础。② 所以,财政收入行为的调控基点在于保障个人活动的自由区间,同时对基本权内含之财产权、平等权和生存权等具体内容作出妥适性的安排。这种财政法上的基本权的含义,往往是基于宪法上的抽象规定,但这并不影响此类权利的有效实现。在财政收入行为的运作过程中,人权保障应当成为每一个环节和步骤中均应始终关注的核心和基础,因为无论是公共财政还是宪政本身,其主要目的就在于维护人民的私财产权不受非法侵犯。

## 二、行政法治与财政收入行为调控

"法治的意思就是指政府在一切行动中都受到事前规定并宣布的规则的约束——这种规则使得一个人有可能十分肯定地预见到当局在某一情况中会怎样使用它的强制权力,和根据对此的了解计划它自己的个人事务。"③政府预算作为公共财政的基础性组成要素,对国家政治经济生活会产生根本性的影响,所以必然应当纳入到法治的轨道中来。同时,也是基于这种财政意义上的重要性,相应的国家权力必然体现出宪政运作和民主统制下的适当分立与合理约束,以确保国民基本权利的维护和国家永续经营

---

① 参见黄俊杰:《纳税人权利之维护者》,载黄俊杰:《纳税人权利之保护》,北京大学出版社2004年版,第1—11页。
② 〔德〕N. 霍恩:《法律科学与法哲学导论》,罗莉译,法律出版社2005年版,第6页。
③ 〔英〕弗里德利希·奥古斯特·哈耶克:《通往奴役之路》,王明毅等译,中国社会科学出版社1997年版,第73页。

发展的促进。尽管"法治只是一种理想,它从来没有被哪个社会完全实现过"①,但是社会秩序和公平法理的基本要求却总是促使人们倾向于去实现一种尽可能接近的正义理想和规则世界。

（一）公共权力限制是财政收入行为依法调整的基本内核

在法国,多数学者认为,行政法是调整行政活动的国内公法。调整行政活动是指行政活动必须遵守法律,在其违反法律时受到一定制裁,例如引起无效、撤销或赔偿责任的结果。这就是法国行政法学上的"行政法治原则"。具体而言,它是指法律规定行政机关的组织、权限手段、方式和违法的后果,行政机关的行政行为必须严格遵守法律的规定并积极保证法律的实施。该原则是法治国思想在行政法领域最为重要的体现,是法国行政法的核心原则。它主要包括以下三项内容:一是行政行为必须具有法律依据,二是行政行为必须符合法律要求,三是行政机关必须以自己的积极行为来保证法律的实施。②

而从财政法学的角度视之,对财政行政行为进行法律上的约束和控制,无论是须有法律依据或授权,还是行为本身必须符合法律要求的内容,均是以政府权力或曰公共权力的限制为逻辑前提和理论基点。公共权力在财政收入行为理论范畴内主要表现为国家财政权力,此种财政权力需要在保障国民财产权的基础上加以适当的制约。对于财政收入行为而言,因其基于财政收入权的权源属性,财政收入行为在运行上也体现约束政府财政权的基本精神。这种约束主要体现在以下三个方面:其一,财政收入行为必须以特定的财政立法作为其行使依据,任何法律未加以规定或授权的财政收入行为均为无效或得撤销;其二,财政收入行为必须以形式意义和实质意义上的要件为基础,不得在无(形式)职权和无(实质)权力的前提下实施财政收入行为;其三,财政收入行为须以公法人团体的积极行为来完成,即便是此种积极的行为使得公民财产权的不当侵犯成为可能。

现代经济社会的快速发展,使得政府行政职能不断扩张和财政机能持续延展。而与此同时,"随着政府规模的扩大,决策权日益从选举产生的立法者手中转移到非经选举的官僚手中"③。这就使得以下两种倾向成为可

---

① 〔英〕T. A. O. 恩迪科特:《论法治的不可能性》,陈林林、傅蔚冈译,载《比较法研究》2004年第3期。
② 参见王名扬:《法国行政法》,中国政法大学出版社1988年版,第204—207页。
③ 〔美〕詹姆斯·M. 布坎南:《公共财政》,赵锡军等译,中国财政经济出版社1991年版,第100页。

能:一是社会经济之相关立法权开始逐渐向行政靠拢和集中,授权立法成为一种常态和必然;二是行政本身各项赖以成立的要素中财政性的重要性日益凸现,财政作用和财政行为对行政的决定性也进入人们视野。与此相适应,财政收入行为作为财政行为中最活跃的组成,更加重视其行为的合法性。而其中,无论是政治学上的分权原则,还是经济学上的新自由主义思想,抑或是社会学上的公共领域的异化,公共权力的限制都是其应有之义。这主要体现在行政立法的内容约束,以及财政收入行为的授权层级上。

伴随着社会实践的发展和法学理论的完善,权力本身的发展变化也呈现出两个方面的趋势:一方面是国家权力机关行使的职能在性质上的公共职能化,另一方面是社会组织所担负的社会职能的发达和越来越多地代行国家的部分职能,两相结合,推进着国家权力的社会化,并促使国家权力向一般社会公共权力转化。这也就是说,国家权力在向社会化演化的过程中,其自身性质也将不断发生变化。① 这里所指的公共权力的社会化,本身也体现了人民组成之社会对公共权力的间接约束,此种约束再加上人民在财政立法上的民主控制,使得公共权力之财政权力能建立在权源合法性基础上而具有正当性。"从某种意义上,可以把平衡预算视为对现代政府的财政权力进行更全面的宪法约束的第一步。"②这说明财政权力的预算平衡约束,也是对财政收入行为的调控理念之一。

就形式而言,法律规则是经过立法过程或类立法过程、以官方文件的形式确定下来的。其中,"类立法过程"意指那些不经过民选代表的讨论与表决而制定和出台法律规则的过程。在中国,它可以指行政机关制定法律规则的过程,亦可包括司法机关以司法解释为名制定法律规则的过程。③ 财政收入行为的法律调控很大程度上注重对财政授权立法的权力约束,即对公共权力之财政立法权进行有效规制。当然,这并不是说现行的授权立法之财政法律法规就不能有效约束当前财政权力的滥用。因为,在绝大多数情形中,公法行为法治化使命是通过形式主义地应用实在法的方法来完成的,并因此方法而获得比直接诉诸价值的方法看起来更为牢靠的基础。"开放反思型的形式法治"面向的是对政府行为可接受性(另一种意义更为宽广、

---

① 参见漆多俊:《论权力》,载《法学研究》2001年第1期。
② 杰佛瑞·布伦南、詹姆斯·M. 布坎南:《征税权——财政宪法的分析基础》,载〔澳〕布伦南、〔美〕布坎南:《宪政经济学》,冯克利等译,中国社会科学出版社2004年版,第237页。
③ 参见沈岿:《因开放、反思而合法——探索中国公法变迁的规范性基础》,载《中国社会科学》2004年第4期。

深厚且复杂的合法性)的挑战。①

(二)公共利益促进是财政收入行为依法调整的实质要求

公共利益(public interest, bonum commune, salus publica, Öffentliches Interesse),以字面上的解释,可认为乃"公共的利益"(简称公益)。公益概念的特别之处在于其概念内容的不确定性,具体表现在利益内容的不确定性和受益对象的不确定性。而对公益内容的理解,则需要结合法治国家的宪法理念。但无论是就国家任务演变论的观点,还是国家基本原则论的视角,公共利益均是建立在立法、行政和司法诸权力上的合法性理由。② 就财政收入行为而言,公共利益也是其产生和运作的价值基础,从本原意义上讲,促进公共利益则是财政收入行为依法调整的实质要求。

从利益层次展开的角度出发,可以将利益分为"当事人的具体利益"、"群体利益"、"制度利益"(即法律制度的利益)和"社会公共利益"。在成文法国家,立法过程也是一个利益衡量的过程。立法的目的也就在于公平合理地分配与调节社会利益、不同群体的利益和个人利益以协调社会正常秩序,促使各种不同利益各得其所,各安其位,避免相互冲突,做到相互协调,从而促进社会的进步和发展。③ 就财政法而言,其基本目的在于确保公民财产权不受非法侵犯和促进国家财政经济永续发展。财政收入行为的理论基础在于财政收入行为本身一方面要约束建立在公共利益基础上的公共权力,另一方面又要保障和促进公共利益的普遍实现。

结合财政收入行为的公共性要件而言,公共性的内容仍停留在不确定法律概念的层次,除必要之描述外,立法亦无须强为解释和说明;但作为具有实践意义之法概念,其具体之法律上基准,则不能不予指明。④ 这样建构于公共利益的财政收入行为的公共性要素也使得公共利益的促进有了解释论上的思维理路,公共利益的促进本身就是财政收入行为的应有之义。财政收入行为借助于财政作用的权力性因素,而在此基础上实现立基于行政行为的质之规定性的公共利益,这实际上也体现了财政收入行为依法调

---

① 参见沈岿:《因开放、反思而合法——探索中国公法变迁的规范性基础》,载《中国社会科学》2004年第4期。
② 参见陈新民:《德国公法学基础理论》(上册),山东人民出版社2001年版,第181—207页。
③ 参见梁上上:《利益的层次结构与利益衡量的展开——兼评加藤一郎的利益衡量论》,载《法学研究》2002年第1期。
④ 参见蔡茂寅:《财政作用之权力性与公共性——兼论建立财政法学之必要性》,载《台大法学论丛》第25卷第4期,第69页。

整的内在本质。

"现代的国家理论设计了大量的、对组织公用事业进行规制,并保障这些公用事业正常和不间断地发挥效用的规则。"①这些公共事业及其法律规范设置的目的,即在于保障公共利益的有效实现。而另一方面,狄骥认为,现代公法的基础正在发生深刻变迁,不再囿于行政命令,而是在于公共组织。同时,这种公法意义上严格和客观的秩序,是由平等地加在国家和公民的共同原则来调控的。②这样在公共组织的基础上提出了公共利益和个人利益一体保护的观念和思路。财政收入行为也体现了这一发展趋势,特别是受益费和特别公课的开征,正好体现了公共组织勃兴背景下财政收入行为对公共利益的客观促进。

斯图尔特认为,在传统的、普遍适用的行政合法化模式瓦解之后,在努力寻求新的行政合法化模式的过程中,相较于传送带模式、专家知识模式,利益代表模式也许是有生命力的,尽管利益代表模式作为一种解决立法性行政自由裁量问题的普遍方案,仍然存在诸多缺陷。③议会通过民主统制的形式对公共利益和个人利益作出裁量,就一般的方式而言,可以通过两种法律途径:一是对具体财政收入问题进行审查批准,二是将有关财政收入活动的普遍规则制定为法律。对财政收入行为进行法律调控的目的即在于保障所作出的决策符合公共利益的实现,以至公共利益和个人利益之间求得合理的平衡。

(三)正当程序约束是财政收入行为依法调整的具体表现

美国《宪法》第五修正案(1791年)和第十四修正案(1868年)即规定了"正当程序条款"(Due Process of Law),赋予公民以正当程序权利。英国普通法更是早在几个世纪以前即形成了"自然正义原则"(Nature Justice)。根据该原则,公民在遇到争议和纠纷时,有一个获得当事人之外的第三者进行审理和裁决的权利;在受到不利处分时,有一个获得处分者听取其陈述和申辩的权利。20世纪40年代后,随着美国《联邦行政程序法》的制定,行政程序受到人们越来越多的重视。德国行政法学者哈特穆特·毛雷尔将正当程序权利归类为公民的基本权利,而公民基本权利的保护则是其归纳的法治

---

① [法]莱昂·狄骥:《公法的变迁·法律与国家》,郑戈、冷静译,辽海出版社、春风文艺出版社1999年版,第53—54页。
② 同上书,第50—58页。
③ 参见[英]理查德·B.斯图尔特:《美国行政法的重构》,沈岿译,商务印书馆2002年版,第63—168页。

国家原则九个要素中的第一个要素。① 公民正当程序权利保护作为现代行政法治原则的一个要件，不仅在英美法系，而且在大陆法系均得到了确立。

　　就行政法上的行政程序而言，其基本功能在于深化民主、确保依法行政、保障人民权益、提高行政效能、维护权力分立和加速行政法典化等几个方面。而就正当行政程序的理念而言，无论是美国法上的正当程序条款、英国法上的自然正义法则，还是法国法上的防御权，抑或是德国法上的基本权保护，都蕴涵如下意旨：即行政机关应遵循何种程序作出决策，主要取决于法律的规定。惟法律并非行政程序的唯一法源，更非最高的法源。行政程序法在现代法治国家中负有体现宪法价值的任务，立法者设计行政裁量空间自须受到宪法的制约。②

　　而所谓"正当程序"适用在"行政程序"，即为"正当行政程序"。而在财政法上，此种"正当程序"的适用，依然具有"正当财政程序"的意义。申言之，此种正当程序约束的基本要素为受告知权、听证权、公正作为的义务以及说明理由的义务。③ 财政收入行为相对人的受告知权，表现为财政事项的动议和事实，应当告知相对人明晓，以使其具有事先或事后获知的可能。此种财政法上受告知权可以理解为议会对政府在财政事项发动上的资讯公开权利。财政收入行为相对人的听证权则是指相对人，有时即指议会，应得以在财政收入行为的启动时具有辩论和争议的权利。财政收入行为的发动主体公正作为的义务以及说明理由的义务，则是指财政收入事项的启动、运行和终止应当具有积极的禁止偏颇的义务，同时应当对相应的事项变动作出具有妥适性的公告和说明。

　　在一些西方学者看来，程序公正的判断依据或具体形态是同动态的诉讼过程联系在一起的，离开一般意义上动态程序之实现的过程和途径，就无法全面说明程序公正标准的设置。实际上，这种观念在现代社会显然已经不合时宜。在财政权力日益渗透到人们生活每一个角落的当今社会，正当的财政收入行为的程序约束已经成为规范财政收入权正当行使所必不可少的重要法律规则。基于行政法上的正当程序原则的基本要义在于避免偏

---

　　① 参见〔德〕哈特穆特·毛雷尔：《行政法学总论》，高家伟译，法律出版社2000年版，第105—107页。

　　② 参见汤德宗：《行政程序法》，载翁岳生编：《行政法》（下册），中国法制出版社2002年版，第936—953、1070—1082页。

　　③ 同上书，第1082—1098页。

私、行政参与和行政公开三项①,可以认为财政收入行为的正当程序约束则在于财政程序法定、财政议决民主和财政过程公开,这实际上也是符合财政收入行为的实质性要件的。

财政收入行为的正当程序约束具有技术和价值层面上的双重意义。在技术层面上,程序约束的正当性体现为公法人团体实施财政收入行为时在空间上的方式和在时间上的步骤,是否明确和法定。在价值层面上,程序自身的正当性取决于程序本身是否符合正义的要求,即是否是制约权力的有效屏障,是否认为财政收入行为的理念在于保护公民财产权不受非法侵犯。在这个意义上讲,正当程序约束作为财政收入行为依法调整的具体表现,在表面上体现为财政收入行为本身是否符合一定的程序和步骤,在实质上则仍然是以公民基本权的保障为法理依据的,所以财政收入行为的正当性即体现在公民财产权的有效保护。

### 三、财政平衡与财政收入行为调控

正如有的学者所说,财政法不能只限于规范收入,还应该重视财政管理和支出。就像抽血一样,为避免人体失血过多,危及健康和生命,必须限制抽血的条件和数量。但是,如果血液管理部门疏于管理,致使宝贵的血液变质腐坏;或者在不该用血的时候任意用血,以至于造成血荒,那么,无论抽血的条件如何严格,最终都不能达到目的。② 然而在我国财政法律实践中,一个非常明显的事实即是,重税收而轻其他财政收入,重财政收入而轻财政支出,重外部行为而轻内部管理③,此种财政不平衡的现象在短期内尚难以解决。而针对财政法理论本身而言,财政收入行为的展开应当遵循财经理论的一般规律,也即财政收入行为应当体现在以财政平衡为原则的合理性基础上。同时,基于法本身的价值取向考量,财政收入行为应当也体现一种财政分配上的正义性。从某种意义上讲,财政收入调控的合理性与正当性的统一,实际上是由财政收入行为技术性和法律性的内在本质决定的。

(一)财政收入行为调控的合理性与正当性

有学者指出,作为财政法基本原则的适当管理营运主义之基本涵义,在

---

① 参见周佑勇:《行政法基本原则研究》,武汉大学出版社 2005 年版,第 238—271 页。
② 参见蔡茂寅:《财政作用之权力性与公共性——兼论建立财政法学之必要性》,载《台大法学论丛》第 25 卷第 4 期,第 55 页。
③ 参见刘剑文主编:《财税法学研究述评》,高等教育出版社 2004 年版,第 109 页。

于实行财政决算制度和审计制度,防止财政权力滥用。① 理解此种总则意义上的提炼,实际上应当考虑财政法的综合性和特殊性,即在于财政经济性与权利义务性的有机统一。财政法是以财政事项为主要调整对象的,所以体现财政活动客观规律的理性因素需要有效融入到财政法的调整原则和调整方式中来;而另一方面财政法的法实质,却也使得财政法必然需要体现寓于权利义务配置和权力权利整合之中的法之公平性与正义性。此种两个面相上对财政法及其调整原则方式的解读,对理解财政法的基本构造和运行理念,具有极其重要的意义。

财政收入行为的调控也体现了这种合理性与正当性的有机统一,同时也反映了财政法之行为理论的独特性和包容性。从合理性的方面来看,财政收入行为的调控实际上蕴含了三个层次上的内容。其一,财政收入行为的调控应当体现经济均衡的基本规律。西方经济学理论认为,宏观经济政策的四个目标之一就有经济持续均衡增长这一项②,均衡的涵义在于经济发展和经济总量平衡,这是财政收入行为合规律性的基本前提取向。其二,财政收入行为的调控应当体现财政平衡的基本原则。在财政学上,尽管财政平衡理论经历了预算平衡、周期预算平衡和功能财政三个阶段的转向和发展,但是财政基本平衡的观念却依然是指引财政活动的基本指针。③ 其三,财政收入行为的调控应当体现财政理性的法制化。市场经济所具有的自由贸易和等价交换的内在要求,与法律意义上的平等和自由理念极为契合,所以政府行为特别是财政行为必须实行法治化。④ 而作为此种认识的基本体现,财政收入行为的调控首先应当体现财政理性的法制化,并以此作为指导财政收入行为法制化的制度基础。

从正当性的方面来看,财政收入行为的调控应当体现财政收入事项的

---

① 有学者认为,财政法基本原则在于财政民主主义、健全财政主义和适当管理营运主义。其中,适当管理营运主义包含预算总计主义、执行岁出约束、国家契约竞争、决算审计控制等四个方面。参见蔡茂寅:《财政作用之权力性与公共性——兼论建立财政法学之必要性》,载《台大法学论丛》第25卷第4期,第74—75页。

② 参见高鸿业主编:《西方经济学》(下册宏观部分),中国经济出版社1996年版,第584—587页。

③ 参见王传纶、高培勇:《当代西方财政经济理论》(上),商务印书馆1995年版,第180—184页。

④ 参见张馨:《法治化:政府行为·财政行为·预算行为》,载《厦门大学学报(哲学社会科学版)》2001年第4期。

合法性与妥适性。这其中也包含四个层次的内容,以下分述之。其一,财政收入行为的调控应当体现法定原则。财政法上的财政法定原则具体体现为财政权力(利)法定、财政义务法定、财政程序法定和财政责任法定四个方面①,财政收入行为的调控也应反映这些要求。其二,财政收入行为的调控应当体现对公民财产权的切实尊重。财政收入行为往往侵害公民的财产权,但若此种侵害不以抽象和具体意义上的对价为依归,那么财政收入行为的正当性会受到质疑。其三,财政收入行为的调控应当体现中央与地方的差异与平衡。中央财力与地方财力分别应以其事权及支出为依据,财政收入行为在空间上的这种公平应当被提及。其四,财政收入行为的调控应当体现对财政规律的法学延展。也即是说,财政收入行为的调控应该更多地考虑财政学和技术性因素。例如,在财政经济正常时期,财政收入行为的调控应当考虑的要点为:一是景气性与结构性赤字,二是隔代分配问题(是否可能、隔代分配是否应予积极评价),三是经济周期调节的民主原理限制,四是整体经济平衡发展之限制,五是其他宪法上之限制,等等。

宪政经济学学者站在立宪和制度约束的角度,对财政行为和活动的规制作出了以下的评价:"假如我们没有认识到财政约束和非财政约束之间的关系,我们的分析就是非常不全面的。财政约束和非财政约束之间的潜在可替代性,使我们不能主张前者在任何情况下都是把政府限制在恰当范围内的绝对要素。相反,财政约束和非财政约束的互补性使我们不至于走极端,认为单凭财政约束就能达成限制利维坦的目的。"②这也正好补充说明了财政收入行为调控之技术性与价值性、合理性与正当性、财政手段与非财政手段融合统一的重要意义和实际效用。

(二)财政健全与财政收入行为的合理性调控

财政之健全稳定不仅是经济财政规律中的应有之义,同时也是财政法的基本原则之一。财政健全主义是所关注的是财政运行的安全稳健,其核心问题在于,能否将公债作为财政支出的资金来源(或曰作为财政收入的资金进项),是否将其纳入预算的总计范围。财政健全主义主要体现在公债发行的形式合法性和实质合法性两个层次,前者指公债发行应当依法或依法

---

① 参见熊伟:《财政法基本原则论纲》,载《中国法学》2004年第4期。
② 杰佛瑞·布伦南、詹姆斯·M.布坎南:《征税权——财政宪法的分析基础》,载〔澳〕布伦南、〔美〕布坎南:《宪政经济学》,冯克利等译,中国社会科学出版社2004年版,第153页。

之授权进行，否则不得进入预算；后者指公债发行应当衡平社会经济发展之基本正义，对财政收入之行为其具有基本约束力。财政收入行为作为财政资金来源的进项过程，如果不以财政稳健作为基础，那么通过财政收入行为取得的这些财政收入，就并不符合公共财政上的基本技术要求。

在资本主义早期，财政健全主义一般要求年度财政平衡，不得在预算中列赤字，国家的财政开支能以税收、费用等非税收入作为来源，公债的合法性被完全否定。进入垄断资本主义时期以后，受经济危机的影响，国家开始大规模干涉经济。由于财政开支的数额剧增，而传统的收入来源不升反降，因此财政赤字成为各国普遍现象。① 为了弥补财政赤字，公债手段开始被大量使用，并且逐渐合法化。在这种情况下，人们对指引财政收入行为之财政健全主义开始产生怀疑态度：财政健全主义有无必要坚持？预算平衡是否为财政法治之不可动摇之基准？如果是，那么财政健全主义的内容又如何？预算平衡在何种情形下可以在绝对平衡要求下加以变通和延展？

针对这个问题，有人主张，年度财政平衡事实上无法做到，财政平衡应该建立在动态基础上。如果在一个经济周期内，萧条时期的赤字与高涨时期的盈余能够相抵，这也是一种平衡。还有人主张，考察财政本身的平衡问题没有意义，需要考虑的应当是财政的经济效果。如果财政能够促进经济健康发展，即便出现财政赤字也没有关系。应当认为，随着财政平衡被打破，公债的规模日益扩张，财政风险和预算缺口也越来越大。在这种情况下，就更应该强调财政健全，防止财政突破最大承受能力，引发财政危机。因此，尽管实施财政健全主义的方式可以调整，但财政健全主义的理念应当坚持。

财政健全主义的基本内容有以下五项：其一，经常性收入必须维持平衡。从历史渊源来看，经常性收支代表着最传统和最狭窄的政府职能，历来就属于必须保持平衡的项目。从风险控制来看，经常性支出中大多属于消费性开支，难以在经济上产生利益回报。其二，公债只能用于具有公共性的建设项目。这主要是因为建设性项目具有直接偿还债务的能力，可以在很大程度上降低财政借款的风险。其三，公债应当遵守实体法上的风险防范机制。应当界定公债的范围，为公债设定最高金额上限和最长时间期限，有必要设立偿债基金。其四，公债应当履行程序法上的审查监督手续。如一

---

① 参见邓子基主编：《比较财政学》，中国财政经济出版社1989年版，第239—244页。

般情况下,国库券的发行应当遵守财政法定主义,由权力机关直接以立法的形式加以规定。另外在监督方面,应该建立完备的债务监测、统计和预警公告体制,按照一定的指标及时向人民披露各种公债信息。其五,有限肯定地方财政的募债主体资格。如果将权力有限地下放地方政府,使募债主体多元化,中央政府在防范财政风险方面的机动性就会增强,整个国家的财政风险也会随着下降。①

国际货币基金组织和世界银行关于预算和预算法的基本指导方针,则认为归责性、透明度和公开性、完整性和真实性是国际上预算法律原则的三个关键主题。② 这是从财政收入平衡的角度对财政健全主义进行的抽象解读和归纳阐释。就财政收入行为而言,财政健全主义主要体现在对其调控的一种合理性,即立基于财政平衡原则上的合目的性和合规律性。在这里,财政收入行为调控的合目的性是指行为实施能够达到提供有效而充足的公共行政给付,财政收入行为调控的合规律性则是指财政收入行为的运作应当体现符合如财政稳定、预算平衡等财政经济的一般要求和规律。财政收入行为的此种合理性调控,将财政稳定、财政健全和财政法定紧密结合,并在财政法律制度中加以贯彻。

### (三) 财政平等与财政收入行为的正当性调控

财政平等在价值上包含对正义的追求,在制度上则体现为一种平等的对待。它既包括财政收入方面义务人的平等牺牲,也包括财政开支方面权利人的平等受益,还包括在财政程序方面的同等条件同等处理。对于财政收入行为的调控而言,预算的编制和变更以及财政资金的收支流向都应贯彻一种公平观念,即基于公平正义的国家向所有公民的平等给付。财政法所追求的是一种与市场经济良性互动的民主和法治状态,平等主义既是经济体制的必然要求,也是政治民主的有力保障。财政平等主义的公平观,既包括起点的公平,也包括过程的公平,无论在实体法还是在程序法上都可以表现为一种平等的对待。需要指出的是,这种公平意义下所衍生出的平等,并不代表绝对的平均或无差别。预算编制的指导原则在于在公共财政大框架下,合理调控和分配经济资源和财政要素,实现财政收入下的平等课征和

---

① 参见熊伟:《财政法基本原则论纲》,载《中国法学》2004 年第 4 期。
② 参见 Hinrich Julius:《国际上的预算法律原则》,载《预算法国际研讨会论文集》,中国全国人大常委会预算工作委员会、德国技术公司,2004 年 5 月 24—26 日,中国成都。

财政支出下的平等受益，达成财政学意义上公共财政国家和公法学意义上现代给付国家的暗合和统一，实现经济伦理公平和社会普遍正义。

就财政收入行为的调控而言，财政平等主义主要体现在以下三个层面。首先，就政治参与层面而言，在预算的审批与通过中，国民享有平等的参与权。其一，人民在民主原则下平等选举代议制机构，以行使制约和监督政府预算的权力；其二，代议制机构在通过预算时，一人一票，以平等形式来行使立法权、财政审查批准权和财政监督权。其次，就预算收支层面而言，预算收入和支出应当体现平等负担和平等给付原则。其一，在预算收入方面，税收课征应当体现平等课税原则和量能课税原则，费用征收应当体现受益负担原则；其二，在预算支出方面，相同的情况应当相同处理，不能因为人为因素导致接受主体之间的差异过大。再次，在预算管理和监督方面，部门和地区间财政关系的处理应保持最低限度的平等和均衡。其一，各部门之间的财政预算经费应当体现职能需要下的公平和平等给付；其二，中央政府通过转移支付支援相对落后地区或横向的富裕地区援助落后地区应当体现基本均衡。

这里特别要指出的是，财政收入行为调控在中央和地方财政关系中所体现的正当性，在财政平等上具有非常重要的意义。日本税法学者金子宏认为，基于日本宪法上对作为自治权之课税权的规定，税法之原则还包括自主财政主义。在居民自治下，地方税的课赋及征收一定要依据居民代表机关——地方议会所制定的条例原则来进行。而此一地方裁量权的实施，却必须符合国家对地方公共团体课税权所设定的统一标准和原则。[①] 在财政结构面上考察，中央地方分权基础上建构的财政收入行为与两个方面有关：一是地方政府承担的职能，二是它们在提供服务的决策自由权。[②] 在基本权保障面上考察，中央地方的财政分权实际上则是以人性尊严为基础的平等原则在国家结构形式上的反映。这是因为，财政收入行为从宏观上讲是国家财权调配的过程，而从微观上讲，公民基于财产权的量能给付必须得到在分配正义法理上的无区别回报。

近代以来，法治是与国家社会的二元分立的政治基础以及工具理性和

---

① 参见〔日〕金子宏：《日本税法》，战宪斌、郑林根等译，法律出版社2004年版，第71—75页。
② 参见董礼胜：《欧盟成员国中央与地方关系比较研究》，中国政法大学出版社2000年版，第38页。

实证主义的思想观念紧密相连的,法治的价值取向体现为形式意义上的程序保障和民主制度。而现代以来,国家开始广泛干预经济生活,社会福利和基本人权逐渐被关注,法治的价值取向开始体现为实质意义上的社会公平和实质正义。① 在财政收入行为的法律调控中,此种趋势体现在预算编制的人文关怀和财政倾斜上。这体现在两个方面:一是在社会阶层间的财政收支关系方面,应当保障每一个弱势群体同等的机会和待遇,不能出现制度性歧视;二是,在最低人权的保障方面,财政预算应当保障每一个公民的生存权、受教育权等基本人权,为社会弱者提供力所能及的帮助和救济。罗尔斯指出:"一个社会体系的正义,本质上依赖于如何分配基本的权利义务,依赖于在社会的不同阶层中存在的经济机会和社会条件。"②财政预算虽然在外观上体现为一种计划报表形式,并是依附于行政权力和行政职能产生的,但也反映出财政职能的独立性及其隐含的权力性因素,其中财政平等主义的考量是财政分配的基本要义和指导原则之一,财政收入行为的法律调控也以此为基本前提。

## 第三节　财政收入行为的法律规制

如前所述,财政收入行为按不同的标准可以作出不同的分类,比如可分为强制性财政收入行为与非强制性财政收入行为、中央财政收入行为和地方财政收入行为、基本权财政收入行为和非基本权财政收入行为等。不过,此种分类具有的法理意义高于其具体的制度意义,也即可以在调控原则上对其进行"质"上的理念分析,但在财政收入行为"量"上的设定规则上此种分类只具有指引性的统制作用。所以,对财政收入行为的规制制度研究,需要在具体化的财政收入行为上进行展开。而从概然性的层面出发,财政收入行为的法律规制应当立足于从财政学中继承和发展出来的受益负担原则和量能负担原则此两项③,同时以法定要素和公平考量此两项作为统领财政

---

① 参见高鸿钧:《现代法治的出路》,清华大学出版社 2003 年版,第 199—244 页。
② 〔英〕约翰·罗尔斯:《正义论》,何怀宏、何包钢、廖申白译,中国社会科学出版社 1988 年版,第 7 页。
③ 西方财政经济理论上所称之公共收入原则为受益原则和支付能力原则的论述,可参见王传纶、高培勇:《当代西方财政经济理论》(上),商务印书馆 1995 年版,第 156—158 页。

收入行为法律规制的基本主线。①

## 一、税收行为的法律规制

《德国税捐通则》第 3 条第 1 项对税作出的定义是:"税捐乃金钱给付,其并不构成一项对于特定的对待给付,而且是由一个公法的公共团体,为获得收入之目的,对于一切满足法律所定给付义务的构成要件的人,所加以课征;其获取收入得为附随目的。"这个定义较之我国内地目前财政学界和财政法学界对税的形式定义②,具有更为明确的法律内涵和要件构成。依经济学之观点,税收是消费权由纳税者移转至政府(Taxes transfer spending power from the taxpayer to the government)。此种人民之金钱给付,系作为财政国中国家财政收入之核心要素,国家经由课税权之行使,将人民财产权转换成公法之强制性财政收入。③

### (一) 税收法定主义的约束

税收法定主义的基本内容,学者们都有不同的解释和叙述。④ 按传统观点,税收法定主义大致包括税收要件法定原则和税务合法性原则。前者要求有关纳税主体、课税对象、归属关系、课税标准、缴纳程序等,应尽可能在法律中作明确详尽的规定。后者则要求税务机关严格依法征税,不允许随意减征、停征和免征,更不能超出税法的规定加征。日本学者北野弘久则将税收法定主义的发展分成三个阶段:第一阶段为传统的税收法定主义,第二阶段为现代宪政条件下涵盖立法、行政和司法全过程的税收法定主义,第三阶段则为基于维护纳税人基本权的财政民主主义的更广意义上的税收法定

---

① 我国内地对财政收入分类的大致观点可以分为税收、费用、公债、国有资产收益等几类。也正如我们对法学意义上的财政收入分类的理解一样,涉及到财政权和财产权冲突与协调的主要是税收、费用和公债三类。以下的探讨也限于这三类。需要指出的是,这里指称的费用在我国内地的研究还非常薄弱,连费用的基本含义和主要类别的区分还处于初级阶段。本篇所述的费用概念,将引用德国法上的公课理论。申言之,公课则又分为租税公课和非税公课,非税公课则又分为规费、受益费和特别公课。规费是国家或其他公法人团体以特别公务服务为前提,为满足财政需求,依据公权力所课征的对等金钱给付义务。受益费则是公权力机关为满足财政需求,对建造、改良、增建营造物或公共设施的全部或部分费用,基于统治权而向受益者课予的金钱给付义务。特别公课目前还没有准确的概念界定,学理上一般根据国家实施一定政策目标的需要,对于有特定关系的公民所课征的公法上负担,并限定其课征所得的用途。

② 各种定义各有其立足点和学科特质,所以仅从定义本身无法判断其优劣。具体税收之定义,参见刘剑文、熊伟:《税法基础理论》,北京大学出版社 2004 年版,第 1—15 页。

③ 参见黄俊杰:《纳税人权利之维护者》,载黄俊杰:《纳税人权利之保护》,北京大学出版社 2004 年版,第 2 页。

④ 参见刘剑文、熊伟:《税法基础理论》,北京大学出版社 2004 年版,第 103—105 页。

主义。① 但不管是传统的税收法定主义,还是现代的税收法定主义,税收法定主义的主要意旨在于税收各要素均应以法律的形式规定,并在税务实践中严格按法律规定来实施。

在法理意义上,税收法定主义包含四层意思:一是法律优位,即税收的取得、使用和持有均应符合形式意义上法律的规定,排除行政法规等下阶法源的越位适用;二是构成要件明确,即课税的各项要件均应明确具体,尽可能排除税法中的概括条款和弹性规定;三是排除类推适用和溯及既往,在方法论上尽可能排除法律解释和法律补充的适用;四是法律保留,即税收法律中的特定事项须由法律予以规定,授权立法亦不得侵入此原则。税收法定主义体现对税及其课征机关的严格控制,目的在于更大限度地保护纳税人的基本权利。② 也即税收行为的规制应当在法律严格授权的基础上方能进行,所以从这个意义上讲,税收法定原则实际上是基于纳税人权利保护的观念而对征税权施加的一种苛刻约束。

具体而言,税收法定主义对税收行为的规制可以从以下三个方面来展开。其一,课税要素法定原则。课税要素通常认为应包括税法主体、征税客体、计税依据、税率、税收优惠等。课税要素法定原则要求课税要素必须且只能由议会在法律中加以规定,即只能由狭义上的法律来规定税收的构成要件,并依此确定主体纳税义务的有无及大小。其二,课税要素明确原则。依据税收法定主义的要求,课税要素及与之密切相关的征税程序不仅要由法律作出专门规定,而且还必须尽量明确,以避免出现歧义。亦即有关创设税收权利义务的规范在内容、宗旨、范围方面必须确定,从而使纳税义务人可以预测其税收负担。其三,稽征程序法定原则。课税要素及与其密切相关的、关涉纳税人权利义务的程序法要素均必须由法律予以明确规定,在这一前提下,税收行政机关必须严格依据法律的规定稽核征收,而无权变动法定课税要素和法定征收程序。另外,从保障纳税人基本权的角度讲,税收法律的制定以及税收法律的执行也均要遵守税收法定原则。

(二)实质课税原则的适用

实质课税原则是指为了达到税捐上负担之公平,不仅在于其形式上之

---

① 参见〔日〕北野弘久:《税法学原论》(第4版),陈刚、杨建广等译,中国检察出版社2001年版,第73—80页。

② 参见黄茂荣:《税捐法定主义》,武汉大学2004年海峡两岸财税法研讨会论文;葛克昌:《税法基本问题》,台湾月旦出版社股份有限公司1996年版,第127页。

意义,尤应依其实质意义,以求其实现。① 实质课税原则包含两层意思:一是量能课税要求:课税原系加诸人民之经济负担,而为保障经济负担之公平性,个人之负担应按其经济上之负担能力而定,故税捐之课征,与其依据法律之形式,毋宁衡量经济之实质;二是税捐规避之防止:税捐公平原则系税法基本原则之一,为实现此一原则,对于用以掩饰真实所为之伪装行为、虚伪表示、事实之隐藏及其他各种租税规避行为,均有加以防止之必要,而实质课税原则即为防止之手段。②

实质课税源自德国的经济观察法,它由税收负担公平原则所导出。其在理论上的延伸又产生了法律实质主义与经济实质主义的区分,而无论是站在哪一种立场,对纳税人之纳税经济关系的考察却是两种观点的共同耦合之处。就税收规避的角度而言,税收规避产生于私法意思自治与税法形式理性之间的矛盾。公民之课税义务是以政府公共支出为一体两面之反映,但若私法上的这种不诚信或曰侵害行为影响了税收行为的一般秩序,那么法律上的实质约束和深层规制就非常必要。实质课税的精神宜通过立法的形式予以体现,但不应当制定过于宽泛的条款,否则就为征税机关的恣意妄为提供了可能的空间,这也是与纳税人基本权的有效保护背道而驰的。

考察量能课税观念在税收理论和法学理论上的历史演进,不难发现,量能课税作为一种学术思想自是毋庸置疑。但是进一步而言,量能课税是一种财税思想还是一种法律原则,则需要认真研判。在此一要点上,两岸学者曾有过精彩的辩论。特别是在对间接税的适用方面,量能课税是需要在效力上作出特别限制的。另外,量能课税是否可以一统于税收法定原则之下,或是只作为一种技术上的处理,也是值得慎重考量的问题。但是不论是财税思想还是法律原则,量能课税作为一种对个体税负进行公平考量的财税法制基本理念,仍得到普遍赞同。③

其实,关于税收法定原则与实质课税原则,学说上就有"税捐法定主义

---

① 实质课税原则源自于德国 1919 年制定的《帝国税捐通则》第 4 条,其规定税法之解释应考虑其经济意义,其后 1934 年制定的《税捐调整法》第 1 条第 2 项之规定又建立了经济观察法的理论,再后 1977 年制定的《现行税捐通则》,未保留该条之规定,但通说并未因此而扬弃经济观察法,仍认为其系税法上的一项重要原则。
② 参见葛克昌:《综合所得税之宪法理论与问题——以大法官会议解释为中心》,载《台大法学论丛》第 26 卷第 3 期,第 48 页。
③ 参见葛克昌:《量能原则为税法结构性原则——与熊伟台北对话》,载《月旦财经法杂志》2005 年第 1 期。第 93—103 页。

优先说"、"实质课税优先说"以及"折中说"之争议。① 实际上,税法之基本理念在于形式与实质之一体两面,本是相互调合和补充的。实质课税原则作为实现税捐正义之实质手段,并不能补正课税构成要件之欠缺,亦不得超过其可能之文义范围,否则即违背法安定性之要求。因此,课税要件法定主义之要求,并不许透过实质课税原则而规避法律适用。联系到税收正义的问题是:一是税收在国家对个人的关系中的分配正义:国家可以给个人强加多少税收负担;二是税收反过来也是个人对国家的义务:为了在法律秩序框架内执行集体任务,个人应当在什么样的程度上做出财政贡献。以此为基础,统合于税收法定与实质课税两原则之上的税收正义即得以实现。②

### (三) 税收基本法律的制定

我国在立法上是否存在税收法定主义,这是学界经常讨论的一个问题。基于对"法定"之"法"以及宪法上关于税收制度的规定的不同理解,人们的看法也不一致。如果对法律作广义的理解,包括行政法规等授权行政立法,那么此种法定主义明显不是税法基本原则上的法定主义,因为此种看法是与议会及法律保留背道而驰的。另外,我国《宪法》第56条对公民的纳税义务作出了规定,即"中华人民共和国的公民有依照法律纳税的义务"。如果认为其规定在"公民的基本权利和义务"一章仅是对公民纳税义务的一种确认,那么宪法意义上的税收法定主义也并不名副其实。

我国目前关于税收制度的法律数量非常少,基本法律方面只有《宪法》、《立法法》和《税收征收管理法》,而在具体部门法方面除《个人所得税法》和较早的《农业税法》以外,全都是以行政法规制定的。这其中的相关规定,也显得格外简略。在法治国家和宪政国家的建设方面都取得突出进展的当前,适时进行税收立宪势在必行。如税收立宪的范围、税收公平原则的确认、征税权的划分、确定立宪的方式等都需加以明确规定。③ 同时应当制定《税收基本法》,明确什么是税收、什么是税法等基本范畴,以及其他的如税法的宗旨和基本原则、税法的调整对象、税法的执行权限等。此外,制定税收基本法是其他税种立法的前提,如增值税、消费税等的立法。因此,尽快制定中国的税收基本法,是健全和完善中国税收法律体系的迫切需要。

---

① 参见黄俊杰:《实质课税原则对纳税人之影响》,载黄俊杰:《纳税人权利之保护》,北京大学出版社2004年版,第46页。
② 参见〔德〕N. 霍恩:《法律科学与法哲学导论》,罗莉译,法律出版社2005年版,第302—304页。
③ 参见刘剑文:《关于我国税收立宪的建议》,载《法学杂志》2004年第1期。

考虑到税收法治是构建法治社会的突破口[①],税收法定主义在立法上的承认就显得尤为必要。这一方面体现在税收立宪和制定基本法等基础性法律方面,其中还包括《财政收支划分法》、《财政监督法》等相关的财政收支和财政管理方面的法律;另一方面,各单行税法宜适时转变或制定为相对高阶的法律,比如《增值税条例》、《消费税条例》等现行行政法规的效力位阶的提升,以及统一的《企业所得税法》等直接以高阶的法律形式出现。在当前我国财税体制改革的背景下,适时转变税收立法的基本取向,借此契机实现税收法定主义,不仅是必要的,也是可能的。授权立法在一定时期起到了过渡、谨慎和适应专业性要求的作用,但是随着税法理论的不断完善和税收实践的深入发展,这些税收方面的授权立法还是应当回归到法律保留和议会保留的层次上来。

## 二、规费、受益费行为的法律规制

从财政学的角度来看,税与费尽管在征收方式、征收时间、征收目的和成本收益原则等诸多事项上存在不同,但作为政府财政收入的主要方式,两者都具有筹集财政资金、提供公共产品和克服市场缺陷和外部性的功能。就此而言,税与费在财政理论的实质层面依然是统一的。然而从法学的角度来看,由于税与费的概念差异以及理念阻隔,无论是从理论框架的产生和构建来看,还是从实践样态的表现和发展来看,税与费之间都存在着明显的法律界限,这也使得立法对于税与费的规制,体现为不同的基本原则和差别化的具体制度。在我国,类似于规费(Gebühren)、受益费(Beitäge)的金钱课征统称为费用[②],而在德国法上的专有名词则是受益负担(Vorzugslasten),对其进行法律规制,首先应当受到受益负担原则的约束。

### (一) 受益负担原则的约束

受益负担原则是指费用作为财政收入的一种,应当体现使用者付费的基本精神,实现财政公权和财产私权的利益交换和平衡。受益负担之前提为国家之给付,经由此给付所增值之个人财产,借受益负担返还国家。受益负担较之租税更可具体落实受益者付费观念,使国家行为介入后,仍保持私

---

① 参见刘剑文:《税收法治:构建法治社会的突破口》,载《法学杂志》2003年第3期。
② 费用界定之问题在我国行政法研究上也不甚完善,有学者将受益费等翻译和理解为"税捐",尽管可以对税捐作高阶和广义的理解,但与我国台湾地区通用的中文译法以及内地习惯相比较,此种译法似乎仍有待商榷。译文内容参见〔德〕平特纳:《德国普通行政法》,朱林译,中国政法大学出版社1999年版,第181—189页。

人财产价值之中立性——接受国家给付之整体财产保持不变。① 从实质意义上讲,受益负担之意旨即在国家与社会的二元交错体制中,建构一种既能保证国家以对待给付为基础,使社会成员得以受益的公平和理性,又使得社会成员之间的交易原则不被破坏的秩序规则。对于规费和受益费而言,此种交易关系又分为付费人与公共团体之间,以及付费人与非付费人之间两个方面。前者是一种提供公共服务与支付相应费用的对价关系,满足这一基本涵义即为公平。至于后者,付费人是公共服务的使用和受益人,非付费人则排除在此项利益之外。只要收费的标准和程序符合法律的规定,有偿受益的法理即能予以公平的阐释。

受益负担实际涉及特定的利益交换和分配,这以国家公共给付与公民支付金钱为作用之两极。受益者付费原则是指在规费、受益费征收的法律关系中,行政行为和公共服务的利益效用,限定于付费者这一特定范围,从而使公共资源得到有效调节,同时也确保特定给付中权利义务的配置公平。就此种利益平衡的实现方式或曰规则分解而言,受益者付费原则也可细化为如下两个方面:一是费用涵盖原则(Kostendeckungsprinzip),一是对等报偿原则(Äquivalenprinzip)。同时,这两个原则也将受益负担可容许的金额以及受益负担转化为税捐的基准作出了限定和厘清。②

费用涵盖原则源自于法治国家之比例原则(Äerhaltnismaßigkeit)。比例原则是指基于宪法上人权保障之基本要义,在妥当性、必要性和均衡性三者之间实现一种公平的基本观念。③ 基于此,对费用涵盖原则的理解应该有以下两层含义:其一,按经济自由主义原则而言,受益负担仅得涵盖其行政与维护费用,包括其利息以及花费资本的偿还的支出在内,亦即其负担费率原则上仅能按照上述标准加以衡量。其二,此一原则并非取向于个别情形,而是取向于在特定期间内,不得意图超过对于特定的行政给付的人力的及物质的行政花费。同时,这种规费的费率,也不得因重大的低于费用涵盖范围而扰乱与其相对应的私人设施的竞争关系。④

---

① 参见葛克昌:《人民有依法纳税之义务——大法官会议解释为中心》,载葛克昌:《税法基本问题——财政宪法篇》,法律出版社 2004 年版,第 57 页。
② 参见陈清秀:《税法总论》(第 2 版),台湾翰芦出版有限公司 2001 年版,第 70 页。
③ 参见陈新民:《德国公法学基础理论》(下册),山东人民出版社 2001 年版,第 374 页。
④ Koch, Abgabenordnung, 3. Aufl., 1986, §3Rn. 14. BVerfGE 42, S. 169; 13, S. 214. Vgl. Tipke/Kruse, AO, §3Tz.15; Wolff / Bachof, Verwaltungsrecht I, 9. Aufl., 1974, §44 II a; BVerwGE 12, S. 166. 转引自陈清秀:《税法总论》(第 2 版),台湾翰芦出版有限公司 2001 年版,第 70 页。

对等报偿原则乃是在第二次世界大战以后建立的原则,系从宪法上禁止过分原则(Übermaßverbot)所导出的。该原则认为,应以对于国民提供给付的价值,作为受益负担额度的基准。亦即必须在规费与行政机关所提供特定给付的价值间,具有相当的关系存在;其给付与对待给付间不得有显然不相当的情形存在,故其与费用涵盖原则不同,乃是取向于个别情形。[①] 实际上,一项费的负担是否合理,不仅应从受益本身去衡量,更应从该项给付的品质进行研判。从经济效率角度来看,"费应当反映服务的边际成本"[②]。而从法的对价理论和公平取向来看,"能否创设新的或提高旧的受益负担,完全在于其行政行为之品质而定"。[③]

(二) 费用理性主义的提出

现代法治理论认为,公权力介入到私人财产权时,必须以宪法和法律作为依据,以保障私人财产利益不受公权力的侵害。当法治国的观念被引入财政领域后,公平正义思想也渗透到财政过程的每一环节。国家选择税费作为财政收入的主要方式,一方面受制于税费之间应然的区分和界限,另一方面也受制于税费赖以依存的特定经济社会环境。但不论是选择何种方式,均应体现对公权力的制约以及对私权利的保护。正如德国学者 Vogel 所言,公权力介入社会时,单纯公共利益的增进,不足以作为其正当化的基础。除此之外,还必须考量比例原则,即必须保证及时介入是必要的,且介入时须采用对人民侵害最小的手段。[④]

收费的规制也首先体现为法定原则,即费用的取得、使用和持有须在法律的规范内运行。但是这种法定原则有别于税收法定主义。税收法定主义强调税在实质和理念上的法律约束,而收费只是在形式和制度层面上受到法律的约束。费在具体运行上包含有相当大的自主和弹性空间,如法律规定在特定地方事项上由地方机关决定,具体决定过程和结果则由此机关通过民主方式来运作形成。此类收费之行为本身,也即属于地方财政自主的

---

[①] Klein / Orlopp, AO, §3Rn. 6. BVerwGE26, S. 305(308); BVerwG BB1990, S. 1867. Vgl. Kruse, Lehrbuch des Steuerrechts, S. 40. Wolff / Bachof, Verwaltungsrecht I, §42 II a. 转引自陈清秀:《税法总论》(第2版),台湾翰芦出版有限公司2001年版,第71页。

[②] 郭庆旺:《关于使用费的若干基本问题》,载高培勇主编:《费改税:经济学界如是说》,经济科学出版社1999版,第298页。

[③] 葛克昌:《人民有依法纳税之义务——大法官会议解释为中心》,载葛克昌:《税法基本问题(财政宪法篇)》,法律出版社2004年版,第59页。

[④] 葛克昌:《国家与社会二元论及其宪法意义》,载《国家学与国家法——社会国、租税国与法治国理念》,台湾月旦出版社股份有限公司1996年版,第39页。

基本范畴。

收费之法律规制体现为对其公意性理念的捍卫,也即凸显费在确定和使用上的理性主义。这可从三个层面展开:一是法律的先决性。即费的产生以法律规定为基本前提,任何费的产生和运行均应置于法律的秩序框架下,排除费的任意设定。二是费源的对应性。即基于费只是使特定的人或群体受益,在征收上应体现对象的限定性,只针对受益者或可能受益者收取,排除费的搭便车效应。三是程序的公开性。由于不可能每一受益者均参与决策,同时这些受益者也不可能被准确找寻,而费的决策者也并非完全是受益人的代表,故为保障收费制度运行的公正性,必然要求固定而公开的法律程序。

法律对收费进行规制的理念核心,在于两种取向的价值整合:究竟是注重财政工具的理性选择,还是强调公权力的合理制约?前者偏重于从经济和财政角度看待财政工具的价值,在对费用进行成本收益分析的基础上,提炼出抽象于经济规律的法律蕴涵;后者则是从国家和宪政的角度出发,研判公权力和私权利的地位及其相互作用的法理,在工具性价值和目的性价值的对立中寻找契合点。然而,不论是财政工具的理性选择还是公权力的合理制约,作为收费规制基本原则之一的费用理性主义,都体现出一种利益衡量中的实体公平和程序正义。其中理性的要义在于,既注重在保护私权利的同时,对社会效用进行分配和引导,又注重在约束公权力的同时,保证社会整体效用的取得和维持。

### (三) 税费区分之规制层级

税收立法应当上升到宪法的层次,但收费立法则属于行政法的范畴。行政法的基本要义在于行政公权力在程序上的约束,费用之法律规制的关键点也在于此。具体而言,收费立法的行政法属性表现在以下几个方面:一是对公权力约束的取向,以保护私权利不被肆意侵犯;二是法授权约束的取向,即在法授权的范围内方可为收费行为;三是程序约束的取向,即不介入收费定价裁量本身。另外,作为行政法的特别组成,费的立法也有其区别于其他行政法的特殊点:一是裁量权的相对高阶性,即在职能团体或机关意欲对特定事项收费时,应交由其上一级政府决定,以保证利益的衡平化;二是费种设置的相对稳定性,即一旦某项收费被设定,尽管可能因随事而需变更,但还是应与人们的期望和信赖相适应,而保持其相对稳定性。

在税费立法位阶既定的情况下,自应不会出现税费立法冲突。但当税收立法权被授权行政机关行使时,税与费的立法是否会出现竞合,则是我们需要考虑的问题。授权立法或曰委任立法,主要涉及到两个方面:一是立法机关是否可以授权行政机关立法,二是立法机关如果可以授权,则应如何授权。前者主要指的是国会保留的问题,在保持法的安定性和议会民主公开的前提下,可以把部分立法权委托给行政机关。至于后者,一般认为当授权规定在内容、范围及目的上已经足够明确时,可使行政机关适当分担立法负荷。① 这样,税收立法即便是授权立法的行政法规,也是来源于税的宪法层面上的授权,所以在税费立法上并无具体财源事项的冲突和竞合。只要严格按照立法层级效力的高低不同,研判和选择存在位阶差异的税费立法,那么在法律理解和适用上也不会存在界限模糊的情形。②

"历史表明,凡是在人类建立了政治或社会组织单位的地方,他们都曾力图防止出现不可控制的混乱现象,也曾试图建立某种适于生存的秩序形式。"③财税法律制度本身也是这样一种秩序。将税费关系特别是税费界限准确把握和辨明,一是可以使财政收入制度更加科学和合理,并相应体现政府支出与收入之间的关联公平,二是可以在法治国的大框架下,合理构建国家与公民、政府与市场、公共利益与特殊利益之间的契合。当前我国大力开展的各项税费改革活动,本身并不是以税费关系的实质变更为己任,而是在业已变异和错位的税费实践中,涤清和还原税费关系的本来面目,并从税费的基本法律界限入手,引导和推进不同财政形式的理性选择以及中央和地方财政关系的法治化。

### 三、政府性基金行为的法律规制

费可以从狭义和广义两个层面上理解。狭义的费是指基于受益负担理论,以现实的和潜在的对待给付为要件,在政府与公民间形成的价格关系(经济学上的理解)和债权债务关系(法学上的理解),具体而言,包括规费和受益费两种。广义的费还包括基于特定经济社会政策需要,而以专项基

---

① 参见黄茂荣:《法学方法与现代民法》,中国政法大学出版社 2001 年版,第 17—29 页。
② 尽管当前世界各国和地区均有特定目的税等,且与具有特定目的之受益负担和特别公课日益不能区分,在我国也存在社会保障税与社会保障费之类的混同,但只要严格区分税与费之本质特征,其规制依然是可以明晰有效的。
③ 〔美〕E. 博登海默:《法理学——法律哲学与规律方法》,邓正来译,中国政法大学出版社 1999 年版,第 220 页。

金方式收取和使用的各种政府性基金。① 我国财政理论界谈到政府性基金的性质时,一般都只是抽象地认为是一种政府性收费。而从实质意义上讲,此种政府性收费,也即德国法和我国台湾地区所称的特别公课。特别公课之一般定义可以表述为:为完成经济行政领域的特殊任务,而对特定群体课以特殊的金钱给付义务,其收入亦流向特定之用途。此处,本书将结合德国法上的特别公课理论,重点对政府性基金的法律规制作出专门探讨和分析。

(一) 政府性基金的不确定性

政府性基金作为一种基于特定政策目的而向特定群体征收的专款专用的费用,不是我国特有的财政形式,现代各国和地区均有类似的财政收入方式,如德国和我国台湾地区的特别公课(也称特别捐,德文 Sonderabgaben)、美国的 Earmarked Taxes 等。但就形成背景而言,我国内地的政府性基金却与其他国家和地区的完全不同。世界各国特别捐、特别公课的产生是基于近代以来政府职能不断扩大和税源相对有限,而进行的财政收入手段创新。而我国政府性基金问题的凸显,则是基于计划经济向市场经济转型过程中,国家职能的转换和由此而来的财政进项之自我缩减。不过,这并不影响我们对其他国家和地区特别公课之学说理论的借鉴,因为政府性基金和特别公课两者间只有语词上的差异,而其外在特征和内在实质却是大体一致的。台湾地区承继德国特别公课学说和理论,相对比较成熟,对我国内地政府性基金的理论构建和立法设计具有重要的参考意义。

关于特别公课的特征,学者们表述并不一致。有学者将特别公课概念的内涵归纳为以下四点:其一,特别公课的课征有其所欲追求的特别经济或社会目的,而非仅限于财政上的目的,因此,其收入不得被用以支应国家一般性任务的财政需求。其二,特别公课是用来实现特别任务的,与一般税的缴纳义务人比较起来,特别公课其负担义务人与该特别任务的关联性较为密切,与一般大众有所区分。其三,对特别公课的缴纳义务人,国家不需为相对应的对待给付。其四,特别公课的课征的条件是金钱给付义务与负担

---

① 在我国财政实践中,纳入预算的政府收费可分为行政性收费和政府性基金。关于政府性基金的定义,财政部《关于加强政府性基金管理问题的通知》(财综字[2000]22号)的提法是:"本通知所称政府性基金,是指各级人民政府及其所属部门根据法律、国家行政法规和中共中央、国务院有关文件的规定,为支持某项事业发展,按照国家规定程序批准,向公民、法人和其他组织征收的具有专项用途的资金。包括各种基金、资金、附加和专项收费。"此种界定,要点有三:其一是该基金由政府机关依法定权限和程序征收;其二是该基金是向公民、法人和其他组织征收;其三是该基金是专款专用于支持某项事业的发展,形式可以是基金、资金、附加和专项收费。

理由之间需存在特殊的法律上的关联,此种特殊法律上关联的要求,亦为特别公课容许性的重要审查基准。① 另有学者将特别公课的特征简化为五点:一是政策目的性;二是被课征群体特定性;三是特殊法律关联性;四是非对待给付性;五是专款专用性。②

对特别公课特征的理解,应当从特别公课的产生背景和现实状况的双重角度着手,而不应纯粹地追求其严整和精细层面上的涵义。这是因为,现实经济生活的需要使得特别公课的形态和方式日益丰富和多样化。特别公课实际上是一个具有特定前提的兜底性的集合概念,若能在外部特征和类型区分上对其有一个初步的把握,就可以基本了解特别公课的内涵和外延。只是随着特别公课类型的不断发展和增多,分类中引出的问题(如诱导性的特别公课如何同诱导性租税相区分;有平衡功能的特别公课如何与目的性租税相辨别,等等),均成为理解上的难题。尽管如此,特别公课还是不宜和不必要采用高度完整和准确意义上的界定方式,而只需要基于特征和类型展开,以免挂一漏万。所以,特别公课在其本原和运行上的基本特征,就是其用无法归纳和提炼某一具体性要件而体现出的模糊性和不确定性。

(二) 抽象层面上的法律约束

以人权保障为重之现代宪政国家,不单纯因宪法上抽象之义务规定,人民承受具即时拘束力的课税负担须另有较具体的法律依据。但立法者欲引进一新税目时,首先必须基于其立法权限。由于财税系现代福利国家之重要工具,在可预见之将来,许多新的税目甚至所谓的"杂税"(Bagatellsteuern),均将引发争论,尤其在地方财政困难之际,开辟新财源,终将成为地方自治之重要课题。③ 特别公课由于并不流入国库,并非一定以获得财政收入为目的,因此并非税捐;但其课征也并非毫无限制,否则将有违公课负担平等原则。而另一方面,基于特别功课的财政收入(Die Finanzfunktion)、平衡(Die Ausgleichsfunktion)和促进诱导(Die Arreizfunktion)这三大功能④,其在财政运作中的地位凸显,也迫切需要得到法律上的控制。所以,特别公课

---

① 参见辜仲明:《新兴财政工具作为环境行政规制手段之认知理性——以特别公课之发展及与租税、受益负担之比较为中心》,载《中国高校财税法教学改革研讨会论文集》,北京大学法学院,2004 年 4 月 17 日,第 276—277 页。

② 参见辜仲明:《财政工具理性之研究——以特别公课课征界限为中心》,载《财税研究》第 34 卷第 6 期,第 97 页。

③ 参见葛克昌:《人民有依法纳税之义务——大法官会议解释为中心》,载葛克昌:《税法基本问题——财政宪法篇》,北京大学出版社 2004 年版,第 63 页。

④ 同上书,第 64—66 页。

的正当性和合法性成为法律对其在抽象层面上进行约束的两个基本判准。

就特别公课的正当性而言，可以从两方面来展开。在收入面，为负担平等原则。宪法平等原则落实于财政法领域，要求人民财政负担必须平等。在不具有对待给付性质的特别公课领域，平等原则的具体适用，是以责任为基础的负担平等原则，其原因在于公课义务人的缴纳义务与负担理由的特殊法律关联。在支出面，为专款专用原则。特别公课是向特定群体课征，以支应特定的用途，而且系对缴纳义务人群体有益的事项。这里所称专款专用是指支出款项应受到预算的特定用途保留，而纳入特种基金和专户。

至于特别公课的合法性基础，则有三层意思：其一，法律保留原则。申言之，一是征收目的、对象、用途应由法律定之，二是特别公课的法律保留要求不若租税，三是不可因不能详尽授权而为概括授权。其二，比例原则。它可分为三个位阶：适当性原则、必要性原则及狭义比例原则。适用该原则时以此先后依次进行。其三，定期审查原则。德国联邦宪法法院判决认为，特别公课系税捐之例外状态，其所欲达成的任务，原则上应属一种具补充性、次要性与时间性要件的财政工具。为避免财产权受延迟过度的侵害，立法者应于相当时间后，积极检讨实际状况，而决定是否应变更、废止或继续维持。①

特别公课固然可以用来因应现代给付国家租税功能转变的现象，作为补充性原则的考量，而改善现代给付国家政府支出扩张的现象。然而，由于其并非由全体人民共同负担，而是向特定人课征，因此，其正当性和合法性的问题必须进一步加以探讨。理论研究的角度不同，固然会造成不同的论述和分析。然而，不论从哪个角度来谈，都不会脱离以下三个基本层面：其一，在宪法核心价值层面上，即负担人基本权保障基准的确实维持；其二，宪法基本价值层面上，即横向角度公课义务人负担平等及其衍生的集体受益原则；其三，在一般法理逻辑层面上，即纵向角度受益与负担的对等原则和比例原则。以上关于正当性和合法性的展开，基本上是围绕此三个层面来细化和分解的。当然，这并不是说，此三个层面的讨论即能囊括一切公课或政府性基金正当性与合法性的判断依据和所有细节。特定情形下，还需具体探讨。

---

① 参见黄俊杰：《特别公课类型化及其课征正义之研究》，载《台北大学法学论丛》第 50 期，第 129—142 页。

(三) 具体性规制原则的展开

租税国家乃以国家社会二元化为前提,而国家社会二元化乃基于自由主义之理念。其主要观点,在于社会领域之内,基于私法自治所为之运作模式及其功能,在基本价值观实践上,较由国家权力为之者,有较高之水准。基于此种观点,在社会领域内,国家虽非不能完全介入,但国家职权与社会职权产生疑义时,应划归社会。此一观点为 Isensee 加以发展成"国家补充性原则"作为国家与社会关系中,宪法上规则与体制原则。之后,此种补充性原则又在 1931 年被教宗 Pius 十一世所发通喻昭示之。①

特别公课课征的基本原则,是为上述之补充性原则的特定化。补充性原则的内涵包括:群体同质性、群体责任以及群体用益性。其中,群体同质性是指特别公课的负担群体具有外于非受益人的境地和界限,即特别公课义务人集体必须能与集体及一般大众明确区分,立法禁止任意对某一社会群体课征特别公课。群体责任是指同质群体对于公课所欲达成的目的,具有事物密切性。国家经由课征特别公课收入所欲达成的特殊任务,必须为该公课负担群体的事物责任,而非社会全体之责任。群体用益性是指特别公课的收入,基于群体用益性的要求,必须用于对公课义务人群体有利的事项。个别功课义务人是否从支出中受益,不是判断特别公课的标准,而是以该群体是否受益作为判断标准。同时,依德国联邦宪法法院的见解,以财政目的为主的特别公课和非以财政目的为主的特别公课,在适用补充性原则上也有不同,前者为严格适用此原则,后者则依财政色彩的浓厚程度,进行严格或较为缓和的审查适用。②

特别公课的基本原则,还可从作为财政法基本原则的财政民主主义和作为宪法基本原则的平等负担原则等方面展开和具体化。就财政民主主义而言,第一,在收入面上,应有法律保留原则和授权明确性原则,同时这种法律保留应比租税较为宽松;第二,在监督面上,应有议会对特别公课相关行政命令的监督和定期审查原则;第三,在支出面上,应有专款专用的议会统制。就负担平等原则而言,应建立以责任为基础的负担平等原则。而以责任为基础的负担平等原则,在受益群体的外部和内部呈现为两个面向:一是

---

① 参见葛克昌:《地方课税权与财政民主》,载葛克昌:《行政程序与纳税人基本权》,北京大学出版社 2005 年版,第 111 页。

② 参见黄俊杰:《特别公课类型化及其课征正义之研究》,载《台北大学法学论丛》第 50 期,第 127—129 页。至于德国联邦宪法法院及行政法院的判例,以及由此对特别公课构成要件的归纳,参见张娴安:《特别捐(特别费)与特种基金制度》(上),载《辅仁法学》第 12 期,第 4—48 页。

相对于一般人而言，特别公课的负担群体负担特别公课的理由，是因为特殊法律关联的存在；二是就负担群体内部而言，其负担平等原则是以责任的范围加以划分的。①

特别公课课征的基本原则可从两个层面来看：一是区别于其他财政收入方式的，具有内在规定性的自身原则体现，二是基于其上位原则而衍生和具体化的特征标示。补充性原则的具体分解，则也正是特别公课的构成要件。但不论是作为认识论的基本原则，还是作为本体论的构成要素，补充性原则都体现出对特别功课内在本质的准确提炼。这对于认识和把握特别公课的课征界限，无疑具有特别重要的意义。而从财政法的财政民主主义和宪法上的平等理念出发，补充性原则作为特别公课的基本遵从原则，界定和规范了政府行使财政权力的基本范围和方式，也即政府必须需由民主程序和公正理性，对经济社会发展中无法以自由经济和统一税收形式可得的政府收入，依补充介入和干预的原则来筹集和使用。

**四、公债行为的法律规制**

一般认为，公债是依据国家财政经济的需要，运用政府信用基础，采取证券发行的方式，与人民或其他经济主体缔结的负债契约。② 用一种简单的资金平衡表术语来说，公债在政府的账面上是被记入负债项，而在公债凭证持有人的账面上则是记入资产项。③ 对于财政收入法而言，公债法有其特殊的地位和性质，一方面公债作为财政收入行为应当纳入到财政收入法的范畴，另一方面公债作为调节国家宏观经济的财政措施和手段，相对应的公债法又必定与财政管理法紧密相连并互为影响。正确认识公债的法理基础和规制原则，对理解公债的法律规制路径和方法具有重要意义。

（一）公债规制的法理问题

近代以来各国由财政危机转为经济危机，又陷于宪法危机的困境。由于国家职能已过度扩展和国家税收停滞不前，财政决策立法程序也相应失衡，公债之发行和隐藏性困境得以滋生，国家财政支出扩展的抗拒力开始削弱。与此对应，基本权之主体——公债的最终负担者，也即将来的纳税义务

---

① 参见辜仲明：《特别公课规范概念及基本原则之研究》，台湾中原大学财经法律学系2001年硕士学位论文，第185—189页。
② 参见吴家声、张永河：《财政学》，台湾五南图书出版公司1986年版，第339页；李金桐：《财政学》（增订3版），台湾五南图书出版公司1991年版，第421页。
③ 参见平新乔：《财政原理与比较财政制度》，上海三联书店1992年版，第577页。

人的基本权保障受到挑战。① 又有学者指出,当今公债发行大量化和经常化的事实,使租税国家原则遭遇到极大的挑战,甚至已经蜕变成为债务国家形态。债务国家的问题点有:一是财政僵化与岁出排挤效应。偿债高峰的到来,对财政支出造成严重压力,并排挤其他财政支出安排,同时还可能引爆潜藏的社会大众对国家财政的信心危机;二是公债的工具性格使得公债具有政策性风险。公债制度的产生和沿革都是基于筹措战争军费,虽然现代国家以和平主义为考量,但并不能因此而排除这种可能性;三是公债之隐蔽的权力性格使得国民权利受到侵害。尽管公债的购买具有国民自愿选择的表象,但公债的偿还却是基于租税的课征为担保,在此基础上不能不认为公债具有强制国民的基本涵义。所以,对于公共债务的增加应当持审慎态度。②

公债理论在财政学上有负担论与原则论两种观点,在法学上则有否定论与肯定论两种看法。公债负担论是讨论国家发行的公债,将会造成不公平的负担,这在某种程度上与公债的否定论相对应。公债原则论则是指公债在何种场合得被正当化的议论,当然,此种探讨以公债的肯定论为前提。从法学观点来看,公债的否定论理由在于,公债具有两个层次上的不公平:一是代际负担转移的垂直不公平,即公债利益由当代国民享有而负担却由后代国民承受;二是基于建设公债的水平不公平,如建设公债用于地区性建设并主要由地区居民受益时,由全体国民的租税收入承受有违公平基本法理。另一方面,公债的肯定论则从两个方面回应:其一,针对世代间的不公平,法律上一般禁止赤字公债,而将公债限于建设公债,这样可以减缓或消除后代的负担而使其享受建设投资的受益。其二,对于当代的不公平,可以将公债的发行、购买、利息免税的项目予以修正,尽量符合公平原则。③

对公债法从宏观和微观两个层面进行考察后,可以财政法的基本原则为起点,将公债法的基本原则归纳为四个方面:其一,公债平等保护原则;其二,公债债权人保护原则;其三,公债议会议决原则;其四,公债财政健全原则。具体而言,公债平等保护原则是从宪法上基本人权中的平等权出发,基

---

① 参见葛克昌:《租税国及其宪法课题》,载葛克昌:《国家学与国家法——社会国、租税国与法治国理念》,台湾月旦出版社股份有限公司1996年版,第93—114页。
② 参见蔡茂寅:《论公债的宪法课题》,载《现代国家与宪法》,台湾月旦出版社股份有限公司1997年版,第1410—1414页。
③ 同上书,第1414—1418页;廖钦福:《宪法公债概念及基本原则之研究》,台湾中原大学财经法律研究所1999年硕士论文,第148—150页。

于公债负担论与平等保护、公债原则论与平等保护两方面,来讨论全体国民在宪法平等权保障下的公债问题。公债债权人保护原则有别于前述全体国民之平等保护,而以个别公债购买者,自其宪法上生存权、财产权的角度出发,讨论其公债本金利息请求权的保障与程序上救济等问题。公债议会议决原则是从宪法上的民主国原则、法治国原则为起点,到财政宪法、财政法所称的"财政民主主义",自上而下贯穿整体,从而往下延伸到一般行政法上"依法行政"原则中的"法律优越"和"法律保留",公债财政健全原则则是从预算的强制平衡谈起,乃至公债财政健全所具备之原则:建设公债、公债上限、公债期限和债务基金等四方面进行展开。①

(二) 财政健全原则的展开

有学者对公债财政健全原则的意义、宪法基础、法律层面观察和实践方法进行了考察,认为基于我国台湾地区"司法院大法官释字第334号解释"所揭示,公债财政健全主义是为宪法层次上的规范,所以财政法上的财政健全主义与公债财政健全原则两者相当,并无严格区别。公债财政健全原则的宪法基础在于国家永续发展和人民的权利保障,而从自由法治国家和民主福利国家的观点探讨,可得出这样的结论:租税国危机是基于公债发行失去控制的事实。然而在迈向福利国家之际,不但财政负担出现问题,更重要的是个人自由逐渐丧失。就法律层面而言,基于台湾地区"预算法"修正前后的考察,可以发现立法中财政健全要求的凸显和加强。就财政健全主义的实践方法而言,基于财政健全成为财政营运的重要基本原则,必然要求立法与实践以财政平衡为目标,并达到零公债或零负债的状态,此为其第一选择。但此情况在现实上恐难以实现,因为公债已成为不可逃避的宿命,而只有在此情况下建立严格的规范方才是达成财政健全原则的第二选择。②

财政健全原则可从以下五个方面展开:其一是强制平衡预算。此制度以美国法最值得参考,美国"平衡预算"宪法修正案和"择项否决权"的提出对于赤字财政的控制有重要意义。其二是建设公债原则。现代各国均舍弃赤字财政的提法和政策,而采建设公债作为举债的基本内容,以将所借资金

---

① 参见廖钦福:《宪法公债概念及基本原则之研究》,台湾中原大学财经法律研究所1999年硕士论文,第145—256页。
② 参见廖钦福:《论公债财政健全主义原则之基础理论及其实践之手段》,载廖钦福:《驯服于宪法秩序下的财政国家》,台湾翰芦图书出版公司2003年版,第43—57页。另也有学者对财政健全主义之额度上限和偿债基金的设置进行了宪法意义上的探讨,参见蔡茂寅:《论公债的宪法课题》,载《现代国家与宪法》,台湾月旦出版社股份有限公司1997年版,第1424—1431页。

用于建设而使将来还债的资本得以回收。其三是公债上限法定原则。不过，若以公债的狭义广义为基础，考察各国各地区的相关法律规定和现实举债状况的反差，可知此项原则在适用上依然不可乐观。其四是公债期限限制原则。基于政党政治的届期化、代际间的不平等、公债的隐蔽性格以及利息累积效应的考量，法律应对公债特别是长期公债，在期限上予以严格和明确的限制。其五是债务基金设置原则。债务基金是指依法定或约定的条件，筹措财源以供偿还债务本息的专门款项。基于提高政府信用、对现行公债体制的改进以及基金的国库调节功能，应当考虑进一步加强债务基金的设置和管理，将债务基金作为强制性规定，以有效缩小公共债务的规模。①财政健全主义的要点在于公债发行不能影响预算平衡，这也是预算法治的基本原则。财政健全主义是一种财政收入行为运行上的指导方针，至于如何在法律制度上和财政安排进行设计，尚待进一步探讨和研究。

国家政权建立及运作均需建立在安定的财源支持下，而其财政上的前提条件，即在于财政的健全性。财政健全主义又称"非募债主义"②，是指国家的岁出不应以公债、赊借等收入支应，这应是公债法的重要设计点和考量面。就具体的下位原则而言，强制平衡预算和建设公债的原则虽然立意甚好，但是实际效果并不尽然。对于公债上限法定原则而言，上限宜以综合考量而以法律规定，但在实质上，却是行政部门与立法部门间经由冲突而妥协的产物。同时，就公债期限原则和债务基金的设置原则而言，政府往往基于国民经济快速发展的目的，而阻碍和延迟此两项原则的法制化和现实化。尽管如此，这些思路和原则的提出，毕竟是一种合乎健全财政主义要求的理论进步，依然值得肯定。

（三）经济周期的公债规制

在财经理论上，公债发行一方面作为弥补财政赤字和供应公共建设的有效途径，起着公债行为的基本功能；另一方面，公债发行也是国家财政政策的积极实现方式，对熨平经济周期和实施宏观调控也具有相当重要的意义。在法学理论上，公债发行对基本权主体（公债的最终负担者）、行政及立法权分际、中央与地方权限划分等均产生影响，而使其在宪法上处于不安定

---

① 参见廖钦福：《论公债财政健全主义原则之基础理论及其实践之手段》，载廖钦福：《驯服于宪法秩序下的财政国家》，台湾翰芦图书出版公司2003年版，第57—77页。

② 参见廖钦福：《公债财政健全原则之研究》，载刘剑文主编：《财税法论丛》（第2卷），法律出版社2003年版，第354页。

的地位。此时,租税国危机将步向立法危机。立法机关对公债问题所为的立法决策,应受立法机关本身在宪法上地位的限制,并受宪法基本理念之限制。公债发行在宪法上的限制可分两个层面探讨。

第一个层面即财政经济正常时期,有以下五点限制:其一是景气性与结构性赤字。各国均排除赤字财政,但这应当基于该公债是景气性还是结构性的判断。其二是隔代分配问题。具体而言又分为"是否可能"和"如何评价"两个子目,虽然众说纷纭,但公债应用于投资的观念却是不争之事实。其三是限时权力的民主原理限制。依据德国学者 Püttner 所提出的限时权力理论,政党政治的一个重要点就是只为本届任期进行政策选择,而不考虑未来届期的国民负担。此种做法是违背宪法基本理念的。其四是整体经济平衡发展的限制。也即公债发行应当考虑整体的经济状况,以免造成地区受益不公平以及国民负担与受益比例失衡。其五是其他宪法上的适当限制,即其他宪法原则对公债发行的理念上约束。①

对于第二个层面即财政经济非常时期,宪法应以例外的状况予以处理。具体而言,有以下内容:其一,公债发行应同时公布投资总额等附带条款,并例外允许不受此限的情形。由于经济周期的客观存在性,如要实现反周期的法律调控,必然会对公债发行的一般约束进行突破。其二,公债发行限于投资性特点及其上限,惟紧急处分时不在此限。建设性公债原则是公债行为的基本拘束原则,但在经济紧急状态下,国家正常秩序可能都难以维持,此时赤字性公债亦是可以暂时考量的。② 其三,公债发行的要件及其程序要件,此时不受限制。对公债发行进行程序上的约束,主要目的在于对公民基本权的保障,财政经济非常时期下,如若财政系统不能有效运行,公民权利保障更是无法谈起。其四,需要时,可以发行强制性公债。公债发行一般以公民自愿为原则,但在紧急时期,暂时性地约束公民的若干自由也是有其合理性和正当性的。③

区分不同经济情况而对公债体现不同的取向是必要的。在社会经济生态日益复杂化和周期化的今天,单一和机械的公债法制思想已经不合时宜,而应当被全面和灵活的公债法制理念所取代。当然,这首先应当建立在公

---

① 参见葛克昌:《租税国及其宪法课题》,载葛克昌:《国家学与国家法——社会国、租税国与法治国理念》,台湾月旦出版社股份有限公司1996年版,第127—135页。
② 关于财政赤字与公债法之关系,参见黄世鑫:《筑堤与疏浚——论公共债务法与财政赤字》,载《月旦法学杂志》第67期,第146—154页。
③ 参见江必新:《紧急状态与行政法治》,载《法学研究》2004年第2期。

债法的基本原则框架内。公债的发行在宪法上的限制与例外,一方面是从抽象的原则立场来约束政府滥用公债工具而侵害公民之基本权的行为,另一方面也对公债法的具体制度设计和实际执行提供总括的指引和思路。具体而言,一是使得立法机关在制定相关立法时有基本的判断依据,二是使得行政机关在政策决定与执行时有可遵循的考量标准,或曰也可使得司法机关有据以裁决判定的参考原则。总之,对公债的发行在宪法上予以特别规定,是基于公债对国家永续经营和公民基本权保护的双重立场,而在价值取向上博弈互动的结果。

## 本 篇 小 结

在财政学意义上,财政收入行为一般是指政府为实现其公共职能,依据其行政和经济权力采取各种形式筹集、占有一切资金的活动。在这种理解上,财政收入行为只具有常识意义上的经济学内涵,是从财政运作和资金处理的角度来度量的。而在法学意义上,政府收入行为作为财政收入法基本概念的提炼,则有其丰富的法学内涵和独特的法律特征,有其专门的构成要件和特定的法律效力。在此基础上,财政收入行为作为一个法学范畴,更多地体现了现代社会法律所包含的基本价值。

通常情况下,财政法的调整对象既可以表述为一种财政行为,也可以表述为一种财政制度,还可以表述为一种财政关系。财政行为着眼于财政主体的动态过程,财政制度着眼于财政运转的外在环境,财政关系则着眼于财政现象的内在联系。① 从财政行为理论的角度分析财政法基本问题,在实然法层面上具有两个方面的价值。其一,整合价值。财政行为理论作为财政法学研究的基本范畴,是联结国家财政权、公民基本权和社会经济永续发展这三个财政法基本要素的逻辑纽带,是政府公权力约束与限制以及市场私权利维护与张扬的互动桥梁,是财政学研究的制度分析路径向法学的利益衡平维度转化的理论交集。其二,规范价值。当前我国的财政法学研究还相当薄弱,仅仅是财政法基本范畴的研究甚至都未得以全面展开。在此种情况下,对作为财政法理论基本构成的行为理论进行研究,一方面是顺应了现代法学研究从结构重心向行为重心转变的发展趋势,另一方面也是对财政行为的界定和评价进行了理论上和制度上的统一和规范,并使之对财政

---

① 参见刘剑文主编:《财税法学》,高等教育出版社 2004 年版,第 15 页。

运行和财政活动本身具有指导和规范意义。

目前财政收入的研究主要集中于经济学和财政学的范围内,并同时将税费问题作为政府收入研究的重点。税费问题是 1998 以来我国学界研究的热点问题,经济学偏重于研究税收、费用和价格的关系问题,财政学偏重于研究基于公共产品论的税收和费用的关系问题。而随着"费改税"成为学界和政府的普遍共识,并在实践中积极推行,目前此类研究变得较为冷寂。但是,政府获得财政收入往往是以非对价的方式(如税收等),这无疑是以公民财产权的部分丧失作为前提的,所以法学作为权利保障之学理应关注。在法实践意义上,财政收入行为理论则具有三大价值。一是法定价值,即所有财政运作和财政活动均应获得法律授权和许可,国家依法行使财政权;二是程序价值,即财政收支和财政管理均应遵循事先决定的程序来进行,政府财政机关不得自行更改;三是永续价值,即法律约束财政行为的重要价值取向也在于建立面向经济发展的永续财政,并借此实现公民权益和社会福祉的最大化。① 概括言之,财政收入行为法学概念的提炼与规则体系的重构,以及对财政收入行为的调控原则与法律规制的探讨和研究,使得财政收入行为进入制度化的框架,有利于依法行政和财政法治建设。

本篇写作得出的结论或曰体会有三点:一是尽管财政收入行为不似传统的民事行为和行政行为那样具有浓厚的法学积淀,甚至可以说只是类似一种简单归纳式的综合性行为集合,但这并不影响对这种财政法上之行为作出初步的理论探索;二是尽管财政收入行为的研究价值如前述有了法理论和法实践两个层面上的乐观表述,但是这种乐观表述本身却与理论上的科学性和合理性没有任何必然的关系,也即这种行为理论本身就面临研究范式合法性的质疑;三是尽管本书对财政收入行为进行了调控原则和法律规制两个面相上的探讨,但考虑到我国财政法制的时代局限以及现行财政法理论的基础缺失,实际上这种探讨也必然地陷于了一个空中楼阁似的学术幻象之中。因此,本篇也只可能是立基于初步的和观念意义上的简单阐明。

---

① 参见蔡茂寅:《迈向永续发展的国家财政》,台湾地区"行政院国家科学委员会"专题研究计划成果报告,1999 年 10 月 30 日。

# 第三篇  论财政支出法定原则

## 引　言

在财政税收法领域,长期以来,法学界的研究视角集中在税法(财政收入)领域,对于财政支出①法律的研究并不多。而这为数不多的对财政支出法律的关注,又多集中于预算法等具体的法律制度,容易陷入纯技术层面的分析。从法律的角度分析,财政收入与财政支出很难说孰轻孰重,当前这种厚此薄彼的研究态势,有必要予以改变。近几年法律学者逐渐加大了对财政支出法律的研究力度,传统的税法学者也将研究重点逐渐转向相对薄弱的财政支出法领域。

财政支出涉及人民的重大财产利益,其重要性不言而喻。有学者认为,世界各国,无论其采用什么样的政权形式,国家政权机关都必须进行某种形式的收入和支出活动。国家政权机关的形式越是精巧,它进行收支活动所形成的社会关系及财政关系就越是复杂,从而用法律手段来规范这些关系就显得更为必要。国家政权机关内部的不同部门之间,国家政权机关自身的利益和社会的整体利益之间,都有相互冲突和矛盾之处。正是国家政权机关的内部及其与社会整体利益之间的这种对立统一的矛盾运动,从根本上决定了对财政关系进行法律调整的必要性。② 依据古典学派的观点,税收在本质上是政府和人民之间的利益交换关系,政府向人民提供人身、财产安全保障,为人民创造良好的生产、经营的外部条件,人民向政府纳税则是享受上述利益的代价。所以政府和人民是平等的关系,政府拥有的权力由人民授予,人民希望政府能够依法和合理地行使被授予的权力,为人民增进福

---

①　财政支出是政府为履行其经济职能,对其从私人部门集中起来的,以货币形式表示的经济资源的支配和运用。在财政预算上,支出是指政府可以支配的总钱数。通常在不引起歧义的情况下,财政支出与政府开支两个概念可以相互代用。财政支出的规模、结构及其变动主要取决于经济社会对公共产品的需求状况。参见张志超编著:《现代财政学原理》,南开大学出版社1999年版,第69页。

②　王源扩:《财政法基本理论问题研究回顾与探析》,载《江西财经大学学报》2004年第2期,第70页。

利。但是,鉴于权力易被滥用的特性、政府部门及其官员自利的偏好等原因,结果并不像人们想象的那样,事实上,政府并没有很好地履行人民代理人的角色,相反,政府侵害人民利益的现象屡屡发生。与手中握权力的政府相比,人民处于弱势地位。在财政税收领域,纳税人处于相对弱势的地位,纳税人的权利常遭侵犯或被忽视。于是,纳税人权利的保护受到财税法学者更多的关注。

但遗憾的是,学者对纳税人权利的研究多建立在"国家分配论"①的基础上,即基本的研究思路为:国家征税是合理的;国家征哪些税,征收多少,需要经过人民同意;国家征税过程中不能过于"暴力",需要依据正当程序,改善征税机关的服务,等等。于是,学者讨论纳税人权利时,往往将纳税人权利的内涵缩小化了,一般局限于税收征纳领域。很多学者随着我国《税收征管法》对纳税人权利规定的变更和进展,探讨纳税人权利的内容和体系,并依此评价《税收征管法》的优劣。我国《税收征收管理法》经过几次修订,确实将以前未经确认的纳税人权利在法律条文中予以明确,应该说是一大进步。② 但是,学者对纳税人权利的认识不应受实践法律部门的局限,《税收征管法》中的纳税人权利,仅包含了纳税人权利的一部分,在税收征纳后,纳税人仍然拥有广泛的权利。

我国有着根深蒂固的人治传统,实现从人治到法治的转变对经济与社会的发展意义重大,政府行为的法治化尤其如此。在财政支出领域,政府行为法治化的一个标志就是预算法治化。我国早在 1994 年就颁布了《预算法》,随后颁布了实施条例,并随着经济的发展对《预算法》进行了修改,《预算法》的施行取得了不错的效果。但是《预算法》仍然存在一些问题,《预算法》的执行效果有不尽如人意之处,比如预算编制粗糙、预算审批程序缺乏科学性、预算监督乏力、大量预算外资金游离于法律规制之外,等等。我国目前关于财政支出方面的法律本来就少,而《预算法》又是财政支出法律体系中一部至关重要的法律,《预算法》的这种效力弱化,使得对财政支出的法律规制变得更加迫切。

---

① 国家分配论认为,财政是人类社会各个不同社会形态的国家为实现其职能,并以国家为主体无偿地参与一部分社会产品或国民收入的分配活动。参见刘剑文主编:《财政税收法》,法律出版社 2003 年第 3 版,第 1 页。

② 2001 年修订的《中华人民共和国税收征收管理法》在第一章第 8 条规定纳税人权利包括以下几项:(1) 知情权;(2) 请求保密权;(3) 申请减免税和退税权;(4) 陈述、申辩权;(5) 申请行政复议权;(6) 提起行政诉讼权;(7) 请求赔偿权;(8) 控告检举权。

第三篇 论财政支出法定原则

税收法定主义、"无代表则无课税"是税法学界耳熟能详的词语。众多学者从西方各国的资产阶级革命的发展史求证税收法定主义的起源和发展,税收法定主义为学者所广泛关注。学者通常认为,税收是国家为获取财政收入而自私人经济主体受让部分财产私人财产由此转化为国家所有的财政资金,是私人财产权所附加的社会义务。为了使人民的财产权免遭非法侵害,就必须要求税收的核课与征收有法律依据调整税收关系的税法因此被视为侵权性法律规范而备受重视。关于税收法定主义的研究著述颇多[①],而财政收入的支配和使用是不是要"法定化",却被大多学者所忽略。没有法律依据,就不能随意课征税收;同样道理,没有法律依据,就不能随意使用很大程度上由税收收入所构成的财政资金。

近几年我国财政收入大幅度增加,但是收支矛盾仍然十分突出,其中一个重要原因就是对财政支出行为的依然缺乏规范化的管理,一些管理手段和方式依然沿袭计划经济时期的传统做法,管理松弛、监督乏力、财政资金浪费严重,影响了财政资金的使用效益。法治社会中,法律是最好的管理"武器"。财政支出涉及国民财产的分配使用,如果不从法律上进行系统的规制,将会导致财政支出行为的随意与失范,国民权利受到侵害,因此有必要对财政支出行为的法律规制进行分析和研究。无论是从纳税人权利保护的角度,还是从限制政府权力的角度,财政支出的法定、民主、透明等都是财政支出法律制度的重要指导原则。

## 第一节 财政支出法定原则的理论基础

财政支出为什么需要"法定"?财政支出涉及财政资金(主要来源于纳税人财产的让渡)的支配和使用,与国民利益关系重大。财政支出过程需要政府部门参与,预算的编制、执行等包含了诸多权力性特征,政府权力渗透到财政资金的合理配置、使用规模以及使用方式等领域中。等等。权力一旦缺乏法律规制,就有可能被滥用,后果严重。限制政府财政资金使用权与保护纳税人权利,是财政支出"法定"的原因和意义所在。

---

① 参见刘剑文主编:《财政税收法》,法律出版社2003年第3版,第183页;张守文:《论税收法定主义》,载《法学研究》1996年第6期,第58页;饶方:《论税收法定主义原则》,载《税法研究》1999年第1期,第17页;〔日〕金子宏:《日本税法原理》,刘多田等译,中国财政经济出版社1989年版,第48页。

### 一、财政支出的侵益性和权力性特征

传统观点认为,税收是将纳税人的"私产"征为公用,具有明显的侵益性,而财政支出是为了增进人民福利,具"授益性"的品格。这也是财政支出行为的法律规制不受法学界重视的理由之一。其实不然,财政支出行为在现代社会已经体现出明显的侵益性特点,其权力性特征也随着经济与社会的发展日益彰显。

财政职能与政府职能密切相关。在社会历史发展进程中,政府职能的变化与财政职能的转化相辅相成。亚当·斯密时期,国家采取自由放任政策,政府充当"守夜人"角色,不轻易干预市场运行,政府和财政职能限定在较小的领域,主要是维持社会生活所必需的安定秩序。随着经济的发展,各种社会矛盾逐渐加剧,垄断、通货膨胀等影响了经济的正常运行,凯恩斯主义开始盛行,国家这只"看得见的手"开始干预经济运行,政府和财政职能也随之扩大。进入现代社会,不管理论界如何在"应然"领域讨论限制政府的职能范围,政府职能事实上已经大幅度扩张。这主要是因为经济的发展和社会的进步,致使各种利益冲突更加复杂,社会矛盾更加多样化,市场不能自行解决的矛盾亦随之相应增加。基于社会压力,政府将承担更多的职责。政府职能的扩大,客观上要求财政资金供给增加,于是财政支出日益膨胀。财政支出所需资金主要来源于税收,财政支出的膨胀对税收的增长施加压力。如果不考虑税收增长的经济发展因素,因财政支出膨胀而带来的税收增加,显然属于对纳税人利益的追加侵害。财政职能扩大——财政支出膨胀——税收增加——纳税人需让渡更多的财产,由此推导出财政支出的侵益性特征。

随着经济和社会的发展,财政资金规模日益庞大,每年的财政支出数额巨大,这么庞大的资金流向生产消费领域,对经济和社会都会造成很大的冲击,可以说"牵一发而动全身",财政资金的流向会对原有的秩序和利益格局产生重大的影响。总体上说,每年的财政资金是有限的,不同的领域对释缺性的财政资金的取得便存在很大程度的竞争关系,例如,投入经济建设领域的资金多了,其他领域的投入就会相对减少,社会保障资金可能会投入不足。虽然理论上财政资金都是用于提供公共产品,最终的获益主体仍为社会公众。但是在财政资金投入具体的生产消费领域后,会转化为特定的"产品"或利益分配,于是财政资金如何分配就会影响到不同主体的利益格局。

理论上财政支出属于"议会保留"事项,财政资金的使用必须由人民通

过议会①同意。但是实践中,政府的权力渗透于财政支出的各个阶段和领域,政府和人民或"议会"在财政支出上形成了一种事实上的利益博弈关系。由于政府部门垄断公共物品的提供,鉴于政府职能的多样性和具体行为的技术性,政府占有极大的信息优势,民众很难完全知晓相关信息,政府和民众之间处于信息不对称地位。所以,即便表面上预算经过议会审批后,财政支出获得了合法性依据,但是由于民众的信息弱势地位,对预算的具体情况并不完全理解,此种情形下的审批或同意就失去了真正的意义,造成一种议会对财政支出的控制实际上"有名无实"。我国预算编制的粗糙和模糊,使人民代表大会对预算的审批很大程度上仅仅具有形式意义。

即便预算编制实现具体和科学,政府充分披露了相关信息,也不能完全保证议会对预算的真正控制。预算审批过程同样存在着不确定性。首先,议会成员的构成是否具有足够的"代表性",这不无疑问,由于体制上的原因,这种代表的普遍性和典型性仍有待考量;其次,议会成员在行使代表职责时,能否真正代表民众的利益,尤其在自身利益与民众利益相冲突时,同样值得关注。再次,所有的投票机制,都或多或少会产生投票人怠于行使权利的可能,公司法上会有股东的理性的冷漠,在议会议事机制上同样会出现议会成员怠于行使权利的情形。在议会有意无意的放松预算审批权的同时,凭借手中的财政执行权的政府便有可能将其权力扩张至预算审批领域,在预算审批中成为真正具有主导地位的主体。

在预算执行阶段,政府的权力同样会无孔不入。政府部门对经过审批的财政支出项目随意进行修改,调整支出项目,增加支出金额,甚至挪用和侵占财政资金。监督机制的不科学和监督效力的弱化,造成预算"刚性"不强,议会在预算审批阶段的努力可能化为泡影,财政支出最终还是政府说了算。也许法律上认定这种行为违法,但是由于法律执行不严,以及责任制度缺失,很难追究违法者的责任,法律的惩戒功能和警示功能弱化。

我国人民代表大会虽然每年都要审查和批准预算,形式上拥有财政支出决定权,但是由于预算编制极为粗糙,预算审批程序缺乏科学性,预算监督缺乏外部的法律途径,加之大量存在的预算外资金游离于法律规制之外,政府权力实际上已经主导了部分财政支出。

---

① 由于税法学界在论述税收法定等问题上习惯运用"议会控制"或"议会保留"等理论,本书为论述方便,除非特别界定,一般用"议会"代替人民代表大会及其常务委员会。

## 二、公共选择理论之政府私利性

依据公共选择理论①,在经济人②假设的前提下,每个选民在投票选举中为了实现其利益最大化,应当考虑其行为的成本,政治家也具有经济人的本性,他们办理公共事务时同样会考虑其个人的利益得失。政治家对个人利益的追求犹如"一只看不见的脚"践踏了公众的利益。政治家虽然由民主选举产生,但未必代表全社会的利益要求,在诸多公共决策中,政治家出于经济人的本性,必然在公益与资源的分配方面与各种利益集团和其他政治家达成一定的协议,以实现其个人利益最大化,甚至不惜牺牲选民的利益。③政府不是抽象的,而是由具有经济人本性的政治家组成的。政治家经济人本性表现之一便是追逐私利的特性,亦即利用手中的权力损公肥私,侵害人民合法权益。公共选择学派主张,国家不是神的创造物,它并没有无所不在和正确无误的天赋,国家是一种组织,在这里作出决定的人和其他人没有差别,既不更好,也不更坏;这些人一样会犯错误,国家的行动本身也要受到一些规则与约束的影响。这些规则与约束是人类创造的,它们不一定比其他任何社会组织的规则与约束更加正确无误。④

公共选择学派的杰出代表布坎南认为,政府作为政策制定者也是理性的经济人,都在追求自己的最大化利益,由于选民无力支付相对昂贵的政治信息成本,在投票上可能会理性不足,这样选出的政府往往会为代表特殊利益集团的政策制定者所操纵,由此滋生种种弊端,政府也背离了公共利益代理人的角色。⑤从布坎南的这种观点不难得出,政府在具体事务的执行中,

---

① 公共选择理论(Public Choice Theory)是美国20世纪60年代后期兴起的新自由主义经济学公共选择学派(The School of Public Choice)的学说。其主要代表人物詹姆斯·布坎南(J. Buchanan)因其对创立这一理论的贡献获1987年诺贝尔经济学奖。其他代表还有戈登·图洛克(G. Tullock)、邓肯·布莱克(D. Black)、唐斯(Downs)等人。

② "经济人"是经济学中的一个重要假设,它把人抽象为理性的、追求自身效用最大化者,公共选择理论将"经济人"的概念和分析方法引入政治领域,用研究经济的一系列方法来分析和研究政府的政策制定过程,研究在既定的社会公众的偏好和政治程序下,政府政策是怎样制定出来的,以及如何改变政治程序,以改进决策的结果。参见刘隽亭、许春淑主编:《公共财政学概论》,首都经济贸易大学出版社2004年版,第29页。

③ 参见李丽凤:《浅议财政支出》,载《新疆财经》1996年第2期,第25页。

④ 参见平新乔:《财政原理与比较财政制度》,上海三联书店、上海人民出版社1995年版,第75页。

⑤ 参见〔美〕布坎南:《自由、市场和国家》,吴良健等译,北京经济学院出版社1988年版,第28页。

不再是抽象的概念,而是用具体的部门和具体的个人组成的,在政府行为过程中,具体部门利益和个人利益可能会排挤公共利益。

在财政支出方面,政府私利的表现并不鲜见。比如,各个部门为了本部门的利益,竞相争取更多的财政资金,这种争夺很难说是出于公共利益的考虑。政府官员为了自己的政绩,好大喜功,盲目追求各种政绩工程,不把纳税人的钱当钱,花费巨大,浪费严重,对财政资金的使用效益却不大考虑。更为严重的是,有的政府官员假借公共利益的名义,将财政资金通过各种手段据为己有,各地政府官员因为贪污腐败而被追究法律责任的现象屡见报端。西方国家同样不乏这种"损公肥私"的现象,或许更为严重。在美国,国会议员们通常为其所代表的地区利益争夺联邦政府的财政资源,或是利用互投选票的办法共同分割财政资源。与此同时,各派利益集团不断加强游说国会议员和政府官员的活动,使越来越多的政府财政开支以各类补贴形式变成了商业利润或集团收入。不难发现,在一些国家,越来越多的政府财政开支被疏导到某些滥用权力的政治家所代表的利益集团手中。这些政治家们在为穷人谋取公共福利的幌子下,将相当大部分的公共福利慷慨地送给了富人。① 西方国家发达的法律制度、先进的监督体制都难以杜绝政府官员损公肥私的现象,何况我国的法律制度和监督体制处于相对羸弱的地位。这不由引发我们深思。传统上我们认为,种种政府官员违背公共利益之不良现象,都是法律制度不健全所造成的,如果我们将法律制定加以完善,使监督体制设计更周密,那么政府的腐败或其他的财政资金使用不当的行为都会可以避免。哲学上把事物内部矛盾叫内因,外部矛盾叫外因,两者是辩证统一的关系。政府"内因"往往被我们忽略,或者即使不被忽略,对政府"内因"的解决我们似乎无能为力。所以,我们在制定法律时更多地停留在理论幻想的层面,忽略了现实,没有充分考虑到政府"私利性"的特性,这样就经常出现对法律的修修补补,法律操作性不强,法律执行效果不佳。

### 三、宪政与国民权利保护

宪政理论在法学界发展多年,学者通过对西方国家宪政理论的考察和借鉴,从西方国家宪政发展的历史中总结出许多有益的经验,相继提出我国的宪政构想。有的学者认为,宪政是指由社会多数人制定的或被多数人承认的宪法性法律确定公共权力的组织、相互关系、职责权限、活动规则以及

---

① 参见张志超编著:《现代财政学原理》,南开大学出版社1999年版,第96页。

保护公民权利的政治体制。宪政是法治社会的重要组成部分。① 还有的学者另辟蹊径,从宪政的英文词义推导出宪政的大致涵义。宪政这个词源于西方,在西方国家一般称为 constitution government,从字面理解就是指以宪法为依据的民主形式,就其实质而言是体现"有限政府"的制度或理想。在政府与公民的相互关系中,政府权力受到法律或社会规范的约束,以实现人权的基本价值。宪政的要素包括制宪、民主、法治与人权。制宪是宪政的基本前提;法治是宪政发展的必然结果,宪政是法治发展的前提和基础,而法治的精髓在于维护人的尊严、限制公共权力;人权保障是宪政的核心价值与最终目标。② 关于宪政理论的观点也许众说纷纭,但至少有两点是肯定的,那就是宪政代表了对政府权力的限制和对国民权利的保护。法律具有普遍的约束力和权威性,宪法具有最高的法律权威。现代社会越发强调法治,要求社会生活的基本方面和主要的社会关系都纳入法律规范的调整范围,将公民基本权利纳入宪法保护的框架。

实现宪政的关键在于将政府权力置于法律的约束下,监督权力的运行状况,设定权力运行边界,以降低权力运行的无序化、随意性和权力侵权可能性。通过宪法的最高权威为政府权力设定基本规则,为权力的行使提供合法性基础。法国思想家孟德斯鸠曾说:"一切有权力的人都容易滥用权力,这是万古不变的一条经验。"③ 又有学者认为,只要存在公共权力,只要公共权力仍然由人来行使,这个权力就必须有明确的界限。宪法的哲学假设是"人性恶",人只有在受到有效监督的时候才不会作恶,因此,对政府的授权必须是有限的,应当将政府的权力控制在一定的范围内。凡拥有权力的人总倾向于充分发挥权力作用,因此才需要法治,需要以权力制约权力。④ 这种以权力制约权力的必要性也为现代宪政发展史所证明。人民是权力的所有者,通过制定宪法,把政府行使的权力明确列出,给权力运行划定明确的界限。政府权力一旦失去监督,会变得很危险。政府权力必须要受到监督和制约,不允许存在不受约束的政府权力。当政府滥用权力的时候,需要有一个法律机制能够及时发现并加以纠正。

在宪政制度下,政府的财政行为交由纳税人监督和控制,让政府的行为

---

① 参见周光辉:《论宪政的基本精神及其思想蕴涵》,载《社会科学战线》1994 年第 6 期,第 126 页。
② 参见胡锦光、韩大元:《中国宪法》,法律出版社 2004 年版,第 36—38 页。
③ 〔法〕孟德斯鸠:《论法的精神》(上册),张雁深译,商务印书馆 1982 年版,第 154 页。
④ 参见高鸿钧等:《法治:理念与制度》,中国政法大学出版社 2002 年版,第 532 页。

在纳税人期望的范围内行使。通过宪法条文,明确纳税人对财政支出拥有决定权,财政支出的目的必须符合公共利益,依据该目的,将支出范围限制在特定的市场失灵领域,亦即借由财政去限制政府的职能范围。纳税人通过议会行使自己的权力,通过议会对财政支出计划进行审批、提出质疑、并加以修改和评价。财政支出的侵益性和权力性特征,要求议会谨慎行事,充分了解预算编制中的各个项目、计划,以明确每笔开支的合法性和合理性,以最小的成本为人民谋取最大的福利。宪政体现了"有限政府"的精神,对政府的权力持怀疑态度,通过法律制度的设计控制和监督政府财政行为,减少政府财政行为的自由裁量空间。

宪政制度限制政府权力本身不是目的,其真正目的在于保护国民权利。宪政发展史也是国民权利保护史。宪政要以宪法为基础,而且该宪法是进步的,是以保护人民利益为宗旨的最高法律权威。古希腊亚里士多德曾言,法治意在人们遵从法律,而有效的法律应是良法。① 宪法是人权保护最有力的武器。美国《独立宣言》宣称:"人生而平等,造物主赋予人某些不可剥夺的权利。"国民的自由、平等、财产权等由宪法予以确认,国民权利的保护有了更为坚实的法律基础。在实行宪政制度的法治发达国家,一般都有保护国民权利的宪法,而且宪法司法化制度保证了宪法的真正效力,使其避免成为披着绚丽外衣的一纸空文。

财政支出也影响着国民基本财产权利,有学者认为,在财政资源有限的情况下,对特定主体的授益,其实就是对其他主体的侵害。② 如果没有良好的监督体制,政府可能会利用手中的权力随意支配财政资金,将财政资金用于不恰当、不合理之处,某一特定的主体或国民全体利益就会受到侵害。宪政制度应当能够保护国民的这种权利不受非法侵害。

有的学者从宪政角度论述了财权,提出通过宪法和法律保护国民财产权的重要性。该学者认为财政直接涉及到公权力的行使,以及国民基本权利的保护,这本身就是一个宪法问题。宪法的实质是分权,在国家与国民之间,在国家机关相互之间进行分权。其中,财权(占有或分配社会财富的权利或权力),是分权的重要对象。在广义的财权体系中,基于提供公共物品的需要,国家享有财政权,而国民则享有基本的财产权。为了有效地保护国家的财政权和国民的财产权,就必须实行"法定原则",并应当在宪法上对其

---

① 〔古希腊〕亚里士多德:《政治学》,吴寿彭译,商务印书馆1981年版,第199页。
② 参见熊伟:《财政法基本原则论纲》,载《中国法学》2004年第4期,第100页。

作出明确界定,这是实行宪政的基础。与此同时,还应当在相关法律中对财政权和财产权做出具体的保护性的规定,以有效平衡和协调国家的财政权与国民的财产权的冲突。①

**四、税收法定主义的延伸与纳税人权利体系的重构**

过去,学者更关注"税收法定",纷纷提出"税收法定主义"②,税收作为国家公权力对国民私权利的侵占,权力危害性表现明显。国家是否应该征税,征哪些税收,征收数量多寡,更直接地表现出对纳税人财产权利的侵夺。对这种侵权如何进行限制,以更好保护国民权利,学者产生了浓厚的研究兴趣。学者们从1215年的英国《大宪章》找到了灵感,"税收法定"及相关理论取得重大进展。可以说,随着经济与社会的发展,"税收法定"已经得到各国的认可和遵循,国家必须依照法律确定的原则、规则、程序和方法征收各项税收,已是不容置疑。

但是传统的税收法定理论的构建有一个不足,他们认为使用纳税人交纳的税收是税法学研究领域以外的问题,人为地将税款的征收与使用割裂开来,于是对税收法定的理解仅局限于"税"。这与我国理论研究的传统弊端有关,即过于强调学科的独立性,将理论体系划分得支离破碎,形成各自的理论圈子,不轻易越过边界,束缚了研究视角。有的学者认为,用狭义的税收概念构造起来的税法学理论,无论形式多完美,都无法对那些运用纳税人交纳的税款来侵害或破坏纳税人和国民的生活和人权的行为,起到任何实质意义上的遏制。③北野弘久认为,在权利义务相统一的现代法制精神下,公民依法承担纳税义务是以享受宪法规定的各项权利为前提的,因此单

---

① 参见张守文:《财政危机中的宪政问题》,载《法学》2003年第9期,第39页。

② 陈清秀认为,有关租税的核课与征收,均必须有法律的根据。亦即国家非根据法律不得核课征收税捐,亦不得要求国民缴纳税捐,而且仅于具体的经济生活事件及行为,可以被涵摄于法律的抽象构成要件的前提之下时,国家的税捐债权始可成立。参见陈清秀:《税法总论》(第2版),翰芦图书出版有限公司2001年版,第38页。北野弘久认为,依传统观点,租税法律主义包含两个方面内容,其一是租税要件法定主义原则,有关课税团体、纳税义务者、课税物品、课税标准、课税物品的归属、税率等租税要件,尤其是纳付、征收程序等应尽可能在国会制定的法律中作明确、详细的规定。其二是税务合法性原则,课税厅必须严格依照租税法律的规定进行税的征收与赋课,不能根据恣意的判断来解释和适用税法。参见[日]北野弘久:《税法学原论》(第四版),陈刚、杨建广等译,中国检察出版社2001年版,第64页。金子宏认为,税收法律主义包含课税要素法定主义、课税要素明确主义、合法性原则和程序保障原则。参见[日]金子宏:《日本税法原理》,刘多田、杨建津、郑林根译,胡志新、刘多田校,中国财政经济出版社1989年版,第51—55页。

③ 参见单飞跃、王霞:《纳税人税权研究》,载《中国法学》2004年第4期,第98页。

第三篇 论财政支出法定原则

从税收或纳税义务的角度构造现行宪法的税的概念,无论其理论有多么精辟,它都是片面的,都无法体现税收在法律上尤其是宪法上的完整性、实质性含义。完整的法律上的税的概念应是税的纳付与使用的统一,即它是从纳税者权利与义务相统一的角度构造的概念。税法不应仅指"征税之法",而应是调整税的纳付与使用相统一的税收法律关系的法律。① 税收法定原则涵义有必要予以拓展,不再局限于税的征收,税收的使用同样需要"法定",税收的使用——财政支出法定应是税收法定原则的应有之义。北野弘久认为,传统的日本法律学领域以区别、割裂租税的征收与使用的方式支配着自己的理论,认为租税的用途问题不是税法的问题,而是岁出预算的问题;今后的租税法律主义理论必须要以广义的租税概念(租税的征收与使用相统一的概念)为前提,并依此确立纳税人在租税的征收与使用方面享有固有的基本权。② 所以,传统的税法理论有必要打破体系束缚的障碍,将税的使用与征收看成一个整体,这样更能保证理论体系的完整性和逻辑性,由此,税收法定主义自然涵盖财政支出法定之义。

缴纳税收是纳税人财产权的让渡,由此形成国家提供公共产品所需的财政资金。税收征纳方面纳税人权利的维护,对纳税人权利的保护不是一个终结。哪怕征税过程中对纳税人权利的保护做到尽善尽美,如果税的使用随意、失范,违背了公共利益,纳税人权利同样遭到了侵害,在某种程度上说,这种侵害更为严重。因为税的征收仅仅是纳税人财产权利的暂时转移,由纳税人的私人财产转为公共财产。而财政资金的使用则属于财产利益的处置,直接关系到利益的分配。这种分配如果没有征得纳税人的同意,或者扭曲了纳税人的本意,显然属于一种严重的侵权。所以,如何用"税",对纳税人权利的保护绝不是无足轻重的。合法征税——合法用税应是一个完整的纳税人权利保护的过程,不能人为加以割裂。有学者认为,政府与纳税人之间存在一种公平的交易关系,纳税人纳税,政府提供公共产品和服务。政府如何在公共部门有效地配置资源,以及如何以最小的成本提供公共产品,必然直接涉及纳税人享受公共产品的数量与质量,以及纳税人的付费量。在公共产品由政府垄断供给的情况下,政府的非市场活动本身存在着不可避免的缺陷,往往导致低效率或无效率。政府部门拥有普通纳税人所不具

---

① 参见〔日〕北野弘久:《税法学原论》(第四版),陈刚、杨建广等译,中国检察出版社 2001 年版,第 29 页。
② 同上书,第 79 页。

有的信息资源、组织资源,如果它得不到来自纳税人方面的有效制约,其利益就可能膨胀并凌驾于纳税人权利之上,交易就容易变得不公平,纳税人的权利将会受到侵害。① 经济学上的交易学说为政府和纳税人之间关系提供了一种新的解说方式,基于交易公平的保护,政府不能在提供公共产品时侵害纳税人权利。

财政资金主要来源于税收,纳税人作为财政资金的提供者,纳税人是"所有权人"。如果将整个国家比作公司,纳税人是投资者、股东,政府是纳税人选出的管理者,代表"股东"管理国家公共事务。由于纳税人数量极多并极为分散,类似公司法上的小股东,纳税人很难直接形成对管理者的有效监督和控制,而纳税人"选出"的"股东代表"——人民代表大会,又由于各种原因,仅仅在有限的程度上对管理者——政府进行监督。由此,就像公司法上小股东的权益常受侵犯一样,纳税人的权益也很容易受到政府行为的侵害。

日本学者北野弘久认为,纳税人基本权利,是保障纳税人在宪法规定的规范原则下征收与使用租税的实定宪法上的权利。从纳税人的角度分析,是纳税人"要求按符合宪法的规定征收与使用租税的权利"②。传统理论上的纳税人权利多局限于税收征纳领域。毋庸置疑,对纳税人在税收征纳上的权利予以承认,并以法律明确加以规定,确实是法律的一大进步,也是我国建立法治社会之幸事。但是,笔者认为这种权利属于表层。纳税人让渡自己的财产,不应仅仅满足于税务机关提供"微笑服务",就像消费者支付货币购买商品一样,消费者不会仅仅看到售货员的笑脸就心满意足,他要拿到他想要的商品,这才是更重要的。同理,纳税人既然牺牲了自己的财产利益,有理由要求获得其购买的"商品"——国家提供的公共产品。这种"商品"同样需要数量充足、质量合格。为了防止出现缺斤短两、以次充好或以假充真的现象,有必要将纳税人的权利从传统的税收征纳领域延伸至财政支出领域。即纳税人权利包括税收征纳上的权利和财政支出上的权利。纳税人税收征纳上的权利学者多有论述,有的学者认为基本包括知情权、合理纳税的权利、个人隐私和秘密保护权、获得礼貌与周到服务的权利、申请复

---

① 参见庞凤喜:《论"公共财政"与纳税人权利》,载《财贸经济》1999 年第 10 期,第 22—25 页。

② 参见〔日〕北野弘久:《税法学原论》(第四版),陈刚、杨建广等译,中国检察出版社 2001 年版,第 58 页。

查和诉讼的权利、委托他人代理纳税事宜的权利等。① 纳税人在财政支出领域的权利,则鲜有学者提及。笔者以为,纳税人在财政支出领域的权利主要包括以下各项:

1. 受益权

纳税人纳税义务对应的实体权利主要是享受国家提供的公共产品。根据权利义务统一及对等原则,纳税人履行纳税义务,放弃或让渡自己的财产权利,是以享受或期待享受②国家提供的公共产品为条件的。财政支出的目的是为纳税人的公共利益服务,所有纳税人既是纳税义务的承担者,也是公共产品的享受者。纳税人的该项权利不大被学者重视,似乎认为纳税人享受公共产品是履行纳税义务后的应有之义,或者认为该项权利非税法学者的研究范围,于是怠于进行提炼。

2. 参与权

纳税人通过纳税让渡了自己的财产权利后,对财政资金使用的整个过程,纳税人应享有参与权。参与权是民主秩序的基础,也是纳税人行使其他权利的前提。只有赋予纳税人充分的参与权,才能真正保证纳税人决定、监督和评价财政资金的动向和使用效果。

3. 知情权

由于纳税人是通过自己的代理人——政府来管理国家公共事务的,对政府如何使用财政资金来提供纳税人满意的公共产品,双方处于"信息不对称"地位。政府应当将具体的资金使用计划、项目、成本收益等情况予以公开披露,让纳税人了解财政资金的使用以及所取得成效。美国曾经于1996年和1997年分别制定了《情报自由法》和《阳光下的政府法》,根据该法律,如无特别规定,政府掌握的所有文件、记录,依据申请人要求,都必须公开。知情权在我国属于极容易被忽略的权利,政府在很多事情上并没有尽到披露义务。

---

① 参见刘剑文:《税法专题研究》,北京大学出版社2002年版,第170—171页。
② 与传统的权利义务关系有所不同的是,纳税人对公共产品和服务的诉求,除了享受现有的公共产品和服务外,还有权期待享受这种公共产品和服务。法学界有一个"期待权"的概念,由于产生较为晚近,目前并没有共识,学界对"期待权"仍处于起步阶段。学者一般认为期待权发生并存续于取得特定权利的过程中,"为权利取得的必要条件的某部分虽已实现,但独未全部实现之暂时的权利状态",这种机能上独立的权利状态,"自消极意义而言,取得权利之过程尚未完成,权利迄未发生,自积极意义而言,权利之取得,虽未完成,但已进入完成之过程,当事人已有所期待"。参见王轶:《期待权初探》,载《法律科学》1996年第4期,第51—52页。

4. 决定权

这是纳税人最重要的权利之一。对财政资金使用的范围、使用的数量以及使用方式等,纳税人都有最终决定权。政府作为纳税人的代理人,其活动应限制在纳税人的授权范围内,不得随意越权。对于财政资金的支配方向、数额等涉及重大财产利益的事项,由纳税人自己通过特定的方式决定。"无代表则无税",议会对预算的审批等均体现了纳税人的决定权。纳税人行使决定权的方式一般通过"议会"进行。由于纳税人人数众多,为了更好的发挥作用,通常用纳税人选举特定人数的"代表",由他们构成议会,代替纳税人行使权利。

5. 监督权

对财政资金的使用,纳税人有权予以监督,否则政府官员有可能滥用财政资金,造成财政资金使用的低效、失效或被侵占。纳税人的监督一向为我们所强调和重视,但是监督的效果并不理想。原因之一就是传统的诟病——我们的法律制度设计更多的是事后监督,事前监督缺失;形式监督多,实质监督少;监督内容不少,监督后的责任追究相对不足,造成监督低效或失效状态。

6. 评判权

财政资金使用的效果如何,是否符合纳税人的期待利益,政府是否提供了纳税人满意的公共产品,财政资金使用过程中有没有违法乱纪现象,应由纳税人进行评判,依据特定的方式产生评判结果,并依据该结果进行相应的奖惩。议会对决算的审议正是纳税人评判权的间接行使。此种评判可以作为一种总结,对财政资金的使用效果给予全面的认定和评价,奖优罚劣,从中发现问题并予以纠正。例如,我国每年的人民代表大会,都会听取政府工作报告,纳税人可以通过该报告审议政府使用财政资金的状况以及是否存在需要改进之处。

## 第二节　财政支出法定原则的内容

从不同的角度出发,对财政支出法定原则的具体内容可能会有不同的理解。笔者以为,从财政支出运行的过程和规律看,可以将财政支出分解为以下几个部分:支出的目的、支出的用途、支出决定权的归属、监督的方式、结果控制的途径。基于此,财政支出法定原则具体内容包括支出目的法定、范围法定、决定权法定、监督法定、责任法定这五个部分。

## 一、支出目的法定——符合公共利益

何谓"公共利益",法律上并没有确定的概念。我国宪法和法律都有公共利益的提法①,但是并没有明确公共利益的具体内涵。由于法律具有普遍性的特点,不可能对每个用语都详加解释,尽管如此,对公共利益的概念一般不会产生太多的争议,即一般情况下公共利益指的是全体人民利益,涉及广大民众福祉。有时也用社会利益代替,因为传统上将利益划分为个人利益、团体利益和社会利益。

财政学界一般从政府财政的本质分析财政支出的公共利益目的属性。例如,有学者认为,政府财政的本质就是集中提供经济社会不可或缺的公共产品,以满足经济社会不断增长、变化的公共需求。这种财政本质决定了社会必须按照满足经济社会公共需求的范围来大体限定政府发挥其基本职能的合理范围。政府财政活动的主要目标在于按照公众合意的标准来提供足够的公共产品和公共服务,政府不能随意变动其财政活动内容,而只能按照不同经济发展时期公众对公共需求的内容与数量的改变来调整其财政活动内容。② 可以看出,财政学界基本认同财政支出的目的在于"公共需求"或"公共利益",但是研究角度和路径与法学界有所不同,财政学一般从经济上界定政府的职能范围,由此推导出财政支出受"公共需求"目的的限制。

法学界更偏重于从权利义务的角度剖析,论证权利的来源、归属、合法性、义务和责任划分等。但遗憾的是,法学界对财政税收本质的认识多借用经济学(财政学)的研究成果,单纯从法律角度分析者很少。日本学者金子宏在《日本税法原理》一书中提到了财政满足"公共需求"之观点,认为国家为了满足公共需求,需要数额庞大的资金,所谓税收,无非是以获取这种资金为目的,无偿地从私人手中转移给国家的财富,税收的基本职能在于满足公共需求。国家应向国民提供何种服务,在民主主义政治体制下,毋庸置疑,应是由国民自决的事宜。③ 传统的国家分配论者认为,税收是国家凭借

---

① 如我国《宪法》第 10 条规定:"国家为了公共利益的需要,可以依照法律规定对土地实行征收或者征用并给予补偿。"第 13 条规定:"国家为了公共利益的需要,可以依照法律规定对公民的私有财产实行征收或者征用并给予补偿。"《土地管理法》第 2 条规定:"国家为公共利益的需要,可以依法对集体所有的土地实行征用。"

② 参见张志超编著:《现代财政学原理》,南开大学出版社 1999 年版,第 14 页。

③ 参见[日]金子宏:《日本税法原理》,刘多田、杨建津、郑林根译,胡志新、刘多田校,中国财政经济出版社 1989 年版,第 1 页。

政治权力对社会产品进行再分配的形式,从国家需要、国家本位的角度阐述税收及其本质,认为财政收入是国家需要,财政支出是为了满足政府职能。"公需说"认为,国家的职能是满足公共需要,增进公共福利,为此需要通过征税来取得用以实现国家职能的费用。"义务说"认为,个人生活必须依赖于国家的生存,为了维持国家生存而纳税,是每个公民当然的义务。这几种观点体现了国家本位的思想,无法充分给予纳税人纳税的正当性解释,片面强调纳税人的义务或牺牲,忽略了纳税人应享有的公共产品请求权。依此逻辑,财政收入为国家需要,财政资金如何处置,由国家或政府说了算,与纳税人无关。

税收"交换说"(又称"利益说"或"代价说")认为,国家和个人是各自独立平等的实体,国民因国家的活动而得到利益,理应向国家纳税以作为报偿。"保险说"认为,国家保护了人民财产和社会公共秩序,人民因此就应向国家支付报酬,税收是国民向国家交纳的保险费。[1] 这几种观点体现了纳税人与国家平等的思想,不再单方面强调纳税人义务,认同纳税人享受应有的权利,即纳税人"因国家的活动而得益",或者"财产和公共秩序受到保护"。在现代市场经济国家,学者开始较为普遍地认为,国家课税的目的主要是基于人民对公共物品的需要。纳税人需要公共物品才纳税,由税转化成的财政资金理应投向公共物品领域,财政支出的公共利益目的即由此而来。

有学者认为,对于个人来讲,税收是政府为他所提供的商品和服务的"价格",或者"成本"[2]。这与西方社会普遍流行的社会契约[3]思想相契合,"交换说"和"公共需要论"就是以此为基础,从人民需要、个人本位的角度说明税收的本质。依据社会契约思想,纳税人与国家之间存在一种"契约",纳税人纳税与国家提供公共产品和服务是一种平等的契约关系。财政资金基于纳税人意愿用于公共利益,不过是国家遵守这份"契约"。正如前文所述,财政支出过程渗透了太多的政府权力,财政支出的侵益性和权力性特

---

[1] 参见张守文:《税法原理》(第三版),北京大学出版社2004年版,第8—9页。

[2] 参见〔美〕詹姆斯·M.布坎南:《民主财政论:财政制度和个人选择》,穆怀朋译,朱泱校,商务印书馆1993年版,第97页。

[3] 荷兰法学家和思想家格劳秀斯把国家定义为"一群自由人为享受权利和他们的共同利益而结合起来的完全的联合",提出了国家起源于契约的观念。英国思想家霍布斯认为,国家起源于"一大群人相互订立信约",人民纳税乃是因为要使国家得以有力量在需要时能够"御敌制胜"。卢梭认为社会契约所要解决的根本问题就是"要寻找出一种结合的形式,使它能以全部共同的力量来护卫和保障每个结合者的人身和财富"。转引自李刚:《国家、税收与财产所有权》,载刘剑文主编:《财税法论丛》第4卷,法律出版社2004年版,第130页。

征,有可能使政府违反"契约",随意或违法使用财政资金,不仅影响资金的使用效益,还会侵害纳税人的权利。

公共选择理论的代表人物布坎南指出,财政如果不能满足公共需要,财政就失去了其之所以为财政的根本;由此决定财政必须把资源配置到能够最大限度地满足公共需要的领域中去;这就需要有一个能够保证达到上述目的和要求的公共运作机制。反过来,这种运作机制的公共性如何,决定着财政对于公共需要的满足程度、财政活动范围是否合适以及财政效益的高低。从历史演进的趋势来看,财政制度变迁就是从专制、人治财政走向民主、法治财政的过程。① 这里的"社会公共需要"与"公共利益"意义相当。很多学者对"公共需要"作了一个大概的界定,认为"公共需要"既不是通常所说的人人都需要,也不是一般说的大家的需要,而是维持一定社会存在和正常发展,必须以社会为单位组织实施的诸多事务的需要。满足公共需要的社会公共事务具有下列特性:(1) 代表全社会共同利益和长远利益,只有社会出面组织和实施,方能实现的事务;(2) 家庭部门和企业部门不愿办,而又是社会所必须办的事务;(3) 虽系一般社会成员可以举办,但唯有社会为主体去举办,才能有效地协调社会成员利益的事务。② 由此可见,"公共需要"或"公共利益"代表了社会成员的共同利益和长远利益,并且属于"市场失灵"领域,只有国家和财政才能担负其责。

财政资金主要来源于税收,对于纳税人来说,财政资金具有明显的"公共性",纳税人交了税,政府用纳税人的钱,应当"取之于民,用之于民",为纳税人办事,用钱要符合纳税人的共同利益。政府受社会公众的委托,从社会公众手中集中财力,以提供公共安全、公共秩序、公共教育和公共设施等公共产品。既然政府财力是社会公众的——公共资金,动用这笔资金办的事情也应当是社会公众的——提供公共产品。所以,财政资金的使用要符合社会公众的共同利益和长远利益。③ 从财政资金来源的"公共性",推演出财政资金使用的"公共性",是符合逻辑的。俗话说,"拿人钱财,替人消灾",国家取得了纳税人让渡的财产,就要为纳税人办事,纳税人的一般事务通过市场可以解决,公共利益事项由于公共产品的特性,市场不能自主解

---

① 参见焦建国:《民主财政论:财政制度变迁分析》,载《社会科学辑刊》2002 年第 3 期,第 77—79 页。
② 参见陈小平:《我国财政支出合理范围的理论界定》,载《东南学术》2001 年第 5 期,第 69 页。
③ 参见丛中笑:《构建公共财政框架的经济法思考》,载《当代法学》2004 年第 5 期,第 60 页。

决,需要国家和财政来提供。

但是,绝对的权力,绝对的腐败。政府权力如果缺乏良好的法律约束机制,就有可能滥用权力,甚至损害公共利益。在财政支出方面,政府部门可能会优先考虑自身利益,使有限的资源流向政府部门或个人手中,公共利益遭到排挤和侵蚀。这种损公肥私的做法不仅侵害国民的利益,还会对现有的社会秩序造成破坏。所以,财政支出目的符合公共利益需要法律的保障。有学者从公共财政理论[①]出发,认为公共财政作为一个满足公共需要,从而更好地服务于市场经济的财政类型,必然要求民主基础和法治保障。只有通过民主代议制的形式,才能保证公共需要得以真正地显现和满足;只有通过法治的形式,将财政立法权保留于人民代表所组成的议会中,才能保证政府财政活动范围不超过市场失灵的限度,也才能监督政府依法行政,体现财政的"公共性"。我国财政的目的是满足社会公共需要,最大限度地满足社会公共需要构成了财政的出发点和归宿。社会公共需要决定着财政的存在,决定着财政活动范围和活动效果。[②] 我国在市场经济发展过程中,必须要加强财政支出的法治化,因为法治化的财政支出能够规范和约束政府行为,保障政府服务公共利益的目标。

有的学者从政治学角度分析,认为"公共性"是现代民主国家政府财政活动的价值基础与核心精神,决定着公共收入与支出活动是否按照公共利益的要求进行。"公共性"的缺失必然导致国家财政收支行为的扭曲,违背公民的意志,并损害国家、社会和人民的根本利益。[③] 政府财政应当以追求公共利益为福祉。传统的观念认为政府是理性的,它能够替代市场配置资源,能够整合社会的不同利益,受公众及代议机构委托的政府官员能够保持客观、中立的立场,在财政资金的使用中,在政策的制定和执行、社会管理过程中能够代表社会和民众的普遍利益。然而这只能是一种理想的假设。实际上政府部门和官员存在广泛的自利动机,由于社会资源的有限、公共服务的政府部门垄断和对政府权力的控制不力,结果造成政府活动效率降低,效

---

① 关于公共财政的提法,曾经在学界引起争论,相关的文章包括:高培勇:《市场经济体制与公共财政框架》;刘尚希:《公共财政:我的一点看法》;张馨:《公共财政的概念与内容浅析》;叶振鹏、焦建国:《公共财政的内涵与基本框架》;陈共:《关于"公共财政"的商榷》;郭庆旺、赵志耘:《"公共财政论"的若干问题》;叶子荣:《"公共财政"再认识——兼答张馨教授》;武彦民、魏凤春:《对公共财政论的质疑》等。载高培勇主编:《公共财政:经济学界如是说》,经济科学出版社2000年版。
② 参见丛中笑:《构建公共财政框架的经济法思考》,载《当代法学》2004年第5期,第57页。
③ 参见孙柏瑛:《公共性:政府财政活动的价值基础》,载《中国行政管理》2001年第1期,第23页。

益缺失。

财政支出的公共利益目的通过以下财政活动得以实现:(1) 国家提供的诸如国防安全、公共卫生、行政司法机构、基础设施建设、教育服务等公共物品或服务;(2) 财政性的宏观调控政策,以维持经济稳定增长、实现充分就业、维持社会公平和解决国际收支平衡;(3) 政府间转移支付,使得不同地区间享受到的公共产品或服务大致相当。财政支出的公共利益目的,在各项财政活动过程中,并不一定能够完全得以实现。其中一个障碍在于政府部门的自利性,有时政府从事财政活动,不以公共利益为出发点和基准,而将本部门或个人的利益放在更优先的地位,从而扭曲了财政的目标基础。有的政府部门及其官员为了捞取政绩工程,盲目上马各项工程,动用了大量的财政资金,劳民伤财,最后并没有取得应有的效益。例如,有的小城市建设规模庞大的豪华飞机场,由于客流量有限,飞机场连年亏损,难以维持运转;为了部门或个人利益,动用财政资金违法建筑豪华的办公大楼,在各地也比比皆是。

财政支出的公共利益属性,并不一定要求公共产品和服务由政府直接提供或管理,政府首先可以考虑以适当的方式,将公共物品或服务交由"私人"经营管理,以确保投入资金发挥最大的效用。政府在此间起协调的作用,防止支出效果与公共利益目的相偏离。其次,需要对公共物品和公共服务提供的规模进行合理的计划和安排,建立财政支出效益的预警、监测和评估体系,在各个阶段对支出情况进行监督和控制,确保支出的公共利益目标得以实现。所有这些,都需要以财政支出法治化为前提。只有建立法治化的支出管理体系,公共利益的目的才能真正得到保障。

政府财政支出必须着眼于所有的市场活动主体,而不能只考虑某一经济成分、某些阶层、集团或某些个人的特殊要求和利益。如果财政支出只是服务于特殊的阶层、团体或个人,欠缺"公共性",将会扭曲财政的本质。[①] 例如国防就属于纯公共产品。政府和财政提供的这种公共服务,是所有社会成员共同享有的。通过国防支出,所有社会成员共享和平环境。假设不是出于公共利益目的,将财政资金用于奖金的支付,显然与财政的本质相违背。虽然有时财政支出直接惠及个人或企业,如向个人发放生活保障金、对困难户提供救助等,但这并不违背公共利益原则,因为它是为维护整个社会

---

① 我国财政学界对财政的本质主要有国家分配说、价值分配说、资金运动说、社会公共需要说、公经济说和剩余产品说。

的良好秩序和可持续发展服务的。

## 二、支出范围法定——市场失灵理论分析

财政支出受公共利益目的约束,是否就可以确保纳税人权利的保护"万无一失",恐不尽然。仅仅从源头上规定财政支出的目的必须符合公共利益,还不足以保证这种目的真正得以实现。首先,公共利益是一个模糊的概念,法律上没有明确的界定,也很难对其下一个准确的定义。其次,政府可能会滥用或曲解公共利益,有时会假借公共利益之名滥用财政资金,打着合法的旗号损害人民利益。所以,在规定财政支出目的符合公共利益的前提下,法律需要进一步明确财政支出的范围,对财政支出具体的投向作具体规定。

依据税收"交换说"或社会契约理论,纳税人要求的对待给付是政府提供公共产品和服务。公共产品是满足人们共同消费、共同受益的物质产品和非物质产品形态的产品。与公共产品相对应的是私人产品,即个人单独消费与受益的产品和服务。前文已经论述,纳税人交税是期待并享受政府提供公共产品。纳税人为什么要将钱交给国家,让国家通过政府来提供这种产品?纳税人不可以自己生产或通过市场交换获得吗?政府权力具有膨胀、扩张和滥用的危险,纳税人将巨额的财政资金交给政府管理,无形中加大了自己的风险。纳税人之所以愿意承担这种风险,与公共产品的特性和"市场失灵"有关。

美国著名的经济学家保罗·萨缪尔森在《经济学与统计学评论》(Review of Economics and Statistics)发表的题为《公共支出的纯理论》(The Pure Theory of Public Expenditure)的论文中对公共产品是这么定义的:纯粹的公共产品是指这样的产品,即每个个人消费这种产品不会导致他人对该产品消费的减少。私人产品具有效用的可分割性、消费的竞争性和受益的排他性三大特征,萨缪尔森则将公共产品的特性归纳为:(1)效用的不可分割性。即公共产品是向整个社会共同提供的,具有共同受益或联合消费的特点。其效用为整个社会的成员所共享,而不能将其分割为若干部分,分别归属于某些个人或厂商享用,或者说,不能按照谁付款、谁受益的原则,限定于为之付款的个人或厂商享用。如国防提供的国家安全保障对一国国内的所有人提供,不可能将其分割。(2)消费的非竞争性。即某一个人或厂商对公共产品的享用,不排斥、妨碍其他人或厂商同时享用,也不会因此而减少其他人或厂商享用该种公共产品的数量和质量。(3)受益的非排他性。即

在技术上没有办法或很难将拒绝为之付款的个人或厂商排除在公共产品的受益范围之外。① 正因为公共产品的上述三个特性,公共产品不能由私人部门通过市场提供,而必须由政府部门提供。

灯塔是公共产品的典型例子。灯塔建成后,每一个渔民都能从其服务中获取利益,而不论它是由一个渔民所建,为他自己所用,还是所有渔民都参加了它的建设。像灯塔这样的公共或集体物品的显著特征就在于它的不可分性和非排他性。不可分性意味着一个灯塔可以由许多人使用,渔民数量的增加不能减少其他人可以得到的服务。② 自私、追求眼前利益等人性的弱点和"搭便车行为"③造成"囚徒困境"④和"公共物品的悲剧"⑤。

市场经济社会提倡由市场机制在资源配置中起基础作用,因为依据经济学分析,在完全和充分的竞争状态下,市场机制能够引导社会资源和要素达到最佳配置格局。市场机制能够正常发挥作用的领域,基本属于企业和个人活动领域,政府和财政最好不要干预。但是市场不是万能的,市场机制也有不能发挥作用的场合和领域,即存在"市场失灵"问题,市场不能干的领域,需要政府和财政介入。市场失灵的主要表现为:(1) 公共产品;(2) 自然垄断;(3) 外溢性;(4) 社会分配不公;(5) 经济总量失衡。这几个问题或者直接表现为全体人民受益的公共产品,或者与全体人民的共同利益相关,如垄断给经济发展造成障碍、外溢性之环境污染、分配不公之贫富两极分化、社会秩序不安宁等。这些与纳税人或全体人民的利益密切相关,广义上都属于公共产品的范畴。这些问题靠市场机制本身是无法解决的,政府和财政的介入正好可以弥补这种失灵。市场失灵的领域需要政府管理,但是政府不能什么都管,该管的要管,如宏观调控、调节分配、促进经济发展等;不该管的不需要管,如国有企业的发展,不能再由政府过多干预。政府

---

① 参见赵宇、李冰编著:《新编西方财政学》,经济科学出版社2002年版,第42—45页。
② 参见〔美〕布坎南等:《公共财政》,赵锡军、张成福等译,袁振宇校,中国财政经济出版社1991年版,第17页。
③ 搭便车行为者是指一个不付任何成本而享受公共产品收益的人。免费搭车是任何一个人的理性行为,条件是不存在惩罚措施并且只有少数几个人采用这一战略。如果所有人都选择免费乘车,那么就无车可乘,因为没有公共产品的产出。参见〔美〕大卫·N.海曼:《公共财政》,章彤译/校,中国财政经济出版社2001年版,第143页。
④ 所谓"囚徒困境",是指相互关联着的个人,如果共同达成某项协议而彼此遵守,共同获利;反之,都不遵守协议则人人受损。
⑤ 休谟早在1740年就指出过"公共的悲剧",意指在共同体中存在公共品时,从个人的角度看,成为"免费搭车者"是符合理性的,但是,如果所有的社会成员都成为免费搭车者,则最后的结果就是没有一个人得到好处。

活动的范围限定了财政支出的范围。

经济学界通过对市场与政府关系的研究,认为市场能充分发挥作用的领域,就应由市场加以自发的调节;市场不能充分发挥作用的领域或市场做不好的事情,就由加以调控和规制。这是市场与政府分工的基本原则。[1] 不同国家和一个国家不同的发展阶段市场失灵的范围和程度可能并不相同,从而决定相应的财政支出结构也不同。有的学者考察了发达国家和发展中国家的财政支出结构,并进行了系统的比较分析,认为虽然各国政治、经济体制、文化传统不同,各自的发展阶段不一,各国政府职能范围不尽一致,但是作为市场经济下的财政,有大致相同的支出范围,即各种政府部门的行政管理、国防、教育及科学研究、基础设施、公用事业、环境保护、社会保障等市场失灵领域,是公共财政的基本组成部分。[2] 这些领域有一个共同点,即都属于公共产品范畴,而且市场本身无法提供。我国的财政支出范围要立足于我国的具体国情,考虑我国的现实经济发展状况。

在传统的计划经济体制下,政府是资源配置主体。政府管的事情过多,政府的职能范围"大而全",政府意欲包办社会各项事业。这种无所不包的政府职能范围,决定了作为政府活动综合反映的财政职能范围也是"大而全"的。国家财政不仅负责国防安全、行政管理、环境保护、文化教育、基础设施建设等方面的公共需要,还要承担为国有企业提供经营资金并防止国有企业亏损的责任,国有企业的职工住房、医疗服务及其他福利设施也由国家财政负担。这种包揽一切的财政职能范围,被学界形象地称为"生产建设财政"。财政职能范围的过大,造成财政支出规模的不断扩大,对财政收入又形成压力。

如果不对政府和财政的活动范围加以限制,政府可能凭借强制力,随意介入市场的正常活动。政府不受约束地插手市场活动,市场秩序会受到破坏。财政不能不顾市场能力提供过多的公共服务,干预过多,就会损害市场的正常发展。同时,如果财政活动范围过小,即市场失灵的领域,政府和财政不加以调控和规制,同样会损害市场发展和国民利益。所以,政府和财政职能范围必须适度、合理,财政支出的范围应以弥补市场失灵为原则。

---

[1] 参见刘尚希:《公共财政:我的一点看法》,载高培勇主编:《公共财政:经济学界如是说》,经济科学出版社 2000 年版,第 21 页。

[2] 参见马拴友:《财政支出职能结构的国际比较》,载《中央财经大学学报》1999 年第 11 期,第 28 页。

市场失灵限定了财政支出范围,而财政支出这种范围需要法定的理论基础则与"政府失灵"有关。政府是纳税人的代理人,政府受人民委托管理财政资金,将资金运用于纳税人需要的公共产品。这有点类似于私法上的"信托",政府只是受托办事,财政资金的使用范围必须依据纳税人的意愿。但是依据公共选择理论,政府及其官员有自己的利益诉求,在政府财政活动中有可能首先考虑自己的利益,滥用财政资金为自己谋利。如果缺乏有效监督,政府这个"受托人"可能违背委托人的利益行事,甚至直接侵害委托人的利益。理论和实践证明,法律能够充当监督政府的角色,让政府不再"失灵"。

财政支出应当限于以下范围:(1)政权建设和特殊的事业发展领域。国家政权机关包括国家立法、司法、行政管理等部门和机构,这些机关提供的公共服务属于纯公共产品,不能通过市场方式获得,只能通过财政拨款维持其正常运转。事业单位包括两类:一是提供纯公共产品的事业单位,包括义务教育、基础研究、卫生防疫、图书馆、博物馆等公益事业单位。这些事业单位提供的是纯公共产品,私人不愿意提供,或者私人没有能力单独承担。而此类公共服务又是社会所必需的,只能由财政承担。二是提供准公共产品的事业单位,例如高等教育、特殊文艺团体等,这些单位提供的服务具有准公共产品的性质,其部分经费可以通过市场手段筹集。有的单位经过改革可以完全走市场化道路,如有的文艺团体;而有的则在目前情况下尚不具备完全市场化条件,如高等教育,还需要财政给予部分支持。(2)经济发展领域。财政对经济领域的支持应当慎重,其作用领域应主要限于非经营性、非竞争性的项目,或者这些项目对国家和社会发展具有重要战略性影响。主要包括:一是自然垄断行业,如铁路、民航、邮政、供水、供电等。这些产业成本较大,具有规模收益递减的特点,如果完全由市场调节,反而会降低资源配置效率。二是公共基础设施,如道路、机场、港口码头、水利设施、环境污染治理工程等,这些项目具有很强的公益性质,直接收益性低。这些产业或项目并不是绝对排斥财政以外的资金投入,而是指在正常情况下需要财政扶持,至少在短期内财政资金的支持对这些产业的发展不可或缺。(3)调节分配。依据财政调节分配之功能,财政支出需要通过转移支付的形式完成分配的调节功能。一是各地政府间调节,在中央和地方、地方与地方财政之间进行转移,促进欠发达地区的经济发展,如支援西部大开发,开发东北工业基地等。通过这种财政资金的横向转移,实现地区间经济的均衡发展。二是对居民的转移支付,主要是指各种社会保障,如养老、医疗、失业保险、社会救济等。通过这种转移支付,有助于实现收入公平分配,维护社会的稳定和经济的协调发展。

### 三、支出决定权法定——国民参与和决定

每个纳税人为了享受或期望享受公共产品,牺牲自己的部分财产利益,全部纳税人的这种财产让渡形成了财政资金。也就是说,财政资金是为了社会公共需要而筹集的资金,主要来源于税收,具有典型的公共性。财政资金如果从所有权角度看,它应该属于全体人民。基于这种全民所有的性质,推演出其占有、使用、处分和收益都属于人民。我国《民法通则》第71条规定:"财产所有权是指所有人依法对自己的财产享有占有、使用、收益和处分的权利。"只有人民才有权决定财政资金如何使用,并取得人民希望获得的收益。政府只是人民的代理人,政府本身无权决定财政资金的使用,即使在某些具体事务上会表现出政府的权力,那也是人民授权使然。为了便于政府更好地为人民提供公共产品,人民授权政府在特定的范围内从事财政活动,但是这种授权是有限的,涉及财政资金处分决定这样重大的事项,不可能授权给政府。政府的权力容易被滥用,具有侵害人民利益的危险性,"有限政府"的理念要求政府活动范围有限,对政府的授权应当明确,政府权力运行应当有法律限定的边界限制。财政资金的使用决定权属于"议会"保留的事项。

人民是一个集体概念,由具体的单个人组成,每个具体的个人不可能亲自行使这种权力,只能通过人民选出的代表组成议会代替行使。理论上议会人数合理,议事方便,能够代替人民行使部分权力。对财政资金使用的决定权由人民决定转化成"议会决定",在法律上和理论上,议会是人民的"替身"。公众通过议会保留对重大财政事项的决定权,是实现财政活动公共性的重要保障。有的学者从财政民主的角度谈论这种决定权,为了防止政府借"公共"之名,不当地追求部门及个人私利,必须在程序上引入民主机制,由人民自己决定何谓公共利益,公共利益应当通过何种途径实现,公共利益与个人利益冲突时如何协调。[①]

财政资金使用决定权属于"议会保留",应当由宪法明确规定。宪法具有最高的法律权威,一般规定国家制度和社会制度的根本原则以及公民的基本权利等。财政支出决定权这样重大的事项只能而且必须由宪法规定。

---

① 参见熊伟:《财政法基本原则论纲》,载《中国法学》2004年第4期,第100页。

但是宪法只能进行原则性的规定,具体规则还需要法律法规加以补充。如通过财政支出法、预算法等法律明确议会如何决定、如何监督、对违法者如何追究其法律责任等。

具体的财政支出计划,在由政府机构依据相应规定编制后,由人民的代议机构进行批准或不批准,或者进行调整。其他任何机构不得享有财政支出的审批权,财政支出上的"议会保留"体现了现代法治精神。所有政府收支都应纳入预算。通过预算,不仅能够对政府的年度财政收支进行详细的计划,还可以利用预算的审批,对政府的财政支出活动由立法机关和社会成员进行监督。通过对预算的编制、执行进行审查和监督,将财政支出置于立法机关和社会成员的监督之下,保持预算的透明度和公开化。政府自人民手中让渡了财产,就必须让人民充分了解这些财产的使用情况,这是现代政治的基本要求,也是政府不可推卸的责任。由此也可以看到使人民代表大会真正成为最高权力机构的契机,看到由于需要对财政进行专业审查而产生的对人大代表专业化和专职化的需求,看到建立一个法治的也是更有权威的政府的机遇。归根结底,一个不受民意和法律约束的政府最终也无法受到民意和法律的尊重和肯认。①

人民对财政支出的决定权控制,主要通过"议会"来行使。这种决定权的具体实现机制一般通过对预算的审批和监督来保证。我国《宪法》和《预算法》都规定了人大的预算审批权和预算监督执行权,应该说已经在法律上确立了"议会控制"原则。但是,目前法律制度本身的不完善,使得对政府权力约束弱化,进而造成这种"决定权"的异化,人大的决定权遭到政府权力的侵蚀,某种程度上政府成了财政支出的决定者。首先,《预算法》规定的预算编制不科学,预算编制方法落后,使得人大据以审查的预算草案没有反映真实的财政支出计划。人大无法确知准确真实的财政信息,这种情况下无法在审批阶段有效行使监督控制的职能。再加上政府自身的私利性特征,有时会"有意"在预算编制上做文章,预算编制粗糙、不具体,很多信息没有披露,造成一种"黑箱"状态。资金总量以及与此该总量需求相应的财政支出项目的内容,各个项目具体需要的资金总量,都没有在预算中如实的加以体现。信息的不对称,使人大在审批预算时只能停留于对预算的形式性审查,在信息严重缺乏的情形下,无法进行"实质性审查"。于是,人大对预算的审批流于形式化,人民对财政支出的"决定权"在这个至关重要的阶段遭到

---

① 参见贺卫方:《人大审查财政预算的意义》,载《南方周末》2003年1月16日。

侵蚀。

要保证这种"决定权"真正掌握在人民手中而不至于"落空",我们不能寄希望于政府的"自觉"或者"良心发现",而是需要制定更加完善的规则,并且以强制力保证政府遵守该规则。法律应保证对政府权力约束的有效性。其一,通过具有较高权威的法律确定对财政支出决定权的"议会控制",比如宪法明确人民或"议会"行使绝对的财政支出控制权,其他任何人不得行使该权力,违法者要承担相应的责任。通过财政支出法、预算法等法律设置更合理的"议事规则",让"议会"更有效地行使这种权力。在这一点上,我国《预算法》有所不足,比如预算的审批时间过短,预算委员会成员中专家人数少,缺乏专业能力和知识,一定程度上限制了其作用的发挥。其二,法律对政府权力的限制要更加具体和严格,防止政府权力对财政支出决定权的侵蚀。比如,要求政府编制预算时要承担一定的"信息披露义务",充分披露相关信息,预算执行中通过更合理的方法控制财政资金的使用,政府采购制度、国库单一账户制度等能够较好地控制政府使用财政资金的行为。目前法律在这一方面正在逐步完善。法律如果缺乏责任制度,将大大降低法律效力,我国《预算法》就存在法律责任制度的缺失的问题。《预算法》只有三条责任规定,而且多属行政责任,这种"头重脚轻"的法律制度,对违法行为起不到应有的惩戒和威慑作用。大量的政府部门及其官员违反法律、滥用财政资金的行为得不到应有的惩罚,纵容了违法乱纪现象的发生。

### 四、支出监督法定——构筑完善的监督制度

尽管财政支出决定权掌握在人民手中,但这并不意味着对此不需要予以监督了? 理论上,只要有权力就需要予以监督。权力有很大的"危险性",权力容易膨胀、扩张和被滥用,侵害性危险大。为防止权力的这种"危险性"侵害人民的利益,必须给权力运行设定边界和制定具体规则,运用监督体制和责任制度加以约束和规范。另外,只要由人去做的事情,就有可能违反"游戏规则",在涉及重大利益分配的事情上,需要谨慎行事,尤其对手握权力的政府,要以"人性本恶"为假设,将政府财政行为通过法律加以规范。政府既然是人民的委托人,管理财政支出事项时就需要人民授权。在授权不明的情况下[①],政府权力极有可能膨胀并滥用,公共利益的"公共产品"特

---

① 法律可以通过条文或解释对政府授权,对政府授权应该明确,才能有效控制政府权力的运行边界。但是这种"明确"只能是相对的,因为法律本身也有局限。

性,决定了在缺乏监督的情形下,很容易遭受权力侵害。

传统上法律体制外的监督有舆论、媒体监督,在我国还有党内监督。这些监督并不足以解决全部问题。即使这些监督都能充分发挥其效力,监督的结果充其量也仅仅是违法者良心发现,承担政治责任或遭受名誉上的损失。这些都不足以弥补财政支出违法行为所造成的损失,更不足以弥补人民利益所遭受的损失,对潜在的违法者也起不到应有的警示作用。如果违法者的违法成本小于其获益成本,不仅无法预防和阻止违法行为的发生,在某种程度上还会引发、鼓励财政支出主体进行违法行为。更何况我国的舆论监督、媒体监督因为各种因素,作用相当有限。所以,对财政支出运行的监督需要法治化,使法律监督成为主要的监督手段,再辅之以其他多种监督手段。

法律上必须明确规定监督主体、监督事项和范围、监督方法、监督后的处理等事项。我国法律对监督的设定常常缺乏监督后的处理这项,对违法者需要承担怎样的责任,如何启动司法救济程序等,都缺乏明确的规定,容易造成监督"落空",监督变成有名无实,沦为表面化和形式化,从而失去了实质意义。监督体制必须要包含这样的奖惩机制,经过监督,对遵纪守法者予以奖励,而对违法者处以"罪刑相当"的处罚。如果处罚过轻,不能提高违法者的违法成本,在利益权衡下,违法者会选择成本小、获益大的违法行为,这样的法律监督起不到应有的作用。

具体的财政支出经过科学编制,需要严格遵守。但是预算编制不可能过于详尽,也不可能穷尽所有问题,所以需要"事中监督和控制",应当有专门的机构和程序对财政支出的执行情况予以监督和控制。新制度经济学认为,人的有限理性和机会主义行为动机以及合作双方信息不对称,是实施机制存在的基础,而且强有力的实施机制将使违约成本极高,从而使任何违约行为都变得不经济。[①] 通过法律制度的设计,要求政府履行信息披露职责,提高财政支出透明度,这在一定程度上解决了信息不对称问题,减少了机会主义行为。政府在财政支出管理上应当提供如下真实信息:政府部门提供的具体服务、耗费的成本、服务产生的效果等。这些有助于公众掌握更多的信息,更好地发挥监督作用,而且充分的信息披露机制也能有效防止"黑箱操作"的种种腐败和弊端。

美国经济学家斯蒂格列茨认为,代理人本身是具有理性的单独个体,在

---

[①] 参见聂鸿杰:《试析制度与财政支出效率》,载《四川财政》1999 年第 8 期,第 11 页。

信息存在不对称的情况下,代理人的目标与委托人的目标必然存在差异,代理人更倾向于利用便利条件为自己谋利。在财政支出法律关系中,存在多重代理关系,人民委托政府,政府委托公务员,这种多层次的代理,如果监督机制不完善,被代理人的利益可能受代理人的侵害,最终受害者为广大人民。由此,健全监督机制,减少政府作为"代理人"的机会主义行为,有助于提高财政支出的效益。

### 五、支出责任法定——有义务必有责任

法律责任是由特定法律事实所引起的对损害予以赔偿、补偿或接受处罚的特殊义务。① 一般情况下,法律责任以违反法定义务为前提。假设没有责任,对义务的约束成为"空中楼阁",就难以督促义务的履行,社会秩序将变得极为混乱,人民生活缺乏安定,人类无法和平相处,社会无法协调发展。

法律责任的目的在于保障法律上的权利、义务、自由得以生效,在它们受到阻碍,导致法律所保护的利益受侵害时,通过适当的救济,使对侵害发生有责任的人承担责任,消除侵害并尽量减少未来发生侵害的可能性。② 奥地利法学家凯尔森认为:"法律责任是与义务相关的概念。一个人在法律上要对一定行为负责,或者他为此承担法律责任,意思就是,他做相反行为时,他应受制裁。"③政府和议会都属于人民的代理人,根据经济学上对代理问题的分析,代理人夹带私利做出的资源使用决策经常会偏离委托人的目标函数,从而损害委托人的利益。这样一来,由委托——代理制度带来的社会资源配置效率的提高,会打一个很高的折扣,这就是在委托——代理关系中,必须遵循责任法则的基本理由。④ 通过这些法律责任的解说,可以看出,法律责任包含这样一种内在逻辑,即违反义务——遭受制裁。权利受到侵害如果没有制裁机制,就会纵容违反义务的行为,权利也极容易受到侵害。

没有法律责任的约束,规则再详尽的法律其执行效果亦极为有限。所以,有必要对财政支出的相关违法行为规定相应的法律责任。在财政支出决定阶段,议会如果没有正确行使权力,或怠于行使权力,或行使权力存在

---

① 张文显主编:《法理学》,高等教育出版社、北京大学出版社1999年版,第122页。
② 沈宗灵主编:《法理学》,北京大学出版社2000年版,第510—511页。
③ 〔奥〕凯尔森:《法与国家的一般理论》,沈宗灵译,中国大百科全书出版社1996年版,第65页。
④ 参见王雍君:《为公共财政确立"游戏规则"》,载高培勇主编:《公共财政:经济学界如是说》,经济科学出版社2000年版,第224页。

疏忽或过失,议会应当承担责任。因为议会的权力来源于人民,议会"尽责"行使各项权力是其应尽之义务。对于财政支出,政府本不该行使决定权,如果政府未经过议会的审批,私自动用财政资金,同样应当承担法律责任。在财政支出执行阶段,政府不按审批后的预算执行,随意改变支出范围,肆意追加预算,甚至贪污、挪用财政资金,都需要承担法律责任。法定的监督主体如果没有尽到法定监督职责,是否需要承担责任?理论界往往忽略了这一问题。讨论监督责任的时候,一般指被监督者需要承担何种责任,对监督者自身的责任则很少谈及。比如议会没有尽到监督政府财政支出行为之义务,对政府不按审批过的预算行事,议会视而不见,或者失察,或者没有追究违法者的责任,议会自身是否需要承担责任?专门的监督机关,如政府财政部门、审计部门,是否同样需要承担监督不力的责任?

  法律责任根据不同的标准可以作不同的分类。例如,按照承担责任的主体不同,法律责任可以分为自然人责任、法人责任和国家责任。按照责任承担内容不同,法律责任可以分为财产责任和非财产责任。按照责任实现形式不同,法律责任可以分为惩罚性责任和补偿性责任。法学界最常用的分类方法是依据法律责任的类型,把法律责任分为民事法律责任、行政法律责任、刑事责任和违宪责任。

  责任必须要法定,"责任法定"的基本要求包括:作为一种否定性的法律后果,法律责任应当由法律规范预先规定;违法行为发生后,应当按照事先规定的性质、范围、程度、期限、方式追究违法者或相关人的责任。① 这种责任法定的好处是摒弃责任擅断等没有法律依据的行为,刑法上"罪刑法定"、"法无明文规定不为罪"等就充分体现了责任法定精神。

  对违规者和违法者进行处罚,某种程度上加大对"破坏规则"者的处罚,提高其机会成本,不仅造成"违法必究"的效果,还可以起到一定的震慑作用,减少违法现象的出现。各级政府普遍存在争项目、争资金的现象,一旦争到手,对具体项目经费的使用则缺乏有效的监督和管理,导致财政资金的严重浪费和损失。如果在财政支出法规中明确具体的责任人和相应责任,就会在很大程度上减少这种现象的发生。对于财政支出违法行为的责任约束,很多国家的法律都有明确规定,有的在法律中包括责任内容,有的甚至专门通过了责任制法案。如澳大利亚为了提高财政政策制定与财政结果的透明度,制定了《澳大利亚预算诚实宪章》,其特点在于:在所有选举之前公

---

① 参见张文显主编:《法理学》,高等教育出版社、北京大学出版社1999年版,第126—127页。

布各种财政数据,防止各级政府隐瞒自己的财政状况。新西兰 1994 年通过《财政责任制法案》,规定了负责财政管理、重点预算参数和其他中期财政报告透明度的各项原则。如果政府偏离了符合实现上述目标的某项政策,则政府必须作出解释。①

预算是纳税人和市场通过代议制机构对政府权力的约束和限制,是政府必须接受的立法机构对其未来年度内的行政行为所作出的预先的授权和委托,整个活动过程要受到立法的严格制约。各国法律都规定,政府预算经立法机关批准公布后便成为法律,预算不被立法机构批准,政府就要解散②;预算一经批准,政府即要承担执行的责任。政府是供职于其中的个人所组成的实体,政府责任必须落实到个人,否则责任就成为虚设,没有约束力,也没有实际意义。③ 我国预算法对责任的规定严重缺乏,《中华人民共和国预算法》只有三条责任规定,而且多属行政责任,致使很多违反预算法的行为得不到相应的处罚。其他相关法律对责任的规定也很原则和模糊,操作性不强,或者处罚力度不够。责任制度的缺失是财政支出领域腐败现象严重的原因之一。

## 第三节 财政支出法定原则的偏离及现实表现

在财政支出领域,我们可以发现诸多"不合理"现象。比如,学者讨论较多的财政"越位"和"缺位"现象,财政不该管的事管得过多,该管的事没有管或管得不好;财政支出膨胀是显而易见的事实,但是学者较少研究膨胀的合理性与否;支出结构的不合理,影响了财政资金效益的发挥;对支出缺乏有效的监督,滋生众多腐败现象。总体而言,财政"越位"和"缺位",偏离了支出目的和范围法定原则;支出膨胀和结构失衡,偏离了支出决定权法定原则;支出监督不力和腐败问题突出,则偏离了支出监督法定和责任法定原则。

---

① 参见萨尔瓦托雷·斯基亚沃—坎波、丹尼尔·托马西:《公共支出管理》,张通译/校,中国财政经济出版社 2001 年版,第 328 页。

② 在我国,预算能轻易获得审批通过,但是理论上存在着预算不被通过的情形,这种"不被通过"制度是必须的。因为预算被审批通过是以合法、合理为基础的,如果支出计划不合法,违反了公共利益,或者未按"议会"要求进行修改,应该遭到"议会"的否决。我国法律没有考虑这种情形。

③ 参见焦建国:《财政公共化改革的三个基本任务——支出结构调整、公开透明与责任落实》,载《公共管理学报》2004 年第 3 期,第 65 页。

**一、财政"越位"和"缺位"**

我国财政支出范围过宽,政府管的事太多,不仅挤占了有限的财政资源,分散了财力,而且造成财政支出项目效益低下。与此同时,财政"缺位"现象同样存在,由于财力有限,政府管的事过多,该管的事却没有去管,或者缺乏足够的资金支持以至于没有管好,即财政支出重点不明确,使得在应由财政供给的市场失灵领域出现无力矫正或矫正不足的情况。

（一）财政"越位"

市场经济条件下应主要由市场配置资源,市场能解决的问题就交给市场,政府和财政不应过多介入。按照市场能做的,就交给市场的原则,财政应该逐步从竞争性领域退出。竞争性活动是典型的市场活动,政府不能直接参与市场竞争。政府如果介入市场竞争领域,就有既当"运动员",又当"裁判员"的嫌疑。

而目前我国政府和财政仍然过多地"插手"竞争领域的活动。比如,政府财政投资办企业。我国很多行业都有政府投资办的企业,还美其名曰改善投资环境、促进经济发展。不管政府投资的企业效益如何,最终有没有赢利,其投资行为的合法性就值得怀疑。政府财政收入来源于纳税人,财政资金应当投向市场不能解决的领域,并投入符合公共利益之项目。很多政府投资也并没有经过纳税人的同意。依据财政支出决定权法定原则,只有纳税人有权决定财政支出事项,政府本身无权决定,纳税人也没有对其进行授权,当然少数在关系国计民生的领域,并经过"议会"同意的投资除外。其次,政府财政投资从事竞争性项目,会给市场秩序造成冲击,政府充当了"裁判员"和"运动员"的双重角色,对政府超脱于市场的主体地位之公正性有不利影响,同时侵害了私的市场主体的正当利益,对市场公平规则损害极大。再次,政府财政从事竞争性领域投资,加大了财政资金经营的风险。因为市场竞争残酷激烈,一旦经营不善,可能会出现投资亏损,导致国家财政资金的流失,进而造成纳税人的财产利益损失。而且,政府财政投资的道德风险也难以避免。所以,政府财政不应当过多的参与市场竞争,除了少数现存的必须由国家出资的涉及国民重大利益的领域外,市场投资应当交给市场主体。

财政"越位"在国家对国有银行的注资中体现得非常明显。1998年,财政部以2 700亿元的特别国债补充国有商业银行资本金;1999年,四大国有银行(以下简称"四大银行")向四大资产管理公司①剥离了14 000亿不良资产,财政为每家银行提供100亿开办费;财政还为光大银行收购中国投资银行拨付73.2亿元,财政部与中国人寿集团公司建立共管基金消化中国人寿剥离保单的利差损350亿元,等等。1998到1999年两年时间,财政为四大银行买了1.71万亿的单,而建国以来我国总税收收入不过6.85万亿元人民币,两年用空了建国50年收入的25%;刚投入不到三年,金融业又产生了1.2万亿元的买单需求,以2000年税收总额不到1.3万亿元为标准,金融业每年掏空国家税收的比例占当年国家税收总收入的33%以上。另一方面,财政用于社会保障支出的经费1999年为254亿元,仅为四大银行前两轮注资的0.17%;用于教育支出的经费1997年为1 863亿元,仅为四大银行前两轮注资的1.27%。四大银行的总收入占国家税收总收入的比例估计不到0.2%。即四大银行以不到0.2%的纳税贡献享受33%以上的投入,农民以28%以上的贡献享受的投入却不到四大银行前两轮注资的0.018%。根据央行统计,多数不良资产的形成都与金融腐败有着直接的关系。②

  同样,以前我国国有企业的亏损主要由政府预算赤字来弥补,如1986年我国国有企业亏损的78%由财政补贴弥补,1993年下降到了55%,虽然呈下降趋势,但是财政补贴仍然不少。政府对国有企业的补贴与计划经济体制有关,国有企业当时承担了太多的社会职能,"企业办社会"现象普遍,这是政府对国有企业进行补贴的一个重要原因。但是也有很多国有企业以政策性亏损为借口,将经营性亏损与政策性亏损相混淆。在信息不对称的情况下,政府无法区分企业的这两种亏损。由此导致政府只能把企业的全部亏损都承担起来,从而形成国有企业的预算软约束。③ 首先,从贡献角度看,目前我国国有企业的名义所得税率与其他内资企业税率持平,相反,国家往往出于政策性的考量,为国有企业提供诸多的税收优惠。从单个的国有企业来说,国有企业对税收收入并没有作更大的贡献。依据税法原则,纳税人地位是平等的,以纳税人的"公共财产"单独为国有企业弥补亏损,理论上是不公平的。其次,从获益角度看,为国有企业弥补亏损,谁是真正的获

---

  ① 四大国有银行是指中国银行、中国工商银行、中国建设银行、中国农业银行;四大资产管理公司是指华融、长城、东方、信达国有资产管理公司。
  ② 参见李纪兵:《财政不公平买单与市场经济上层法治补位》,http://www.lawren.cn/detail.asp? id=2982,2005年3月10日访问。
  ③ 参见林毅夫:《制定"十一五计划"的八个战略问题》,载《经济参考报》2003年5月21日,第5版。

益者？财政资金主要来源于税收，财政支出应当符合公共利益。而国有企业随着市场经济体制的发展，已经基本具备市场主体地位，应当自担风险，自负盈亏。依据市场"优胜劣汰"的法则，如果由于经营不善，应由国有企业自身承担责任，并由经营管理人员承担经营上的责任。为何国有企业在市场活动中亏了钱，却由全体纳税人"买单"？由于"所有者缺位"产生的弊端，大量补贴注入国有企业并不必然带来国有企业经营上的重大改观。相反，财政资金的注入往往不会用于改善企业经营，而往往被用于提高企业职工的福利，尤其是有权决定该资金使用用途的企业高级管理人员。但是不会增进其他纳税人的利益。也就是说，全体纳税人所让渡的财产却成为部分人的"福利"与"津贴"。这与沿袭已久的计划经济思想有关，认为国有企业亏损，国家不能不管，结果是政府想管的事太多，不该管的也管。市场经济条件下，所有市场主体都是平等的，我国全面实现加入WTO的承诺后，国有企业必须直接面对市场竞争。如果政府和财政对国有企业仍然给予过多的关注，不仅对国有企业的市场竞争能力提高无益，对财政资金也是一种浪费（有限的财政资金本可以用于更需要的地方），纳税人的合法权益也遭受了损害。

另一个财政"越位"的现象是财政投入大量的资金进行应用性研究。应用性研究的成果可以直接运用于生产生活，可以作为商品交换和出售，研究费用可以从市场活动中得到补偿，甚至实现赢利。应用性研究和基础性研究不同，基础性研究属于公共产品范畴，它的研究成果可以为所有社会成员共享，很难作为商品进行出售。由于市场主体逐利的本性，基础性研究这种公共产品的特质使得市场主体一般不愿意参与，财政应当给予支持。而应用性研究不具备公共产品的特性，就不宜由财政资金提供，而应当交给市场主体负责。

目前，我国财政资金还负担着一些文艺团体的经费。这些一般性文艺团体可以实行企业化经营，通过演出活动维持运转，经营好的可以自负盈亏甚至赢利，财政不应当为这样的文艺团体提供经费。近几年有些文艺团体通过企业化经营，已经取得了良好的效果，不仅促进了其自身发展，活跃了文化市场，还节省了大量财政资金。财政资金退出该领域，不仅对文艺团体自身的发展有促进作用，还可以节省财政经费。

（二）财政"缺位"

有些事项具备公共产品的特性，属于公共产品范畴，市场本身无法解决，需要政府参与，财政支出必须要及于该领域。遗憾的是，政府和财政在分配财政资金时,偏偏将这些领域"遗忘",形成财政"缺位"现象。

我国对农村公共产品的提供,较城市相比,一直投入很低,管理体制也十分落后。改革开放以来,政府提供的公共产品主要是满足城镇居民的利益需求,对农民的公共产品需求则严重忽视。少量的公共产品供给主要限于中小学义务教育、农村水利设施、农业科技推广等。近年来,国家增加了农村公共产品的提供,例如农村的公路建设、电力、水利设施建设在国家财政扶持下有了较大改观,但是农村基础教育、公共卫生、农民养老问题等,仍然处于财政支出的范围之外。据统计,在 2000 年的农村困难户救济和散居孤、老、残、幼供养中,国家支出为 8.32 亿元,而集体供给为 23.386 亿元;在农村中小学的教育经费中,国家财政性教育经费仅占总额的 78.37%。[①] 我国为了加快发展经济,一直重视城市的发展,很多方面是以牺牲农村和农民的利益为代价的。我国是一个农业大国,农民人数占绝大多数,"重城轻农"的利益分配格局,使得农村经济发展缓慢,农民收入增长不高,农业基础设施严重不足。国家理应加大对农业基础设施的投入,但是多年来农业基建投资始终偏低。农村大部分人口还未享受医疗保险,缺乏社会保障。国家将农村教育丢给地方政府,在地方财力有限的情况下,大部分农村教育供给不足,农民义务教育得不到保障。农村环境保护也缺乏足够的财政重视和投入,有的地方为了发展经济,加大了对环境的破坏,由于缺乏经费,环境没有得到及时治理,影响了农村的可持续发展。总之,农村公共产品关系国家的总体利益,理应由国家财政负担。

社会保障一直为市场发达国家所重视,而在我国却重视不够。社会保障是一种公共产品,理应属于财政分配范畴。社会保障是由国家推行制度来解决居民遭遇风险的困难,它关系到全体社会成员的利益,为全体国民所共享,财政学上将社会保障支出称为转移性支出。社会化大生产造成的不可抗拒的风险,无法通过市场本身得到解决,只能由作为社会中心组织的国家来完成。国家凭借其最权威的地位,借助于法律法规,将一定的社会保障行为加以规范,并使之具有普遍的约束力,成为人们共同遵守的社会制度。绝大部分社会保障基金和社会福利费的取得和支出只能由国家来承担。[②] 社会保障是稳定社会政治经济秩序的"安全网"和"减震器"。西方国家的

---

① 参见《中国统计年鉴》,中国统计出版社 2001 年版,第 12 页。
② 参见许春淑:《重新确立财政在社会保障中的主体地位》,载《扬州大学税务学院学报》1999 年第 2 期,第 16 页。

"社会保障网"涵盖了几乎所有国民,只要符合社会救济保障条件的人都可以享受到社会保障。我国目前社会保障覆盖面狭窄,尤其是农村的社会保障几乎为空白,财政投入在社会保障中占的比重也不大。我国已经开始研究"社会保障税"的问题,为拓宽社会保障的筹资渠道,国家将在强化社会保障费征缴的基础上,研究开征社会保障税,采取多种措施充实社会保障基金,社会保障税的开征是我国社会保障筹资的必然趋势。通过"社会保障税"的开征,将社会保障纳入财政管理范围,解决目前社会保障领域的财政"缺位"现象。

与世界各国平均水平相比,我国对教育事业的财政投入也严重不足,更不用说与发达国家相比。我国 1993 年《中国教育改革和发展纲要》制定了"财政性教育经费支出占 GNP 的比例本世纪末达到 4%"的目标,事实证明这个并不高的目标并没有实现。近几年来,我国教育经费增长较快,但是到 2004 年,我国财政性教育经费占国内生产总值仅为 3.41%。《2003—2007 年教育振兴行动计划》明确提出,要建立与公共财政体制相适应的教育财政制度,强化各级政府对教育投入的责任,保证教育经费的逐步增长。按国家财政性教育经费占国内生产总值的比例达到 4% 的标准,1993 年—2002 年国家财政性教育经费缺口为 8 574.01 亿元。教育经费投入不足,与此同时,乱收费现象盛行。据《新闻周刊》[①]披露,中国 10 年教育乱收费已达 2 000 亿元人民币。"穷人上不起学"已引起人们广泛关注,教育投入不足是主要原因之一。

## 二、支出膨胀和结构失衡

根据相关资料显示,我国财政支出一直保持较快的增长的势头,支出膨胀现象突出。[②] 此外,财政支出结构失衡,在财政资金这块"蛋糕"的分配上,体现了不合理之处,行政管理费支出所占比例较大,教育、社会保障支出所占份额偏小。相较而言,行政管理费体现为政府提供公共产品和服务的成本,而教育、社会保障等真正代表了实现公民基本权的基础性公共产品。

---

① 参见《学费猛于虎》,载《新闻周刊》2004 年第 40 期,第 18 页。
② 在 2004 年 3 月 6 日第十届全国人民代表大会第二次会议上,财政部部长金人庆作了《关于 2003 年中央和地方预算执行情况及 2004 年中央和地方预算草案的报告》,报告中披露 2003 年财政收入 21 691 亿元,比 2002 年增加 2 787 亿元,财政支出 24 607 亿元,比 2002 年增加 2 554 亿元,增长了 11.6%,支出大于收入 2 916 亿元。参见《2004 年政府预算与财政政策》,经济科学出版社 2004 年版,第 24—25 页。

如何以更小的成本为人民谋取更多的福利,让有限的财政资金实现最大的使用效益,是值得探讨的问题。① 支出膨胀和结构失衡,这在某种程度上违背了纳税人的意愿,需要纳税人加强监督和控制。

(一) 支出膨胀

相关的统计数据表明,我国财政支出膨胀严重。2000 年财政支出规模达到 15 886.5 亿元,比 1990 年增长了 4 倍多。《预算法》的疏漏造成预算编制粗糙,各部门争相申请更多资金,造成支出数额失控,随意调整预算,政府财政赤字增大,加大财政风险。1991 年我国财政支出规模为 3 566.8 亿元,1995 年为 6 809.73 亿元,年递增 17.5%。我国财政收支平衡程度近 20 余年逐步下降,从财政平衡率看,由开始的 99% 逐步下降至 85%,财政平衡程度总计下降了 14%,平均每年下降了 0.7 个百分点;从财政赤字率看,由开始的 0.25% 逐步上升到 2.5%,财政赤字程度上升了 10 倍,平均每年上升 0.11 个百分点。② "八五"期间财政赤字膨胀,累计达 1 945 亿元,大大高于"六五"时期的 80 亿元和"七五"时期的 585 亿元。1996 年全国财政支出比 1991 年增加 4 500 多亿元,平均每年支出增长高达 1 000 多亿元。所以,必须加强支出管理,如果支出控制不住,收入增加再多也难以平衡财政。③

在财政支出中行政管理费支出增长十分迅速,1978 年为 52.9 亿元,1999 年上升至 2 020.6 亿元,增长了 38 倍;从 1990 年后,行政管理费支出超过了国防费用的开支,居总支出的第三位。④ 我国财政支出占 GDP 的比重呈下降趋势,从 1978 年的 30.96% 下降到 1995 年的 11.67% 和 2000 年的 17.77%,降幅分别达 62.3% 和 42.6%,而行政经费占 GDP 的比重仍维持在 1.5% 左右,1998 年以后还出现了上升,到 2000 年已经达到 2%,凸显了行政经费的膨胀。我国行政经费占财政支出的比重在国际上是比较高的,1978 年为 4.73%,1984 年为 7.36%,1994 年为 12.57%,1996 年为

---

① 资源运用效率通常被定义为帕累托最优状态。一个最优点或状态(无数这类点或状态中任何一个)被定义为这样一个点,即若偏离这一点,至少会伤害有关集团中的一个人。参见〔美〕詹姆斯·M. 布坎南:《民主财政论:财政制度和个人选择》,穆怀朋译,朱泱校,商务印书馆 1993 年版,第 297 页。

② 参见顾海兵:《中国财政收支平衡程度:实证分析与预测》,载《财政研究》2003 年第 2 期,第 7 页。

③ 参见财政部财政科学研究所课题组:《我国财政支出管理的现状分析与政策建议》,载《经济改革与发展》1998 年第 3 期,第 19 页。

④ 参见刘国成、刘晓光:《公共财政支出制度改革的现状分析与对策建议》,载《财政研究》2003 年第 7 期,28 页。

13.11%,1996年与1978年相比增加了3倍。行政经费的膨胀实际上反映了国家机构臃肿、人员膨胀、资金浪费、贪污腐败等诸多不合理因素。行政部门工作人员由1978年的430万人,增至2000年的1104万人,扩张了2.75倍,远远超过同期社会各行业职工的人数1.19倍的扩张指数。①

另据有关资料显示,从1993年到1996年,国家财政收入每年增加约1000亿元,但同期财政供养人员每年增加100万人,在不少地区新增财政收入80%用于人员经费。据统计,我国官民比已达26∶1,比西汉时高出了306倍,比清末高出了35倍。即使同改革开放初期的67∶1和10年前的40∶1相比,"吃皇粮者"占总人口的比重攀升之快,也是史无前例的。目前我国吃财政饭的人数,已经高达4572万人。据报道,仅机关的车费、招待费和出国培训考察费,全国分别达到3000亿、2000亿和2500亿元,其中主要被各级领导干部消费了,腐败问题严重。② 财政供养人员过多,使得我国财政有"吃饭型财政"的嫌疑。为支付众多供养人员的工资以及日常的行政管理费,财政不堪重负,很多地方尤其是农村社会的基层政府是典型的"吃饭型财政",其中行政管理费及工资支出占到了当地财政收入的80%—90%,财政没有多少余钱去从事公益事业,比如农村的教育、社会保险、贫困救济等领域投入很低,严重影响了农村的经济和社会发展。

对于支出膨胀现象,财政学界有一个著名的"瓦格纳法则"。德国财政学家阿道夫·瓦格纳论证了公共支出增长规律(Law of Rising Public Expenditures),提出了"政府活动不断扩大法则"。他在考察了英国工业化革命及当时的美国、法国、德国等国家的工业化状况后,预言:随着经济发展,政府支出必定以比产出更快的比率增加,即财政支出比重会不断上升。瓦格纳认为其根本原因是工业化经济中的社会进步,对政府活动提出了日益扩大的需求,要求政府提供更多更好的管理服务、文化教育、卫生福利服务等。后来工业化国家的发展印证了瓦格纳的预言,1880年至1985年间,美国财政支出占GDP比重由8%上升到37%,英国由10%上升到48%,法国由15%上升到52%,德国由10%上升到47%。③ 有的学者认为,公共支出

---

① 参见唐虎梅:《国家行政经费与国家财政支出关系研究》(上),载《财政研究》2002年第11期,第34页。
② 参见宋勿、王闻等:《中国官员系统的哥德巴赫猜想》,载《国际先驱导报》第138期,2005年3月11日—3月17日,第5版。
③ 参见苏明:《财政支出的结构优化理论与制度保证》,载《湖北财税》(理论版)2002年第8期,第2—3页。

增长通常有以下原因：(1) 经济发展和劳动分工，使经济生活和市场关系更为复杂，需要商业法规和司法系统的建立，由此需要更多的公共支出；(2) 新技术革命带动资本需求的扩张，政府具有私人投资者所不具备的宏观调控能力，某些项目政府投资更为有利；(3) 国家在那些社会效益不能进行估价的领域，如教育、文化、卫生、福利方面的活动不断增加。① 经济学家论证了支出膨胀有经济发展蕴涵的必然性因素，对支出膨胀作出了合理性解释，但是这种解释是建立在总体支出结构基础上的。财政支出包括教育科技、社会保障及其他公益事业，随着经济的发展，这些公共产品的需求必然会有所增加，致使财政支出总体不断上涨。但是认真剖析财政支出各项具体开支，就可以发现很多不合理因素。

就我国来说，这种不合理因素愈加明显。例如，我国经济建设支出比重过大，很多不需要财政支出的项目占用了大量财政资金。政府管的事过多，参与了众多市场竞争性项目，比如政府投资办企业，为国有企业提供巨大的财政补贴，不仅浪费了财政资金，致使支出膨胀速度加快，而且严重影响了正常的支出结构，使得其他公共需要领域（社会保障、教育科技等）的资金捉襟见肘。行政管理费支出过于庞大，财政供养人数过多，再加上控制和监督制度的薄弱，浪费资金现象严重。

财政支出如果增长过快，就可能会造成巨额赤字，形成沉重的债务负担，这不仅会加大纳税人的负担，还会影响整个国民经济的正常运转。有学者认为，应该根据财政支出内容的不同性质及其对经济运行的不同影响，对财政支出从以下几个方面进行控制：(1) 指明基金的用途。这是西方国家政府控制支出时常用的方法，指明预算收入的具体支出目的，一种是按税收的一定百分比进行配置，另一种是按特定基金的具体用途进行配置。指明基金用途，是根据宪法条款和特别立法来进行的。(2) 精简机构和控制一般行政经费。我国政府机构繁多，人浮于事，办事效率低，行政管理支出增长过快，有必要加强控制。(3) 从严控制非生产性基本建设投资。比如，对楼、堂、馆、所及行政事业单位的办公楼建造应当严格控制。② 对财政支出增长应当进行合理的计算和限制，以防止支出膨胀和财政赤字风险带来的经济和社会问题。有的学者提出，财政支出的规模应当科学界定，认为应当按

---

① 参见陶继侃：《当代西方财政》，人民出版社1992年版，第114页。
② 参见刘隽亭、许春淑主编：《公共财政学概论》，首都经济贸易大学出版社2004年版，第76—77页。

照市场经济——社会公共需要——政府职能——财政职能——财政支出——财政收入的线索,进行"以支定收",以厘清财政收入和支出的关系。① 这种观点打破了原有定式,得到不少学者认同。传统"以收定支"观念是依据财政收入的多少安排支出多寡,如果从公共需要出发,对公共利益事业需要的支出进行科学界定,以此调整税收政策,换言之,根据纳税人对公共利益的需要,来测定纳税人需要支付多少"价款",这样可以防止政府的"漫天要价",减轻纳税人的压力。

对于财政支出膨胀中的不合理因素,法律可以进行一定程度的控制。国外的有关法律制度可以借鉴。例如,美国通过立法变动支持削减赤字。1985 年和 1987 年的 Gramm-Rudman Hollings 法案、1990 年和 1993 年的 Omnibus 预算调整法案以及 1997 年的《预算平衡法案》建立了主要的预算框架。通过为政府投资和政府消费确定限额,制定预算规则以控制政府随意使用支出。如果年度拨款额超过了预算限额,法律将自动扣除超额部分,这在一定程度上控制了随意支出数额的膨胀。瑞士将财政统一目标列入国家宪法中,规定财政目标应当提交议会、各州和公民表决批准,宪法条款为未来年份确定预算拨款授权的赤字金额。如果政府未能实现上述目标,则必须采取强制性措施,要求政府根据财政优先顺序削减有关项目的资金。② 对政府滥用资金的行为,加强法律监督可以有效规制。英国议会在讨论政府财政预算时,始终遵循节约原则,政府各部对议会账目委员会有一种恐惧,担心自己被议会机构查问,就必须谨慎行事,不做违法的事情。典型的例子是 1946 年军部被查明两年内滥用汽油四桶,公共账目委员会就对陆军总司令发出警告。③

(二) 结构失衡

1. 经济建设支出比重偏高

改革开放以来,我国经济建设支出比重虽然在逐年下降,但是与发达国家相比,仍然居高不下。经济建设支出比重从"六五"时期的 56.08% 下降

---

① 参见高培勇主编:《公共财政:经济学界如是说》,经济科学出版社 2000 年版,第 16 页。
② 萨尔瓦托雷·斯基亚沃—坎波、丹尼尔·托马西:《公共支出管理》,张通译/校,中国财政经济出版社 2001 年版,第 328 页。
③ 参见叶供发:《财政权与历史视野中的英国议会》,载《历史教学问题》1997 年第 6 期,第 50 页。

到"九五"时期的 38.34%,比重仍然不低。① 国家财政对竞争领域介入过多,本来市场可以解决的事情,政府和财政越俎代庖,不仅影响了正常的市场秩序,还带来财政资金的浪费和政府管理效能下降等副作用。

2. 行政管理支出费用庞杂

我国行政管理支出占财政支出的比重一直处于较高的水平,行政管理支出比重从"六五"时期的 7.85% 上升到"九五"时期的 15.66%,其增长速度超过财政收入、财政支出和 GDP 的增长速度。行政管理支出增长的原因虽然有经济发展带来的积极性一面,但是更主要的是因为机构膨胀、财政供养人员过多等不合理因素造成的。考察一下以往的机构改革,总是陷入精简——膨胀——再精简——再膨胀的怪圈。中国科学院发布的《2002 中国可持续发展战略报告》表明,1999 年全国地方行政管理费中公务员人均开支的办公费、邮电费、差旅费、会议费之和为 2 968 元,占公用经费总额的 58%。过高的行政管理支出,部分原因是对政府部门的财政资金使用缺乏有效控制和监督,造成腐败现象众多,公款吃喝成风,公车竞相攀比豪华,许多地方政府兴建各种培训中心、疗养中心、宾馆饭店等,政府官员竞相出国公费旅游,甚至公款赌博,财政资金浪费极为严重。政府机构臃肿,人浮于事,不利于提高政府办事效率,而且过高的行政管理费用支出,侵蚀了有限的财政资金,扰乱了正常的财政分配秩序,也为腐败行为提供了可乘之机。

3. 教育科技支出比重偏低

1995 年我国正式提出科教兴国和可持续发展战略,国家开始加大教育投入力度。《中华人民共和国教育法》也明确规定要确保教育经费有较大增长。② 但是,我国财政用于教育支出的比重仍然偏低。从用于教育支出占财政总支出的比重分析:我国 1952 年为 6.41%,1995 年达到 15.54%,2002 年下降为 11.99%,与国际上发展中国家相比较属于较低水平,如韩国(1997 年)为 20.5%,泰国(2000 年)为 22.44%,墨西哥(1999 年)为 25.54%。瑞士洛桑的国际管理发展学院 2002 年世界竞争力年鉴评价,我国公共教育支

---

① 参见谢瑞:《中国与部分国家财政支出结构比较研究》,载《现代财经》2002 年第 7 期,第 12—13 页。

② 1995 年通过的《中华人民共和国教育法》第 53 条规定:"国家建立以财政拨款为主、其他多种渠道筹措教育经费为辅的体制,逐步增加对教育的投入,保证国家举办的学校教育经费的稳定来源。"第 54 条规定:"国家财政性教育经费支出占国民生产总值的比例应当随着国民经济的发展和财政收入的增长逐步提高。具体比例和实施步骤由国务院规定。全国各级财政支出总额中教育经费所占比例应当随着国民经济的发展逐步提高。"

出占 GDP 的份额很低,在 49 个参评国家和地区中处于第 47 位。虽然我国国家财政性教育经费占国内生产总值的比重不断提高,但其规模与《中国教育改革和发展纲要》提出的占国内生产总值的比重达到 4% 的目标还有一定的差距。①

**4. 社会保障支出偏低**

与发达国家相比,我国社会保障支出比重明显偏低。1980 年和 1984 年联邦德国社会保障支出占财政支出的 49.23% 和 50.22%;美国社会保障支出占财政支出的 4.11% 和 32.08%。② 各国一般使用社会保障支出与国民收入(或者是国民生产总值)的比,作为各国社会保障支出规模的显示指标。按照这个指标,1991 年瑞典为 49.0%、法国为 34.9%、德国为 29.7%、英国为 24.5%。我国财政对社会保障的投入相比而言严重不足,据中国劳动和社会保障部部长郑斯林 2004 年 9 月 17 日透露,我国将积极调整政府财政支出结构,特别是加大对社会保障的财政投入,逐步把社会保障支出占财政支出的比例提高到 15%—20%。近两年来,中国社会保障支出占财政支出的比重基本保持在 10%—11% 之间。③

1999 年,美国财政支出用于经济建设比重为 3.05%,中国为 34.37%;美国用于社会保障支出比重为 71.24%,中国为 10.77%;美国用于行政管理支出为 1.82%,中国为 16.18%。④ 虽然各国国情不同,各国政府的职能不尽相同,但是仍然可以看出我国财政支出结构的不合理之处。我国用于经济建设和行政管理支出的比重都太高,而用于社会保障支出的比重则太低。财政支出结构失衡侵蚀了财政的本质属性,会造成社会成员间的差距,引起社会不公。因为结构失衡带来的不公,可能会激发社会矛盾,影响社会稳定和经济的健康发展。

经济学家萧灼基在"中国经济发展论坛第三届年会"上提出,财政支出应向以下四个领域倾斜:一是支持农村建设;二是向低收入人群倾斜,提高农村扶贫标准、丧失劳动能力和残疾人等特殊困难群体的救济标准;三是公

---

① 有关资料来自人民网,http://www.people.com.cn,2005 年 1 月 20 日访问。
② 参见陈庆海、徐月英:《中西社会保障支出比较及思考》,载《学术交流》2003 年第 2 期,第 75 页。
③ 2004 年 9 月,我国发布《中国的社会保障状况和政策白皮书》,载《人民日报》2004 年 9 月 8 日,第 6 版。社会保险法已纳入全国人大立法计划,也许不久将会出台这部法律。
④ 参见索红:《论中国政府职能越位和缺位的数量边界》,载《数量经济技术经济研究》2001 年第 12 期,第 8 页。

共医疗卫生和环境保护;四是农村义务教育。①

财政资金这块蛋糕如何分配,能否依据特定的原则,并且以法律的形式加以确定?因为总体上财政资金是有限的,各方主体对财政资金存在一定的竞争关系。在分配财政资金这块"蛋糕"时,如果建立一个合理的分配原则,将会极大提高财政资金的效益,并且有助于实现社会公平和正义。我国公务员的连续加薪曾经引起过很大争议,公务员加薪将占用有限的财政资金的更大份额,直接减少其他领域的财政投入,在社会保障、教育资金、农村救济等项目同样需要资金的情形下,人们对公务员加薪提出了质疑。公务员加薪是否合理暂且不论,财政资金的分配的确需要建立一个原则,以确保分配合理,更好地发挥资金效益。有的学者认为,财政支出应遵循以下基本原则:(1)满足公共需要原则。转变政府职能,财政支出逐步从生产性、竞争性领域退出,转向非盈利性、非竞争性的公共需要领域。(2)有利于资源配置原则。对市场失效领域,通过财政支出手段弥补,促进各项事业顺利发展。(3)有利于实现公平分配原则。通过市场机制难以兼顾公平的,就需要依靠政府凭借财政支出手段解决。(4)有利于经济稳定发展原则。② 其中"公共需要"(也可以说"公共利益")和"公平"原则值得借鉴,但是具体如何界定,仍然需要进一步探讨。

### 三、监督不力和腐败现象

财政支出涉及财政资金的运转和分配,与纳税人的权益密切相关。支出过程渗透了众多权力性特征,权力一旦缺乏监督,就可能被滥用,危害公共利益和纳税人权益。由于观念上、体制上以及其他各方面原因,目前我国的财政支出监督制度很不完善,事前监督效力弱化,事中监督缺乏控制,事后监督缺乏评价机制,监督效果不佳。相应地,挪用、侵占财政资金现象严重,腐败问题突出。

(一)事前监督效力弱化

对财政支出的法律监督和控制,主要依赖于预算制度。财政预算是一个国家经济与社会选择在财政方面的反映。为履行人民赋予它的职责,国家需要:(1)以恰当的方式,在国民经济的运行过程中取得足够的资源;并

---

① 参见《中国经济时报》2004年4月20日,第2版。
② 参见谢瑞:《中国与部分国家财政支出结构比较研究》,载《现代财经》2002年第7期,第13—14页。

且(2)以有针对性、高效、并且有效的方式对采集来的资源进行分配和运用。① 其中前者属税收范畴,后者属财政范畴。财政收入(主要为税收)和支出具有不可分割的内在联系。

我国《预算法》颁布后,预算编制有了法律依据,但是《预算法》的执行效果并不理想。预算编制很粗糙,没有对每一项支出计划进行合理的、科学的计划和设计,使得预算编制过程很随意,这样的预算即使有了良好的监督也没什么意义,何况我国目前预算监督并不得力。随意变更预算的情况在我国目前比较普遍,政府部门任意增加开支,"先斩后奏",预算的软约束造成预算审批流于形式。②

我国《预算法》规定,全国人民代表大会及其常务委员会对中央和地方的预算和决算进行审查和监督,地方各级人民代表大会及其常务委员会对本级和下级政府的预算和决算进行审查监督。由于预算编制和预算审查方面的问题,人大对预算的监督效果并未达到预期的效果。主要原因包括:(1)预算编制粗糙。美国联邦政府每年提交国会的年度预算及相关的文件,多达 8 000 多页,详实而具体。而我国各级政府向同级人大报送的预算草案只有几千字,笼统模糊,人大代表无法确定预算安排是否合理,自然也无法行使审查监督职能。(2)预算审查时间短。我国预算编制一般在上年 11 月份下达预算编制通知,当年 3 月份开始由人大讨论预算草案,当月完成预算的审核,时间过短,难以对预算进行详细的审核,使人大对预算的审查流于形式。③ (3)预算审查不够专业。我国虽然设有预算委员会,但是真正的专家不多,委员对预算编制的相关内容由于专业知识方面的欠缺,难以行使"代表职责",不可能提出更为合理的意见或质疑,以至于干脆投票同意了

---

① 萨尔瓦托雷·斯基亚沃—坎波、丹尼尔·托马西:《公共支出管理》,张通译/校,中国财政经济出版社 2001 年版,第 1 页。

② 在 2003 年 6 月 24 日十届全国人大常委会第十次会议上,许多人大常委对财政预决算体制提出了批评,认为预算编制不完整,大量资金脱离财政管理,游离于预算之外,正是助长各部门寻求部门利益,形成国家权力部门化、部门权力个人化局面的根本原因。在 2004 年 3 月全国人大审议政府工作报告时,就有众多代表反映"看不懂"预算报告,数字混乱,比如对政府支农数额,媒体分别算出了 1 000 亿元、500 亿、300 亿、100 亿四本账。这种缺乏透明的预算编制,让纳税人难以管好政府的"钱袋子"。参见汪生科、孙雷报道:《财政部回应预算编制"黑箱说"》,载《21 世纪经济报道》2005 年 2 月 28 日,第 1、2 版。

③ 美国的做法就值得借鉴。美国国会对预算的审查时间是 8 个月左右,总统将审查过的联邦政府预算建议草案提交国会审议,然后在全国公布,预算草案公布后,任何党派、团体或部门都可以就预算提出自己的意见;国会就预算问题举行听证会,国会各委员会根据调查、听证情况提出修改意见或通过预算报告。

事,预算审批成为"只批不审"。(4)预算不完整。我国存在大量的预算外资金,也限制了人大对财政资金审查的作用发挥。

(二)事中监督缺乏控制

由于缺乏强有力的监督和控制,财政资金在使用过程中存在着随意支取、挪用和浪费等现象,资金使用效益不高。尤其是一些工程项目的支出由少数人决策,缺乏透明度,容易滋生权钱交易、贪污受贿等腐败现象,不利于廉政建设。现在仍有很多政府官员的观念停留在传统体制下的那种状况,认为钱一进了国库,就被认为是"国家的钱",纳税人就管不着了,没有树立"纳税人的钱"、"公众的钱"的意识,由此产生"国家的钱"就可以乱花的观念。① 我国从预算的编制、支出科目的设置到支出数额的确定,都缺乏详尽的法律规则的确定和引导。从支出预算的确定到拨款的使用,整个过程似乎处于"黑箱"状态,每一项支出是如何确定的,每一项支出是如何完成的,并不为公众所知,这就为违法乱纪提供了可能。

2004年11月1日,国家审计署对外公布了《国土资源部2003年度预算执行审计结果》,该报告披露:(1)2003年4月,国土资源部批复所属中国土地勘测规划院预算时,安排了隶属于国土资源部的经费自理事业单位——中国土地矿产法律事务中心房租及人员经费等补贴100万元,形成向非财政拨款单位安排预算资金。(2)2000年至2003年,国土资源部本级及所属单位以各种名义,截留挪用专项资金6 307万元,用于发放工资、奖金及弥补行政支出等。(3)2002年末,所属航遥中心未经财政部批准同意,将国土资源调查专项经费结余80万元进行分配,将40%计入地勘发展基金,按30%计提公益金,用30%直接发放奖金,不符合财政部《中央本级项目支出预算管理办法》关于"项目完成后,结余的资金经报财政部批准同意后,可结转下一年度使用"的规定。(4)一些财务收支未纳入年初预算或未经财政部同意自行调整预算,不符合《中华人民共和国预算法实施条例》关于"各部门、各单位的预算支出,必须按照本级政府财政部门批复的预算科目和数额执行"的规定。(5)2002年6月,国土资源部自行设立国库集中支付工作办公室,编制列监测院,机构设在财务司,2002年、2003年,共安排国库支付办专项工作经费96万元。此外,在对国家林业局、海关总署、国家质量监督检验检疫总局、国家测绘局等部委的审计中也发现了一些问题。

---

① 参见焦建国:《财政公共化改革的三个基本任务——支出结构调整、公开透明与责任落实》,载《公共管理学报》2004年第3期,第64页。

审计署查出的问题涉及众多国家级单位和政府官员，问题之严重让人触目惊心，由此反映出我国对预算执行的事中监督非常薄弱，很多问题直至审计署审计时才得以浮出水面。财政部门内部各职能部门在预算分配时，总是力图为本部门谋取更多的财政资金，但对本单位内部的财政资金的使用却缺乏必要的规范和约束。另外，我国对财政资金的使用也缺乏激励与约束机制，全国大多数地方还没有建立起健全的财政资金使用效益考核指标体系和奖惩制度，很多地方根本没有成本收益意识，对财政资金使用的效果不闻不问。

对财政资金使用的监督和控制，美国和法国都有较为完善的规则设计。美国国会对预算执行情况实行监督最有效的途径是拨款。国会通过授权法案只是第一关，即使在预算法案生效后，要完成拨款活动，仍须国会批准。除非根据拨款法案，否则任何主体均无权从国库提取款项。拨款程序规定了拨款具体用途、拨款的期间、拨款数额上限、拨款调剂限制等。国会预委会可以要求有关单位提交进展报告，检查预算执行情况，获得满意后才能进一步拨款。政府任何一项新的计划成立并得到执行，必须经过国会授权法案和拨款法案的双重控制。① 法国为了控制监督公共开支行为，建立了高效的监察队伍，中央各个机关中都有隶属于经济财政工业部的财政检查员，其职责是对支出决策者完成支出国家资金的法律承诺的合法性和是否遵守财会制度进行检查。检查内容包括支出的归类、估价的准确性、遵守财政法律的情况、执行预算的情况等。审核无误后，检查员会在相应的财务预算项目上"冻结"所需资金，以备支出承诺后的实际支出之用，随后签章发出支付指示。此外，审计法院会对公共会计进行年审，由预算及纪律法院审查支出决策者的违法行为，如发现违反预算法和公共会计制度的情况，由纪律法院判以相应的处罚。② 而我国疏于对财政资金划拨的监督，致使资金的动用缺乏有效监管，国库集中支付制度也许能够让这种局面有所改观。

（三）事后监督缺乏评价机制

我国对财政资金使用的事后监督主要依靠审计制度和决算审批制度。《中华人民共和国审计法》规定审计机关依法对本级政府预算执行情况和决算以及预算外资金的管理和使用情况进行审计监督。近几年我国加强了预

---

① 参见尹中卿：《当代美国国会的财政监督程序》，载《人大研究》2002 年第 3 期，第 44 页。
② 参见上海市财政局考察团：《法国的公共会计和财政检查制度》，载《上海财税》2002 年第 11 期，第 25 页。

算执行情况的审计力度,对监督财政资金运行起到了重要的作用,但是由于责任制度的缺失,以及各种人为因素的干扰,有的问题难以调查清楚,而查出来的问题,很多也得不到足够的重视。审计署的审计公告中披露,"2003年,国家质检总局的机关服务中心等四个直属单位挪用检验检疫技术保障专项经费2 066万元,用于办公楼和职工宿舍楼的物业管理等项支出"。对此问题,质检总局只对用于办公楼的部分进行了解释,而对用于职工宿舍楼、交物业管理费的部分只字未提。2000年至2003年度,国土资源部本级及所属单位以各种名义,截留挪用专项资金6 307万元,用于发放工资、奖金及弥补行政支出等;挤占挪用国土资源调查等专项经费4 227万元,用于发放工资津贴、职工福利费等基本支出。而国土资源部的整改报告仅对用于基本支出部分做了说明,而对于发放工资津贴、职工福利费却没有整改说明。问题查出来后,却并未对相关的主管人员和责任主体追究相应的法律责任。很多问题就这样不了了之,"审计风暴"刮得还不够猛烈。缺乏责任追究制度,审计署的努力却换不来应有的效果。有了问题也没法处理,很难保证下次不会再出问题,甚至问题可能会更加严重。这种责任制度的严重匮乏以及执法不严的普遍性,确实值得各界深思。

事后监督本来就有"亡羊补牢"的缺憾,如果事后监督的效果都如此弱化,那监督就没有多少实际意义了。我国对于财政资金的使用还有一道事后监督程序,那就是每年的人大会议都要对政府决算报告进行审议,但是当前这种审议毫无悬念,基本上都会通过,没有太多的意义和价值。

事后监督的内容应该包括财政支出效益,而我国传统的财政理论局限于分配领域,对财政支出最终的产出效益予以忽视,政府只管花钱,不管效益。理论上,对财政资金的使用应该建立一套良好的效益评估系统,该系统能够提高财政支出管理水平,对各级预算定期进行客观公正的监督和综合考核,以提高财政支出的营运效益。但是我国目前还缺乏这样一套系统,资金使用责任不明确,对于预算支出效果,预算单位、审批人、预算拨款人、用款部门等有关单位和人员的相应责任的承担,并没有明确的规定。

财政支出效益如何,要区分不同情况。对生产性支出来说,就是尽量降低成本,提高盈利;对非生产性支出,就是少花钱,多办事,把该办的事办好。宏观上支出结构得到优化,国民经济持续协调发展,社会福利增多;微观上每一个具体支出项目,在节省开支的情况下达到既定的支出目的,取得最佳效益。考虑财政支出效益时要兼顾经济效益和社会效益、短期利益和长远利益。

笔者认为,澳大利亚的财政支出评价机制值得我国借鉴。这种评价机制对整个支出项目或某一组成部分进行审查和评价,为决策者和规划管理者提供及时、可靠和客观的信息,使决策者和管理者深入了解项目的目的、资金的使用情况及规划的实施对社会经济产生的影响,有助于决策者在决策过程中作出正确、合理的决策,并有助于管理者不断改进项目管理工作。此种评价并不局限于对支出项目本身的评价,还包括内阁在预算过程中委托进行的重大审查工作、由议会提出的重要质询和进行的政策与项目审查、由政府部门间委员会所作的审查及澳大利亚国家审计局开展的各项审查。评价内容包括适用性评价、效率评价和效果评价等。其中,效果评价既要了解项目的预定目标或成果的实现程度,也要了解为实现这些目标或成果所付出的代价,看看是否"物有所值"。对于难于量化的成果,如旨在改善受益人生活质量的项目,还应借助于成本效果分析。① 据有关研究显示,我国财政资金的使用有近三分之二属于低效或无效,因而有必要借鉴澳大利亚的做法,建立我国财政支出评价制度。

由于财政支出与公共利益密切相关,要预防和纠正财政支出过程的违法行为,一是需要法律设计相应的责任制度,我国《预算法》中有关责任的规定严重匮乏,影响了法律执行的效力;二是需要一种救济机制,任何权利都需要救济,没有救济的权利很难得到真正实现和保证。英国有一条法谚:"没有救济就没有法律。"孟德斯鸠说:对公民的荣誉、财富、生命与自由越重视,诉讼程序也就越多。从实体权利与诉讼形式的关系来看,任何实体权利都要求通过相应的诉讼形式加以保护,而诉讼形式离开了实体权利,也没有独立存在的价值。一个人可以享有各种实体权利,但如果其他人、社会组织或国家权力侵犯了这些实体权利,而他又不能通过诉讼形式获得救济,那么,不仅这些实体权利对他来说是没有多大意义的,而且不符合实体权利本身的要求。"权利"本身必然包含着"追诉权"、"救济权"。德国学者约瑟夫·翁格认为:"诉权是权利所固有的天然属性。"② 如果公共利益遭受违法侵害,应当由谁来启动诉讼手段,以什么样的方式提起诉讼,以追究违法者的责任?这就涉及到"公益诉讼"的问题。"公益诉讼"在我国学界仍无定论,学者褒贬不一。无论如何,美国的做法在某种程度上可以为我们所借

---

① 参见张小利、侯晓玉:《澳大利亚的财政支出项目评价》,载《中央财经大学学报》2001年第12期,第15—17页。
② 参见程燎原、王人博:《权利及其救济》,山东人民出版社1998年第2版,第394—395页。

鉴。美国宪法赋予纳税人在一定程度上享有对政府不合法的支出提出诉讼赔偿的权利。如在"弗拉斯特诉科恩案"(1968年)中,最高法院裁定,一个联邦纳税人有资格对有利于教会学校的联邦开支提出质疑,理由是这种拨款违反了宪法第一修正案中不得确立国教的条款。从公共财政的观点看,税收是公共产品的价格,纳税人缴纳税款,实质上是向公共产品的提供者即政府支付价款,与市场经济交换的一般原则一致,即等价交换关系。纳税人与政府应是平等的主体,要求政府按纳税人的需要提供公共产品,是纳税人的当然权利。政府拥有市场主体所不具备的权力,在纳税人和政府间形成事实上的不平等关系。因此,从宪法上确立纳税人(国民)的诉讼资格,是充分保证国民合法权利的最有效的制度保障之一。① 在我国的法律实践中,法院常常以原告不具备起诉资格,即原被告之间没有法律上的利害关系为由驳回起诉。"公益诉讼"制度的缺失,使公共利益的保护缺少救济机制,我国法律制度建设中应当尽快弥补这种缺陷。只有建立起完善的公益诉讼制度体系,公共利益才能得到切实的维护,进而人民的合法权益才能得到真正实现。

(四)腐败问题突出

19世纪著名历史学家阿克顿有句名言:"不受制约的权力,必然导致执政者的腐败。"由于预算的软约束,我国传统的财政制度重收轻支,监督制度不完善,使得财政支出领域腐败案频出。由于财政预算拨款下去后,审计一般只对资金使用结果进行清算,而对资金使用的过程缺乏有效的跟踪监督,钱不能处于监督者的监督视线的范围内,这样的监管"真空"给腐败者留下了充分的操作空间。有报道称,一个因犯强奸罪入狱的教师,在服刑期间竟然还领着工资。类似的事情举不胜举,纳税人的钱"花"得莫名其妙。②《中国青年报》于2004年9月1日披露了四川万源市财政赤字逾1.6亿元,仍然花巨款请明星演出。万源市地处西部山区,条件艰苦,贫困落后,知名度低,影响力小,市委、市政府兴全市之力举办这场演出,不排除当地党委政府有扩大知名度、招商引资的用意。但实际效果是,整个纪念活动耗资高达2000万元左右。这对于年财政收入仅4000万元左右、年财政赤字高达1.6亿元的万源,无疑是雪上加霜。有关专家表示,公款追星是典型的腐败。不少官员认为财政的钱是国家的钱,忽略了这是"纳税人的血汗钱",正

---

① 参见范立新:《美国宪法涉税条款评析》,载《涉外税务》2002年第9期,第30页。
② 参见曹林:《"坐牢领薪"坐什么牢》,http://www.csonline.com.cn,2005年2月14日访问。

是这种错误观念,导致目前许多地方官员花钱随意,"想怎么花,就怎么花",财政预算就像一个弹性巨大的橡皮矿。这种现象在中国许多地方很普遍。

公车私用,被人称为"马路上的腐败"。每年秋季开学期间,各学校门口出现众多公车送子女上学的情景。2003年2月21日《三湘都市报》报道,湖南衡阳城区因为200台公车接送子女上学,主干道堵塞12小时。"八五"期间,全国公车耗资720亿元,年递增27%,大大超过了GDP的增长速度。到了20世纪90年代后期,我国约有350万辆公车,包括司勤人员在内的耗用约3 000亿元人民币,已经成为财政不堪重负的大包袱。社会轿车每万公里运输成本为8 215.4元,而党政机关等单位则高达数万元。公车消费在我国轿车市场占主导地位,在某些领域公车消费所占比例高达90%。公车消费成为财政支出的一个黑洞,成为滋生腐败的温床。①

根据2004年的审计公告,对全国50个县市2002年和2003年上半年基础教育经费投入和使用情况的审计结果显示,一些县的教育及财政部门"吃"教育问题十分严重。例如,吴川市地处粤西地区,财政十分困难,但该市教育主管部门在2002至2003年6月的一年半时间里,"吃""分"教育经费600多万元,其中市教育局吃喝209万元,人均近3万元,是同期在职教师人均工资的近1.5倍;17个镇教办吃喝和发放补贴402万元,人均2.9万元。据统计,2002年全国公款吃喝消费达到1 000亿元。②

行政事业单位挪用专项资金的问题也十分严重,有的用于请客送礼,有的用于发放奖金、补贴,有的用于支付各类赞助,有的用于装修房屋,有的用于购买商品,五花八门。这些违法违纪现象,固然有财政拨入经费不足的原因,但更主要的是财政管理混乱,财经纪律松弛,对财政支出监督不严。我国缺乏对专项资金专门的法律保护,致使专项资金经常被挪用,在每年的审计报告中,可以看到许多农业、教育、扶贫济困等专项资金被挪用的情况。2004年的审计报告披露,1999年以来,国家体育总局动用中国奥委会专项资金1.31亿元,其中用于建设职工住宅小区1.09亿元,用于发放总局机关工作人员职务补贴和借给下属单位投资办企业2 204万元。我国现行对农村基础教育资金的转移支付,由于缺乏一套财政支出效益的考核指标,资金下拨环节多,资金被截留、挤占、挪用的现象严重,滋生众多腐败现象。2004

---

① 参见鄢烈山:《消除"马路上的腐败"》,载《南方日报》2003年3月25日,第3版。
② 参见《教育局公款吃喝"胃口好"1年半吃掉200万》,载《新闻晚报》2004年6月28日,第4版。

年 3 月至 5 月,审计署重点审计了安徽、河南和江苏 3 省特大自然灾害救济补助费的拨付和使用情况,发现虚报损失套取救济补偿金等严重问题。审计署的监督在多数情况下是事后监督,有其滞后性、局限性。很多审计署查处的问题已经掩盖多时,如此严重的问题却长期无人过问,或者没有被"发现",确实暴露出我国的监督制度极为薄弱。对于审计所查处的问题,由于法律规定的不明确,很难追究责任人的刑事责任,大多只是追究行政责任了事。违法者没有得到严惩,被侵害了的公共利益和纳税人的权益,也得不到应有的补偿。换句话说,纳税人的钱被乱花了,花了白花。

## 第四节 财政支出法定原则的立法保障

既然财政支出需要"法定",那就不能缺少相应的法律制度,没有具体法律制度的支撑和保障,财政支出法定原则将停留为一个口号,没有多少实际意义。我国财政支出的相关立法严重不足,阻碍了财政支出法定原则的实现,使财政支出的管理混乱无序,问题频生。相关立法的空白弥补、现有法律的改进虽然不能解决所有问题,至少能够让这些问题有所缓解。

### 一、立法现状

我国宪法[①]明确规定了纳税人的义务,没有明确纳税人的权利,也没有财政支出法定的相关内容。《中华人民共和国宪法》(以下简称《宪法》)第 2 条规定:"中华人民共和国的一切权力属于人民。人民行使国家权力的机关是全国人民代表大会和地方各级人民代表大会。人民依照法律规定,通过各种途径和形式,管理国家事务,管理经济和文化事业,管理社会事务。"这可以看成是我国财政支出"议会控制"的宪法渊源,政府权力为人民授予,人民代表大会受人民委托进行预算审批和监督。《宪法》第 12 条规定:"社会主义的公共财产神圣不可侵犯。国家保护社会主义的公共财产。禁止任何组织或者个人用任何手段侵占或者破坏国家的和集体的财产。"该条明确了"公共财产"受国家保护,财政资金应当归属公共财产之列,政府权力不能侵蚀财政资金。《宪法》第 56 条规定:"中华人民共和国公民有依照法律纳税的义务。"宪法强调并关注公民纳税的义务,对纳税人的权利没有在条文

---

① 我国现行宪法于 1982 年 12 月 4 日第五届全国人民代表大会第五次会议通过,并分别于 1988 年 4 月 12 日、1993 年 3 月 29 日、1999 年 3 月 15 日和 2004 年 3 月 14 日通过宪法修正案。

中明确规定。总体来说,我国目前的宪法对纳税人权利的保护是不够的,在财政支出的使用上如何保护公共利益缺乏规定。此外,宪法一直以来存在"司法化"的障碍,让宪法难以发挥真正的法律效力,这一点遭受众多法律学者的指责。宪法的最高法律权威仅停留在纸面上,在保护人民合法权益方面,宪法做得远远不够。

我国1994年颁布了《中华人民共和国预算法》(以下简称《预算法》),1995年11月2日国务院通过了《中华人民共和国预算法实施条例》(以下简称《实施条例》)。1999年12月,为了加强和规范预算管理,九届全国人大常委会第十三次会议又通过了《全国人民代表大会常务委员会关于加强中央预算审查的决定》。《预算法》是我国财政支出方面目前最重要的一部法律。该法对预算管理职权、预算收支范围、预算编制、预算审查和批准、预算执行与调整、决算、预算监督以及法律责任作了系统的规定。《预算法》对财税体制的改革、规范财政收入支出起到了积极作用。但是《预算法》仍然有许多不足之处。

《预算法》第12条和13条明确了人大对预算的审批决定权和监督权,但是由于预算编制的透明度不够,以及人大议事规则不完善,人大对预算的审批和监督一直没有取得让人满意的效果。《预算法》第19条规定了预算支出的范围,具体包括:(1)经济建设支出;(2)教育、科学、文化、卫生、体育等事业发展支出;(3)国家管理费用支出;(4)国防支出;(5)各项补贴支出;(6)其他支出。这些支出范围基本属于公共利益范畴,但是并不明确,如"各项补贴支出"就没有具体的界定,为财政给国有企业亏损补贴留下口子。"经济建设支出"也应该缩小范围,对市场能够解决的经济建设问题,财政应当尽快撤出该领域。

《预算法》第26、29条对中央预算和地方各级政府预算按照复式预算编制有所规定,而对部门预算应采取什么方法编制,并没有明确的法律规定,从而使部门预算编制方法缺乏法律依据和约束。预算支出分类时仍将经济建设支出放在第一位,不符合公共财政建设与发展的方向。预算审核内容没有明确的法律规定,如《实施条例》第27条规定"县以上地方各级政府财政部门审核本级各部门预算草案",第29条规定"县级以上各级政府财政部门审核本级各部门的预算草案时,发现不符合编制预算要求的,应当予以纠正",但具体哪些内容不符合编制预算要求,却没有明确规定,既造成财政部门审核本级部门预算草案时缺乏法律依据,又造成财政部门与各部门之间的矛盾,特别是对有些项目,财政部门根据要求与资金供给的可能,认为不应当安排而部门根据需要坚持安排,当二者意见不能达成一致时,人大或政府进行审核裁决时又没有法律依据,这实际上加大了预算执行中存在的随意性,影响预算执行的合规性与严肃性。由于预算编制缺乏科学性和法律的严肃性,财政部门便留有调整财力的充分余地,预算执行起来追加要求过多,仍存在"跑部钱进现象",调整频繁使预算监督难以发挥职责,加之相关的监督法规没有出台,财政监督工作也难以产生法律的严格约束力。

《预算法》第 30 条规定:"各级预算支出的编制,应当贯彻厉行节约、勤俭建国的方针。各级预算支出的编制,应当统筹兼顾、确保重点,在保证政府公共支出合理需要的前提下,妥善安排其他各类预算支出。"该条为控制财政支出规模提出了原则性的规定,即提倡"节约"精神,但是这种口号式的法律条文起不到应有的约束作用,各级政府部门在自身利益的驱使下,竞相争取更多资金,在预算执行过程中由于缺乏监督和责任约束,没有"节约"的动力和压力,铺张浪费现象严重。《预算法》第 47 条规定:"各级政府、各部门、各单位的支出必须按照预算执行。"但是许多地方部门、单位不按规定严格执行支出预算,擅自扩大开支范围,提高支出标准,改变支出用途,随意开口子、批条子,冲击预算的刚性,致使预算支出约束力软化。

预算执行本应该是预算的"重头戏",需要对具体的执行作详细的规定,为政府部门相关行为设定边界和规则,并明确具体的执行监督机关、监督方式等。但是现行《预算法》第六章"预算执行"部分仅有几条原则性的规定,大多是"各级政府部门必须……"这样的宣示性条款,缺乏操作性,对执行监督也是只是强调政府部门自身监督,忽略了更为有效的外部监督。

《预算法》虽然在第九章用了一章规定预算监督,但是同样有过于原则、缺乏操作性的问题。该章规定了人大有权对预算和决算进行监督,规定了审计部门对预算执行和决算进行审计监督,但由于缺乏具体的操作规则,难以保证监督效果。尤其是各级人大的监督,人大实际上只是在预算审批和决算报告过程中行使了一定的监督职能,对预算执行过程的监督几乎没有发挥什么作用。

众所周知,《预算法》执行效果并不理想。这种"执行不力"一方面是因为守法意识不高、执法不严和其他各种人为因素干扰,另一方面也有法律自身的原因。规则制定不科学,缺乏操作性,影响了法律执行的效果。更为严重的是,《预算法》的责任制度极为缺乏,仅仅在第十章规定了三条"法律责任"①,规定过于原则,不足以抑制违纪、违法行为的发生。《预算法》对各级政府及其负有直接责任的主管人员和其他直接责任人员,因擅自变更预算、擅自动用国库库款或支配库款、隐瞒预算收入或将非预算内支出转为预算内支出,分别规定了追究行政责任和给予行政处分的规定。该法对违反预算编制、执行、擅自作出预算调整、擅自动用预备费等并未规定具体的法律责任。《预算法》对违反财政管理体制、违反财政支出法律的行为处罚措施力度偏弱,对诸如滥用支出、挪用财政资金等违法乱纪行为,欠缺强有力的处罚办法。各级财政部门、审计部门对违反财经纪律的认定和处罚,长期以来一直依据1987年6月国务院颁发的《关于违反财政法规处罚暂行规定》(国发[1987]58号)及《违反财政法规处罚的暂行规定施行细则》②的有关规定,可见立法的滞后性有多严重。直到2004年11月5日国务院第69次常务会议才通过《财政违法行为处罚处分条例》,财政支出领域的违法行为有了较为明确的责任追究制度。依据该条例的规定,对"不依照预算或者用款计划核拨财政资金"、"擅自动用国库库款或者财政专户资金"、"虚报、冒领等手段骗取财政资金"、"截留、挪用财政资金"、"违反规定扩大开支范围,提高开支标准"、"违反规定编制、批复预算或者决算"、"违反规定调整预算"、"违反规定动用预算预备费或者挪用预算周转金"、"违反国家关于转移支付管理规定"等行为给予责任人"警告"、"记过"、"降级或撤职"的处分。这些责任依然属于行政责任范畴,处罚力度不够。

在预算内的财政资金存在的法律约束弱化的问题,在预算外资金的管理方面体现得更加明显。我国的预算外资金同样存在管理不严的问题。预算外资金是国家机关、事业单位、社会团体以及具有行政管理职能的企业主管部门,为履行政府职能,依据国家法律、法规或规章,提取和使用的未纳入

---

① 《预算法》第73条规定:"各级政府未经依法批准擅自变更预算,使经批准的收支平衡的预算的总支出超过总收入,或者使经批准的预算中举借债务的数额增加的,对负有直接责任的主管人员和其他直接责任人员追究行政责任。"第74条规定:"违反法律、行政法规的规定,擅自动用国库库款或者擅自以其他方式支配已入国库的库款的,由政府财政部门责令退还或者追回国库库款,并由上级机关给予负有直接责任的主管人员和其他直接责任人员行政处分。"第75条规定:"隐瞒预算收入或者将不应当在预算内支出的款项转为预算内支出的,由上一级政府或者本级政府财政部门责令纠正,并由上级机关给予负有直接责任的主管人员和其他直接责任人员行政处分。"

② 《财政违法行为处罚处分条例》于2004年11月5日由国务院第69次常务会议通过,2005年2月1日起施行,国务院1987年6月颁发的《关于违反财政法规处罚暂行规定》及其实施细则予以废止。

国家预算管理的各种财政性资金。《预算法》第76条规定:"各级政府、各部门、各单位应当加强对预算外资金的管理。""各级人民代表大会要加强对预算外资金使用的监督。"这些原则性的规定对预算外资金的管理起不到应有的作用。结果大量预算外资金游离于法律监督之外,肢解了国家财力,滋生腐败现象,截留、挪用预算外资金、私设"小金库"等问题屡屡发生。国务院于1996年发布了《国务院关于加强预算外资金管理的决定》(国发(1996)29号),财政部根据该文颁布了《预算外资金管理实施办法》(财政部财综字第104号),规定了预算外资金管理的一些具体办法,但是很多规定都是基于"政府本位"的,只能治标不治本。而且由于法律层次低,其作用相当有限。

在国库管理方面,由于缺乏详细的规则设计,进一步加重了财政资金管理的非规范性问题。1985年国务院发布的《国家金库条例》及其《实施细则》确定了人民银行经理国库制,对国库的组织机构、国库的职能和任务、国库业务操作程序等作了详细的规定。这种委托国库制在计划经济条件下对保障国家预算的正常运行起到了一定的作用。但是随着市场经济的发展,这种制度出现了一些问题,如国库组织机构不健全,国库资金汇划渠道不畅通,周转环节多,周转速度慢,影响财政资金的使用效益。

## 二、立法建议

要使我国财政支出法律体系完备至足以保证财政支出目的法定、范围法定、决定权法定、监督法定和责任法定,笔者认为需要从几个层级入手。首先需要宪法进行相应修改,通过宪法条文引导支出的目的和范围。其次,制定财政支出法和财政监督法,进一步规范财政支出范围、明确财政支出决定权的行使主体和程序、加强财政支出的监督等。再次,对具体的支出计划、审批、支出项目等,需要专门的法律保障。比如,预算法需要修订以适应变化了的形势,财政转移支付法需要尽快制定,以规范具体的某项支出行为。

### (一) 宪法

我国现行宪法与财政支出相关的内容仅仅规定了预算编制执行、人大对预算的审批权等,内容极少。西方国家的宪法规定较为全面和详细,德国、芬兰等国宪法对预算有专章规定。印度、希腊、芬兰等国宪法均规定一国的全部财政收支都应当纳入预算。对于财政支出的范围和监督,许多国家在宪法中都有明确规定,例如:

1789 年的《法国宪法》第 13 条规定:"武装力量的装备和行政管理的支出都需要共同的支付,它们应该由所有公民按照他们的现状进行公平的负担。"法国《人权宣言》第 20 条规定:"除公共用途外,不得创设任何赋税。一切公民均有权监督税收的用途和了解其状况。"

　　《西班牙宪法》第 133 条第 4 项规定:"国家政权只能根据法律的规定减缩财政义务和实施支出。"

　　英国国会于 1628 年向英王提出的宪法性文件《权利请愿书》(Petition of Right) 和 1689 年颁布的《权利法案》(Bill of Rights),宣称:"没有议会的同意,按王室的特权来征税和由王室支配税收收入,或者较长时间不按议会规定的程序征税,这都是非法的。"①

　　《德国宪法》第 14 条第 2 项规定:"财产权负有义务,其使用应有利于公共福利。"②

　　《美国宪法》第 1 条第 9 款第 7 项规定:"除法律所规定的拨款以外,不得从国库支拨款项。一切公款收支的定期报告及账目,应及时公布。"③国会由此专门成立了拨款委员会和预算委员会,控制着联邦政府预算管理权和监督权。④ 美国各州宪法都有这样的规定,财政预算由行政机关编制,立法机关决定。立法机关决定财政预算,必须以法案的形式由一院提出,在一院通过后可由另一院进行修正。国会对于总统提出的预算案可以任意修改,不仅可以减少或增加行政机关请求的拨款,甚至可以取消行政机关请求的拨款项目,或增加行政机关没有请求的拨款项目。各州议会虽然做法不同,但有一点是相同的,这就是全权决定预算的权力,包括税收范围、税收等级以及税种、税额和税收的增减或豁免,以及公共财政支出的项目、数额等。

　　这些国家的宪法不仅规定了"税收法定",还规定了财政支出的"法定",严格限制了财政支出的用途。随着社会的发展和学界研究的深入,我国众多学者也纷纷提出"财政立宪"的概念,建议我国宪法规范财政支出。以立宪的形式对政府的财政支出做出明确的规定,政府支出将更集中于公共物品的提供,而不是过多地进入市场能够有效运作的领域,这样政府才会

---

① 参见朱洪仁:《欧盟税法导论》,中国税务出版社 2004 年版,第 73 页。
② 〔美〕路易斯·亨金、阿尔伯特·丁·罗森塔尔编:《宪政与权利》,郑戈、赵晓力、强世功译,三联书店 1996 年版,第 162 页。
③ 〔美〕卡尔威因·帕尔德森:《美国宪法释义》,徐卫东、吴新平译,华夏出版社 1989 年版,第 109 页。
④ 参见范立新:《美国宪法涉税条款评析》,载《涉外税务》2002 年第 9 期,第 28 页。

节约并规范支出。只有财政立宪,才能保证政府向社会成员提供所需的公共物品。财政立宪主义的主要代表人物布坎南、尼斯坎南等人,都认为必须在减少国家干预、减少财政支出的同时,通过财政立宪,以宪法的形式确保预算平衡。① 有的学者建议在宪法中增加有关财政方面的规定,依法理财,即依照宪法和法律的规定管理财政事务;认为有必要修改现行宪法,集中将涉及国家和社会、中央和地方分配关系等财政法内容在宪法中作出规定,以推进依法治国、依法理财。②

宪法的制定和修改更加规范和严格,效力层次高,是其他法律的立法依据。财政支出的目的、范围等事项涉及国民重大利益,应由宪法确定,以保障国民权利。我国宪法应当规定财政支出目的须符合公共利益,财政支出范围限定于市场失灵领域。

(二) 财政支出法

我国应当制定《财政支出法》,对财政支出职能、范围、标准、基本程序、支出成本收益分析、法律责任等作出规定。《财政支出法》对财政支出的原则性问题、重大问题和综合性问题进行相关规定,以统帅、指导、协调各单行财政支出法律法规。它在财政支出法体系中具有仅次于宪法的法律地位和效力。《财政支出法》可以弥补宪法对财政支出重大问题规定的欠缺,以免宪法频繁修改。《财政支出法》可以将宪法与各单行法有效连接起来,不仅可以将宪法确定的基本原则和精神具体化,使之更具有适用性和操作性,同时也避免宪法容量有限不能过多设置财政支出条款。鉴于宪法的特殊地位和性质,我国不大可能总是作出较大的修改,而即使修改也无法把财政支出的原则性问题都包括进去。

有的学者认为,财政支出法包括财政转移支付法、财政采购法、财政投资法和财政贷款法。③ 这是对具体的财政支出领域划分的几个下位法。财政支出领域的立法散乱无序,层次低、效力差,违背"财政支出法定",客观上要求加以统一的协调。不少单行法仍处于行政法规或更低的层次,法律效力不高。而且诸多单行法之间存在重叠、交叉或矛盾的地方,缺乏衔接。财政支出法能够系统考虑一些原则性问题,将现行较为零散的单行法律法规

---

① 参见刘守刚:《西方财政立宪主义理论及其对中国的启示》,载《财经研究》2003 年第 7 期,第 29—30 页。
② 参见丛中笑:《构建公共财政框架的经济法思考》,载《当代法学》2004 年第 5 期,第 63 页。
③ 参见刘剑文主编:《财政税收法》,法律出版社 2003 年第 3 版,第 16 页。

统领其下,并为下位法的立法提供科学的依据和指导。另外,有些问题靠单行法无法解决,如财政支出的原则、支出目的、支出范围等,需要财政支出的"基本法"加以确定。

财政支出涉及的领域和问题比较多,不可能每一个领域都制定一部法律,制定《财政支出法》,可以将原则、支出目的、支出决定权归属与运行、支出范围、支出监督、政府机关在财政支出方面的职责、法律责任等原则性问题加以规定,即使某些领域没有立法,也可以直接适用财政支出法,从而可以在一定程度上缓解财政支出立法的空白状况。

《预算法》主要涉及具体的预算编制、执行、监督等问题,不能替代《财政支出法》的作用。《税收基本法》已经进入我国立法议程,财政收入和支出都是很重要的问题,为何不尽早制定财政支出的"基本法律"？其实,《财政支出法》同样具有重要的地位,由于学者目前对财政支出理论研究不够重视和深入,使得立法进程更为滞后。

《财政支出法》具有重大的理论和现实意义。在理论意义上,《财政支出法》是财政支出法定的必然要求,在实践意义上,财政支出的重要性决定了《财政支出法》的重要性。

（三）财政监督法

法律的生命在于执行。我国的预算执行过程中有太多的随意性,需要加强监督。我国应当尽快出台一部《财政监督法》,以健全财政监督体系,明确财政监督主体的设置、职责、监督程序、监督方式、监督人与被监督人的权利义务、违反法律的责任等,以保障财政监督工作的顺利开展。

法国的财政监督制度可以作为我国制定《财政监督法》的参考。法国财政支出的一个重要经验是"严格执法",对违法违规者处罚相当严厉,由严惩带来的威慑作用,比重复检查的效果更好。财政监察专员严重失职的,由审计法院追究刑事责任；公共会计若涉及挪用公款,就要被撤销会计资格,开除公职,取消退休金保障,严重的要被判刑。若违规支出财政资金,就要被判用私有财产赔偿全部损失；财政支出决策人在决策中若有违反财政法规的行为或其他问题,由审计法院通过检察长向财政预算纪律法院提起诉讼,财政预算纪律法院根据情节作出处理,或者通过新闻媒体予以曝光；或者处以罚款,罚金最高可至本人两年的收入；情节严重须追究刑事责任的,移交刑事法院判决。①

我国可以考虑在财政部门设立专门的监督机构。对预算编制,应防止走过场,要求政府部门对各项支出计划进行详细的解释,做到公开透明。对预算执行的监督要给予足够重视,应采取"跟踪式"的监督模式,专门的监督机构可以委托审计部门进行审计。彻底改变重收入监督、轻支出监督的倾向,对财政支出做到全方位、全过程的跟踪监督。此外,要在法律上完善责任制度,改变执法不严、处罚不力、处罚对事不对人的局面。应当在财政领域实现"罪罚相当",追究责任人的法律责任,提高违法行为的成本,从根源上杜绝违法行为的发生。

(四)预算法

我国《预算法》由于立法时预见性不够,对很多重要的问题只做了原则性的规定,或者有的规定已经不适应现实,致使《预算法》还不够规范,操作性不强,需要进行相应的修改。

笔者认为,以下几个方面需要作出相应修改:(1)预算内容方面,预算要充分发挥作用,就必须尽可能全面。如果预算中不包括重大支出,就无法确保将资源分配给优先项目,也无法保证法律控制和公共责任制得到实施;未列入预算的支出额通常具有不确定性和模糊性,增大了出现腐败和浪费的风险。② 我国目前大量预算外资金游离于法律规制之外,扰乱了正常的财经秩序,滋生众多腐败现象。(2)预算编制方面,《预算法》应当详细规定预算草案编制的基本规则,细化支出项目,增加透明度,实行"阳光预算"和绩效预算。③ 政府应当尽可能披露更为详尽的信息,让每一笔支出项目都成为"明白账",提高预算编制的科学性和规范性。改变"基数加增长"的方法,采用"零基预算法"。"基数加增长"的预算编制方法存在以下弊端:以往年实绩为依据确定支出指标,以承认既得利益为前提,不利于财政供给范围的科学界定和支出结构的合理优化;该方法缺乏科学依据,忽视了社会经

---

① 参见王银梅:《法国财政监督的特征及启示》,载《河南商业高等专科学校学报》2001年第4期,第75—77页。

② 参见〔美〕萨尔瓦托雷·斯基亚沃—坎波、丹尼尔·托马西:《公共支出管理》,张通译校,中国财政经济出版社2001年版,第35页。

③ 绩效预算最早由美国联邦政府提出,是一种与市场经济相适应的政府预算模式。20世纪50年代初美国总统预算办公室对绩效预算下的定义为:"绩效预算是这样一种预算,它表明请求拨款是为了达到目标,为实现这些目标而拟定的计划需要花费多少钱,以及用哪些量化的指标来衡量其在实施每项计划的过程中取得的成绩和完成工作的情况。"参见高培勇主编:《公共财政:经济学界如是说》,经济科学出版社2000年版,第513页。

济的发展变化；支出预算的不断调整，影响了预算应有的严肃性；该方法"奖劣罚优"，挫伤节支的积极性。而"零基预算"（Zero-Base Budget，ZBB）能够从总体上控制政府财政支出行为。按照零基预算的要求，任何政府行政部门的每一预算年度的预算支出都必须从零开始，不受往年预算格局的影响。在对现实的经济形势做出反应的基础上，政府要重新审定预算内容，安排即将开始的新年度预算。零基预算可以改变"基数加增长"法的弊端，鼓励政府部门节约财政资金。零基预算强调一切从计划的起点开始，对各部门预算开支活动加强了效率管理，要求各预算部门把本年度预算执行过程中出现的花钱不当的地方暴露出来。（3）取消预算支出内容中的"经济建设支出"一项，对于确属市场本身不能解决又符合公共利益的经济建设支出，可以包括在"其他支出"里面，即不再单列"经济建设支出"一项。因为随着我国市场经济的发展，经济建设事项应更多地交给市场，政府和财政尽量不要插手，市场能发挥作用的领域，政府就应当撤出该领域。少数关系国计民生、市场本身不能解决而又符合公共利益的经济建设项目，可以作为"市场做主"的例外，由政府和财政提供适当的支持，但是这些项目应当限制在较小的范围。（4）严格控制预算调整，强化预算法律效力。由于预算法对政府部门调整预算缺乏严格的限制，使得政府部门频繁调整预算，尤其是肆意增加支出，影响预算的严肃性，财政资金浪费现象严重。（5）增加责任条款，明确各种违法行为的责任主体和责任形式。现行《预算法》责任条款太少，只有相当粗糙的三条规定，而且仅规定了行政责任，无法真正约束和惩戒违法行为。没有责任就无法规范义务的履行，《预算法》中每一项约束性条款应当有对应的责任条款，明确每一个行为主体在违法时应当具体承担的责任。

（五）财政转移支付法

从广义上理解，财政转移支付制度包括政府对居民的转移支付制度和政府间的转移支付制度，从狭义上理解，转移支付一般指政府间转移支付。我国法学界谈论财政转移支付制度时，一般指的就是政府间转移支付。我国目前的转移支付制度是于1994年分税制改革时建立并在近几年逐步得到完善的。财政体制改革时，国务院在重新划分中央和地方财政收入的基础上，相应调整了原有的财政包干体制下的转移支付形式，建立了中央政府对地方政府的税收返还制度，初步形成了以税收返还、专项补助等为主要内容的财政转移支付体系。我国实行转移支付以来，地区间的财政差距不仅没有缩小，反而呈逐年扩大趋势：人均财政支出最高地区是最低地区的8—9

倍,即使加上转移支付以后,东部地区的人均财政收入仍然高于中西部,且年均增长速度也比中西部地区高得多。地区间的贫富差距不断拉大,有必要加大财政转移支付的力度。

随着经济的发展和各项改革的推进,中央对地方转移支付的财政投入逐年加大:2000年投入800亿,2001年1000亿以上,2002年4000亿以上,约占当年国民收入的33%。由此可见,政府间财政转移支付动用巨大的财政资金,而目前的财政转移支付制度对政府间事权、财权划分不清楚,转移支付随意性大,监督体制不完善,使得原本意在调整地区间收入差距的转移支付制度并没有发挥其应有的功能和作用。1999年财政部制定了《过渡期财政转移支付办法》,该办法属于部门规章,效力层次低,缺乏足够的法律权威。纵观发达国家的财政转移支付制度,多数都以效力位阶较高的法律予以规范。德国、日本等国家普遍以法律形式对政府间转移支付做出明确的规定,德国甚至在其《基本法》中就明确了政府间转移支付的目标,赋予了转移支付制度很高的法律地位,保证了转移支付制度的顺利实施。① 我国现行的政府间财政转移支付制度依据的主要是政府规章,没有单行法律。法律制度的不完善,造成我国目前的政府间转移支付的随意性比较大,部分财政支出不合理,各级政府支出责任不明确,执行中容易出现各种问题。为加强对财政转移支付的管理和监督,我国需要制定一部《中华人民共和国财政转移支付法》,以法律形式明确财政转移支付的各项基本制度,尤其是财政转移支付的监督制约制度。该法应当包括以下主要内容:转移支付的目标和原则;转移支付的具体形式;转移支付的资金来源、核算标准和分配方法;转移支付的规模和程序;转移支付的管理机构;转移支付的监督;法律责任,等等。有了这些详细的法律规定,财政转移支付就会"有章可循"、"有法可依",不仅可以规范各级政府行为,还可以提高转移支付的科学性、权威性和强制性,让财政转移支付的效益得到更好的发挥。

## 本篇小结

本篇从纳税人的视角,站在纳税人的立场,试图追寻纳税人缴纳的税款之支出的正当性、合法性。也许显得过于怀疑主义或斤斤计较,但是"钱"不

---

① 参见李燕:《适时修改〈预算法〉的几点建议》,载《中央财经大学学报》2002年第1期,第49页。

是小事，尤其是财政资金这笔数量惊人的"钱"。正是基于财政支出涉及国民重大利益，对经济、政治和社会都有重大而深远的影响，在财政支出方面需要谨慎行事。依据人民与政府之间委托代理关系理论，政府作为"受托人"拥有很大的权力，这种权力渗透于财政支出的各个阶段和领域。纳税人处于相对弱势的地位，公共利益很容易出现"公共物品之悲剧"，如果不对政府权力加以限制，纳税人权利和公共利益很容易遭受侵害。以法律规范政府财政行为及规范财政支出活动，对纳税人权利和公共利益的保护显得极为必需和迫切。基于此，笔者提出"财政支出法定原则"。

财政支出法定包含多方面的内容。第一，有必要限定财政支出的目的，要求财政资金的使用必须是为了公共利益之需要，非基于公共利益不得使用财政资金。第二，财政支出的具体使用范围限定于市场失灵领域，以节约资金，控制财政支出运行轨道，让"好钢用在刀刃上"，充分发挥财政资金的效益，以为民众谋取最大福利。第三，在财政支出的具体运行方面，需要纳税人控制"决定权"，通过"议会"的形式决定预算的审批，从源头上堵住财政资金滥用的可能性。财政资金使用决定权属于"议会保留"事项。第四，财政支出的执行阶段，需要良好的监督体制，以确保经过审批的预算得以执行，防止政府权力侵蚀财政资金。第五，议会应当对财政资金的使用情况以适当的方式进行评价，追究其中违法犯罪现象，通过法律责任的设定来进一步给财政支出的合法运行加上一道"防护墙"。

财政支出法定原则不能停留在理论层面，而需要对现实状况进行充分的了解分析，总结出相应的问题，并提出法律应对之策。我国在财政支出运行实践上，出现大量财政支出法定原则偏离现象。例如，财政支出"越位"和"缺位"，财政支出范围偏离法定轨道，政府职能错位，不该做的事做了很多，如财政支出对竞争性领域的过多介入，对国有企业亏损的巨额弥补等，而该做的事却没有做或做得不够，如教育科研的投入、农村社会保障问题等。财政支出规模扩大，支出膨胀趋势愈演愈烈，支出结构失衡，人大对财政支出的控制权削弱。预算刚性不足，政府随意调整预算，对政府权力和预算执行的监督乏力，再加上法律较少规定财政支出违法行为的责任，或者执法不够严格，违法行为得不到相应的惩戒和预防，致使财政支出领域的腐败问题突出。

所有这些现实问题的解决，都对我国法律制度的完善提出了很高的要求。目前，我国关于财政支出规制方面的法律明显供给不足，宪法强调纳税义务，忽略了纳税人权利的保护，更不用提"财政支出法定"的宪法确认。预算法也有疏漏之处，预算编制粗糙，大量预算外资金游离于法律规制之外，预算透明度不高，预算管理缺乏绩效制度等，都与预算法的不足有关。其他零零散散的法律法规、规章或政策命令，要么过于原则，缺乏操作性，要么法律的效力层次太低，权威性不足，大量政策代替法律，缺乏透明度，也不具备法律的稳定性和权威性。所以我国有必要修改预算法、制定财政支出法、财政监督法、财政转移支付法等法律，并制定相应的实施条例和细则。

当然，法律也不是万能的。其一，法律不可能过于明确，任何原则都有例外情形。财政支出法定原则也有例外，当出现涉及公共安全、经济稳定等对公共利益有重大影响的事件时，可以作为财政法定原则的除外适用情形，由政府采取符合公共利益的临时措施。其二，法律无法穷尽一切可能发生或存在的社会现象，法律制定再严密，总会有所遗漏。其三，法律需要人执行，会受到各种人为因素的干扰，影响法律实施效力。尽管如此，法律对限制政府权力、保护人民利益的作用是不可替代的，尤其是在考量我国财政支出领域的种种现实问题的基础上，对照目前法律制度的不尽如人意之处，"财政支出法定原则"在财政法治的实现过程中更显得尤为重要。

# 第四篇　议会预算监督权之法律分析

## 引　言

　　2004年6月23日,国家审计署审计长李金华向全国人大常委会所作的《关于2003年度中央预算执行和其他财政收支的审计工作报告》(以下简称《报告》)掀起了一场猛烈的"审计风暴"。2004年的这场风暴把大量触目惊心、鲜为人知的违法违规违纪丑闻揭露出来,老百姓纷纷拍手称快。其实,自1996年开始,国家审计署每年都向全国人大常委会提交审计工作报告,一年一度的"审计风暴"至2004年已经刮了九次。

　　令人深感遗憾的是,问题年年揭露,违法腐败势头未见遏制,国库资金仍然以令人触目惊心的数目被鲸吞！在这场让政府官员多少感到惶恐的"审计风暴"中,虽然每年都有为数不少的官员弄丢乌纱帽,受到行政处罚甚至被刑事追究,而更多的却是:被揭露出有严重违法和腐败的单位,领导根本没有负任何的责任,甚至照样升迁了。那些违法违纪单位甚至仅仅因为接受监督而以骄傲的姿态成为媒体争相报道的对象。因此,"审计风暴"现象担负了老百姓过多的希冀,而实效却并不那么让人满意。在"揭短"之后,审计给中国社会和老百姓留下了什么？人们的回答是,审计虽被"高高举起",而后果处理却被"轻轻放下"。

　　"审计风暴"何以服人？何以警世？当人们开始对这个问题进行思考时,问题就开始向更深层次迈进。大家渐渐意识到,对审计结果不追责问效,对违法者不严加追究,审查虽无私无畏、忠勇可嘉,却仍然可能是劳而无功。因此,在媒体的协助下,"审计风暴"越刮越猛,社会公众开始分析上述财政违纪和官员腐败问题背后的根源。财政民主原则、财政监督问题、预算体制改革问题、审计署归属问题等浮出水面,成为探讨的焦点。在许多人看来,"审计风暴"揭露出的许多财政严重违纪和官员腐败问题,部分原因在于中国预算制度的不完善。因此,加强预算监督就成为问题的核心。

　　对于改革中国的预算制度、加强预算监督,实务界和理论界提出了各种值得思考的建议和意见。很多人基于对审计署工作的赏识,在预算监督权问题上提出了各种强化审计署职权的观点,其中不乏将审计署纳入人大体系的主张。但是,将"审计风暴"揭示的问题用改革机构设置的方法来解决,似乎并不是治本之策。当我们用法律的思维来解析"审计风暴"背后的各种问题时,权利义务仍然是首先应当想到的。怎样规范相关主体的权利义务,才是最为根本的。

监督权是议会生存的要义。审查预算是世界各国议会最主要的职权和工作之一。西方国家的民主就是从议会掌握国家的财政收支开始的。中世纪的英国议会花了几百年时间取得了对财政的支配权,才使它成为一个真正意义上的议会。现代世界各国民意代表机关的组成、职权虽各有不同,但无一例外的是,财政总是掌握在民选的议会手里。公共财政、议会掌钱,是现代民主政治的精髓,也是人类社会政治文明的表现。在现代社会,政府虽然主宰着国家的日常管理和运行,但议会控制了财政收支,使政府不能恣意行事。同时,议会掌握预算也是遏制官员腐败的根本措施。

在我国,人民代表大会制度是根本的政治制度。全国人大常委会和地方各级人民代表大会是预算监督权的主体。加强人大的预算监督权就成为解决问题的突破口和根本。

## 第一节 议会预算监督权的法律分析

### 一、议会预算监督权的理论基础

议会预算监督权[①]的理论基础是浑厚的。主要有两大理论,即政治学上的三权分立和相互制衡理论以及经济学上的公共财政和财政民主原则。

(一)三权分立和相互制衡理论

"一切政体都有三个要素",这项基本观点最早来源于古希腊思想家亚里士多德。[②] 这种关于国家应当具有议事、行政和审判三种机能的分权理论,经过波里阿比和西赛罗的深入探讨而初具规模。

启蒙时期的洛克被公认为近代三权分立理论的先祖。按照他的观点;国家的权力有三项:立法权、执行权和对外权,并且三种不同的国家权力具有不同的归属。立法权应当由民选的议会控制,执行权和对外权则由国王

---

① 必须指出的是,在我国,"议会预算监督权"大体上可以对应于"人大预算监督权",本文基于通行说法的考虑选择"议会预算监督"这一法律概念。

② 〔古希腊〕亚里士多德:《政治学》,吴寿彭译,商务印书馆 1965 年版,第 214—251 页。

## 第四篇 议会预算监督权之法律分析

为首的政府机关掌控。①

第一次提出并宣扬司法权在国家权力体系中的重要地位的学者是法国的思想家孟德斯鸠。在继承洛克三权分立思想的基础上,孟德斯鸠提出了完全意义上的立法权、行政权和司法权分立的原则,并且在历史上第一次提出了"以权力制约权力"的崭新观点。他在其代表作中提到,"一切有权力的人都容易滥用权力,这是万古不易的一条经验";"有权力的人们使用权力,一直遇有界限的地方才休止",因此"从事务的行政来说,要防止滥用权力,就必须以权力制约权力"②。这种权力间的相互制约就是三权分立下的"权力制衡理论"。

三权分立和权力制衡原则在资产阶级革命后的资本主义发展进程中扮演着重要的角色。代表人物有汉密尔顿、杰伊、麦迪逊等,他们都是分权制约理论的拥护者。三权分立和权力制衡原则被阐释为:立法权、行政权、司法权应分别由议会、总统和法院行使。如果把这三种权力"置于同一个手中,不论是一个人、少数人或许多人,不论是世袭的、自己任命的或选举的,均可公正地断定是虐政","自由宪法的基本原则就会遭到破坏"。③ 在他们的理论体系中,权力制约理论进一步演变为"双重分权理论",这是对传统分权理论的再次强调。

三权分立和权力制衡理论,就其本质来说,要求一个国家的权力体系符合以下几项特征:(1) 国家权力应当划分为立法权、行政权和司法权;(2) 国家的三项权力之间应当形成制衡机制,其中立法权是国家的最高权力,权力机关有权对政府和司法机关行使监督权;(3) 主权在民,民众行使国家权力的途径通过代议机关的运行来实现。因此,议会享有的监督权是国家权力中最为核心的权力。

分权制约理论是议会监督政府行政权以及司法机关司法权的理论基础。在理论探讨的历史长河中,已有诸多学者对议会监督权进行了详尽的阐述。洛克说:"只能有一个最高权力,即立法权,其余一切权力都是而且必须是处于从属地位。""当立法机关将执行他们所制定的法律的权力交给别人之后,他们认为有必要时仍有权加以收回和处罚任何违法的不良行

---

① 〔英〕洛克:《政府论》(下篇),瞿菊农、叶启芒译,商务印书馆 1961 年版,第 89—94 页。
② 〔法〕孟德斯鸠:《论法的精神》(上册),张雁深译,商务印书馆 1963 年版,第 154、158 页。
③ 〔美〕汉密尔顿、杰伊、麦迪逊:《联邦党人文集》,程逢加等译,商务印书馆 1980 年版,第 246—247 页。

政。"①威尔逊的相关阐述是:"和立法同等重要的事,是对政府的严密监督。""严密监督政府的每项工作,并对所见到的一切进行议论,乃是代议机构的天职。"②

1689年的《权利法案》明确提出:财政管理权永久归于议会;除非由议会通过法案表示同意,不能迫使任何人纳税或作其他的交纳,国王的支出总额必须由议会核准。③

依据法律、法规、制度,对政府在整个收支活动过程中的每一个环节和项目进行监督,这是当前"依法理财"理念在法治领域的体现。当法治化进程在中国进一步深入时,财政监督日益走进人们的视野并成为关注的焦点。财政监督的实质是对政府权力的约束和规范,使政府只能在法律规章制度允许的范围内开展财政活动。因此,议会的财政监督权行使的程度反映了议会和政府之间博弈关系的现实状况。

在财政监督权这个庞大体系④中,议会享有的预算监督权无疑是最重要、最核心的。这种重要性不仅仅体现在权力享有的主体是最高的国家机构,还在于预算监督的客体——公共财政的收入和支出——关乎整个国家的经济变迁与社会发展。同时,在社会个体的纳税人看来,财富的让渡无疑是除了生存以外最大的牺牲。因此,对处于强势地位的政府的财政收支行为给予一个强有力的监督和制约就显得非常必要。

(二) 公共财政和财政民主理论

议会预算监督权最主要的经济学理论支撑是公共财政理论和财政民主原则。

市场经济是公共财政理论勃发的现实土壤。⑤ 西方财政学则一直以市场经济基础上的公共需要和市场失灵作为研究的逻辑起点,并由此详细阐述了公共财政理论的科学性、必要性和先进性。

---

① 〔英〕洛克:《政府论》(下篇),瞿菊农、叶启芳译,商务印书馆1961年版,第89—94页。
② 〔美〕威尔逊:《国会政体》,熊希龄、吕德本译,商务印书馆1982年版,第164页。
③ 王传纶:《资本主义财政》,中国人民大学出版社1981年版,第244页。
④ 用庞杂来形容财政监督权的体系并不为过。财政监督权按照监督主体的设置、地位、权限、职能和责任等的不同,可以划分为立法机关财政监督权、行政机关财政监督权、司法机关财政监督权、政党财政监督权、社会团体和公众财政监督权。其中,立法机关的财政监督权在西方国家的通称为"议会"的财政监督权,也有直接简称为财政权。
⑤ 在社会发展的不同时期,财政由于满足不同对象的不同需求,有了家计财政、"国家"财政和公共财政的划分。关于三种财政样态的详细论述,参见刘剑文主编:《财政税收法》,法律出版社2000年版,第6—11页。

西方财政学中公共财政理论的主要内容是,人类的诸多需求大致可以分为两类,一类是私人需求(private wants),另一类是公共需求(public wants)。其中,由于公共需求的存在,财政职能和国家职能相契合,并由政府为代表以提供公共产品①的形式满足社会大众的公共需求。

财政界学者们在探讨公共财政理论时,总是把主要精力放到论证该理论的合理性和科学性上。在当前市场失灵的状况下,公共财政理论显得尤为必要。但是笔者认为,公共财政理论同时也是财政监督和预算监督的根本性理论支撑。公共财政理论体系中必然涵盖到预算监督理论,这是因为公共财政理论从本质上讲要强调国家职能和财政职能的公共性。财政职能的公共性根源于人类共同的公共需要,正是社会公众对于公共设施等有形或者无形的公共产品的统一性需求,而市场又面临失灵的危险,国家才被定位为责任的承担者。显然,没有任何单个的社会公民有能力担负起监督财政运行和预算支出的重任,只有代表绝大部分公众的全国性机构才有可能对财政运行进行专门性监督,才能保证财政是公共性的,才能保证社会公众能享受到更多的公共产品和服务。总之,公共财政理论的逻辑终点必然是由专门的、强有力的机构来代替社会公众随时关注他们的公共需求是否得到有效保证。按照此逻辑继续下推,议会作为代议机关,理应被选中来承担监督预算收支和财政运行的重任。

公共财政理论把研究的重点放到社会公众的"共同需要"上,强调了财政的"公共性"特征。同时,由公共财政理论衍生出来的财政民主原则,也为议会预算监督理论埋下伏笔。财政民主原则是政治民主在经济上的体现。财政民主原则的目的是要保证人民真正享有管理国家财政和对财政问题自由发表意见的权利,因此,要求代议机关对公共财政进行决定、管理和监督。

由此,公共财政理论作为现代财政学的基本理论,从经济学和财政学两个角度印证了议会预算监督的根本性和必要性。

## 二、议会预算监督权的法律含义

在厘清议会预算监督权的理论基石之后,我们将对议会预算监督权做出法律上的界定。明确议会预算监督权的法律含义是我们研究的起点。对

---

① 按照萨缪尔森的观点,所谓公共产品是"每个人对这种产品的消费,并不能减少任何他人对于该产品的消费"。公共产品在消费时具有非排他性(non-excludability)和非对抗性(non-rivalness)。

于议会预算监督权的法律含义,首先在于把握其概念的实质,即议会预算监督权的法律要义,其次,将进行概念上的比较。

(一) 议会预算监督权的法律特征

无疑,正确认识议会预算监督权的法律含义是研究的逻辑起点。

法律监督权①作为一种国家权力,只能由特定的国家机关加以实施。议会的预算监督权力是立法机关对国家机关财政行为进行监督的一项最重要的权力。至于议会预算监督权的法律含义,可以界定为:在预算案的形成、审批和执行全过程中,议会作为国家权力机关进行监管和督察的权力。该项权力具有以下几大特征:

第一,议会预算监督权的主体具有特定性,为立法机关。由于主体上的特殊性,因此议会预算监督权相对于其他主体享有的监督权来说,具有更高的法律效力。议会的预算监督权力作为一项具有法律效力的国家性监督权力,它超越于任何其他机关,如行政机关、司法机关对预算实施的监督权。

第二,预算监督权监督的对象是财政资金的收入和使用。税收国家理论和公共财政理论存在这样一个共识:财政收入来源于纳税人对财产的让渡,国家应当有效运用财政资金。对于社会公民来说,议会成为监督财政资金运用的权力享有者;对整个国家来说,预算资金使用的实效直接关系到整个国家日常行政事务的处理、公共物品的提供状况甚至是国家经济的运行和发展,因此,议会对于财政资金运行的监管,也在很大程度上影响整个国家的发展方向。由于议会预算监督权的对象是财政资金,而财政资金具有如此重要的影响,因此,议会预算监督权是一项权力,同时也意味着较重的法律义务。概言之,议会预算监督权是一项法定职权。

第三,议会的预算监督权具有明显的间接控制性。② 相对于行政机关等国家机关对财政资金的实际使用和管理来说,议会的监督权更加侧重于对政府预算行为起到威慑、督促和指导的作用,而不是直接干预财政资金的使用和管理。因此,作为议会财政权的核心要素的预算监督权,也具有明显的间接控制特征。也就是说,预算监督权虽然是立法机关制约行政机关的一

---

① 诚然,法律监督有广义和狭义之分。按照监督权的主体划分,广义的法律监督有立法机关、行政机关、司法机关、政党政协、企业事业单位、社会团体和公民个人等进行的监督。本文仅限于对立法机关的法律监督进行探讨。

② 英国学者J.S.密尔曾经这样论述议会监督权的法律特征:"人民议会应当控制什么是一回事,而它应当做什么是另一回事。……它的正当职责不是去做这项工作,而是设法让别人把工作做好。"参见〔英〕J.S.密尔:《代议制政府》,汪瑄译,商务印书馆1982年版,第70页。

项基本权力,但这项权力仍然具有一定的间接性,议会不能逾越法律给予的权限范围去直接决定干预财政资金的使用和管理。议会预算监督权的间接控制性特征要求议会预算监督权依法进行。这种依法包括对宪法和预算专门法律的遵循,也包括对预算编制、审批、执行全过程的监督应当遵循法律规定的程序、方法和条件等。

第四,议会预算监督权的有效运作是一个动态过程。这个动态过程包括:(1)预算监督权的适用范围和条件。预算相关的财政法律应当明确在哪种情况和条件下,议会可以启动预算监督权。预算监督权的启动条件和议会的权力范围相关,也是正确行使这项权力的前提之一;(2)议会预算监督权的法律要素。任何一项具有法律效力的监督权力的行使都应当明确权力行使的主体、客体、对象、方式和程序等。议会预算监督权由于要兼顾财政民主和行政效率的双重原则,因此,议会预算监督权体系理应包括预算监督权行使的各项法律要素。(3)预算监督的实效考察机制等。监督权的主旨在于有效规范权力的行使,预算监督权的主旨相应的是监督政府的财政使用和管理行为。建立完善的预算监督权后续监控和评价机制(如绩效考察机制),是该项法律制度体系的应有之意。

(二)议会预算监督权与相关概念的比较

和议会预算监督权相似的法律概念很多,将这些相似的法律概念进行对比分析,将有利于我们加深对议会预算监督权法律含义的理解。

1. 议会预算监督权和议会财政权

我国《世界议会词典》对议会财政权做出这样的定义:"财政权,也称财政决议权或财政监督权,指议会有关决定和监督政府收支方面的权限,始于英国议会。最早实行'非经议会同意不得征收赋税'的原则,后来逐渐形成一套财政收支的制度,即预算制度。"

对于议会财政权的范围,美国学者约瑟夫·哈里斯做出如下划分:(1)征收各种赋税的权力;(2)借款及发行国债的权力;(3)发行货币及调整币值的权力;(4)通过法律对所有的政府支出(包括社会福利转移支付款项)进行专门拨款的权力;(5)对公共账目进行审计的权力。[①]

有学者指出,财政权是议会的传统职权之一,也是各国议会普遍享有的一项重要权力。西方国家形象地把议会的财政权称为"掌握钱包的权力"或

---

① Joseph P. Harris: Congressional Control of Administration, The Brookings Institution, 1964, p. 46.

者"管理国库的权力"。议会享有的财政权实为对政府的财政监督权,政府为开展行政管理活动,维持国家机关的正常运转,提出财政预决算、赋税、公债等与货币收入支出有关的法案。①

议会财政权与议会预算监督权可以用种属关系来概括。简言之,议会享有的财政权是一个范围更广的概念。议会财政权包括财政税收立法权、财政预决算的审批权等。② 因此,议会预算监督权是议会财政权中非常重要和核心的权力,但也仅仅是财政权的一个部分,不能单独概括出议会财政权的方方面面。

当然,议会预算监督权相对于议会的财政权具有非常深远的意义。这是因为,议会预算监督权的有效行使给议会财政权的行使提供了条件,议会预算监督权的实施是否取得良好结果,是判断议会作为立法机关能否行使好财政权的标准和关键。议会对政府的间接控制性要求议会的预算监督权在间接干预的情况下获得监督效果上的帕累托最优。因此,只有监督权的有效行使才能保证议会的财政权的完全实现,否则议会财政权中的其他权能,如立法权等核心权能,将会落空。

2. 议会预算监督权与预算编制权③

预算编制权是指政府作为预算管理者,按照一定的原则编写预算法律文件的权力。预算编制权和议会预算监督权的最大差异在于权力的行使主体不同。有学者指出:"虽然从理论上说,立法机关作为国家权力机关不仅拥有预算审批权,而且还应该拥有预算提案权,但是由于预算本身的政策性和技术性,目前不同政体的国家之间在预算提案权的归属上基本不存在分歧,即都由行政部门行使。"由此可见,预算编制权在实践中一般都由政府机关行使。政府编制预算的原因包括:第一,政府是财政资金使用的直接参与者,对资金的来源、流向和使用有最直接的认知,是最具效率的编制者;第二,客观上,让议会行使预算编制权力存在诸多困难。这些困难包括:议会人员的专业背景不足以应付复杂的预算编制工作要求;议会对预算资金使

---

① 张献勇:《从比较法的角度看我国全国人大财政监督制度的完善》,载《经济经纬》2003年第5期。

② 值得一提的是,有的国家采用立法程序审批预算。具体的做法是,在宪法或者预算法中将预算作为一个法律文件赋予其执行力。因此,如果不考虑审计监督的独特性的话,把议会的财政权等同于财政立法权也是有一定道理的。但是,我们的观点是议会财政权不应当仅仅是财政立法权,还应当包括监督权。

③ 将这两者单独拿出来比较的原因在于,在历史上的一段时间,由议会享有预算编制权。

用信息知悉不全面;议会并未直接参与财政资金使用全过程,等等。因此,就预算编制权和议会的预算监督权来说,在现代国家,前者一般由政府行使,后者则专属于议会享有。

当然,议会的预算监督权和预算编制权之间也存在一定的交叉。传统观点认为,议会预算监督权是预算审批监督权和预算执行监督权的结合,并涵盖到预算调整监督权。笔者不同意此种观点。政府编制预算作为行使行政权力的一种表现,在依法治国理念"横行"的今天理应服从于议会的监控。概言之,议会预算监督权辐射到预算的整个过程,政府在行使预算编制权时也不例外。另外,由于时间上的限制,议会预算监督不可能对预算法律文件中的每个细节问题都进行微观性考察,故从源头上监督预算编制工作显得尤为重要。议会在预算的萌芽时期,即预算编制阶段,通过各种方式对政府预算编制行为进行法律监督,将起到未雨绸缪的作用。而且,只有纳入议会监督轨道的预算草案,才有可能是为社会公众所普遍接受的预算草案。

3. 议会预算监督和审计监督

审计监督是指,国家审计机关对有关国家机关、财政金融机构、企业事业单位的财政财务活动、经济效益、财经法律法规遵守执行情况进行检查、审核、评价以判断其真实性、合法性和有效性的活动。① 审计监督是专门监督的一种,其主要的任务是监控预算执行情况。

审计监督和预算监督在根本上具有一致性。两种监督的目的都是依法运行财政资金,保证预算法案的良好实施。基于目的上的同一性,很多国家把审计机关纳入到议会体系之内,这样,审计机关对预算执行的监督就名正言顺地成为议会预算监督的一部分。

审计监督和议会预算监督也具有差异性。首先,审计监督主要针对的是市场主体、单个国家机关财务状况的审查等,议会预算监督则把大部分的精力放到对预算草案的宏观监控上,即两者分别为微观上的监督和宏观上的监督。其次,与预算编制和审批阶段的监督不同,审计监督着重于对财务进行监督。上述两项差异使得很多国家又对审计机关的从属问题进行了不同的安排,即要么把审计机关独立于议会或者政府,要么把审计机关纳入到政府行政机关体系。

总之,预算监督应当包括预算法案在执行阶段的监督,审计监督从实质上说是预算监督的一种。议会预算监督和审计监督的区别表现在宪法关于

---

① 参见汤唯、孙季萍:《法律监督论纲》,北京大学出版社2001年版,第357页。

审计机关的归属和定位上。

### 三、议会预算监督权的法律价值

（一）折射议会和政府间博弈关系

资产阶级启蒙思想家洛克在阐述分权理论时明确指出："……政府没有充足的经费将无法支撑。谁得到国家的保护，谁就应当为其得到的保护支付其财产的一定份额，但他们仍然必须获得来自大多数人民或其选出的代表的支持。"洛克的分权理论指出了这样一个观点：国家的财政权由人民选出的议会掌管，议会财政权由此产生。议会作为民意代表机关，通过行使预算监督权来监督政府预算的实施。议会的预算监督实质上是从财政资金方面制约和监督政府的各项活动。因此，在议会行使预算监督权的过程中，不同的主张和不同的态度将直接影响议会和政府之间的关系。

西方国家已经出现了一些案例，这些案例充分证明了议会行使预算监督权给议会和政府之间的关系带来种种影响。对于中国民众来说，最令人震撼的例子莫过于美国政府关门事件了。美国联邦政府的财政年度为每年10月1日至第二年9月30日。正常情况下，新财政年度的预算法案应该在9月底以前通过国会两院的审议，并经总统签署生效。1995—1996财政年度的联邦预算则一直拖到11月份仍没有得到国会的通过。自此，克林顿政府和国会之间形成了政治对抗。斗争的结果是，美国政府的部分机构被迫于11月14日至19日关闭6天，在就业方面，约占联邦雇员总数40%的80万人回家待业。值得一提的是，美国国会和政府之间的纷争并非始于1996年。自1981年以来，白宫和国会在预算问题上已经发生多达9次以上的争执，其中4次争执导致了政府某些机构的关闭。可见，预算法案能否通过直接关系着美国政府机构能否正常运转。尽管预算法案被搁浅有很多客观原因，甚至涉及到政党之间的斗争，议会行使预算监督权也并非只是为了保证政府恰当使用财政资金，但是我们怎么都不能否认，美国政府的关门是议会行使预算监督权的直接后果。因此，议会预算监督权对整个美国社会的影响不容忽视，议会预算监督权对议会和政府间关系的影响也可见一斑。

（二）彰显财政民主和依法理财理念

1. 议会预算监督权是保证财政民主实现的坚实基础

预算制度的建立，是政治民主化的里程碑。议会对预算进行监督，则是财政民主原则的根本要义。财政民主原则，又称"议会财政中心原则"、"财政议会主义"、"财政议决主义"。财政民主主义是指，人民代表机关对公共财政进行决定、管理、监督的重要原则。众所周知,民主的目的在于保障社会公民的需求。财政民主的目的在于保证人民真正享有管理国家财政的权力,社会公众对财政资金运行问题有自由发表意见的权利。从财政资金动态使用的角度看,就是要求财政资金的安排和使用经人民同意并按法定程序进行。财政资金的安排和使用过程始终是公开、公正和透明的,并且,国家设置专门的代表民众利益的机关对这个过程进行全程监控。财政民主原则不仅是现代民主国家的共通性原则,也是我国民主原则体系中的一项重要内容。如我国《宪法》明确规定:"中华人民共和国的一切权力属于人民。""人民依照法律规定,通过各种途径和形式,管理国家事务,管理经济和文化事业,管理社会事务。"

议会对预算资金运行的监督,对于财政民主原则的贯彻和推进有非常重要的意义。预算是财政支出的准绳,行政机关的财政收支是否合法,预算作为财政支出的去向,政府在施政方面是否得当,经费拟运用的去向,都可以在预算法律文件中表现出来。因此,预算民主的核心内容是在预算的编制、审批和执行阶段对其进行全过程、全方位的监督。只要议会控制预算的审批权,切实行使对预算编制、审批和执行的监督,做到公开、透明、高效,正确对政府进行定位,实现财政的收支都由议会决定,那么,财政民主的实现也就不是那么困难的事情了。归结到一点,议会预算监督权是保证财政民主实现的坚实基础。①

2. 议会预算监督权是对依法理财理念的贯彻

在依法理财理念下,对政府收支负有管理职责的国家机关、政府部门及其工作人员依照宪法、法律及行政法规等法律规范的相关规定,综合运用法律、经济和行政手段,忠实履行法律赋予的权利和职责,克服财政收支管理方面的主观性、随意性和人为因素的影响,实现财政收支管理的法制化、规范化和制度化。②

议会是各国的最高权力机关,同时也是专门法律监督机关。议会的法律监督具有最高的法律效力和威严。议会的预算监督强化了预算的法律约束力,保证经过法定程序审批的预算案具有法律上的执行力和强制力。这种法律上的执行力表现为,具备法律效力的预算非经法律规定的特定程序不得擅自更改。议会预算监督权通过对预算进行严格的管理和监督,做到

---

① 姚来燕:《论财政民主》,http://www.cftl.cn/show.asp?c_id=543&a_id=3049。
② 马剑锋:《推进依法理财的思考》,载《山西财税》2004年第2期,第11—13页。

了财政收入按照法律执行,支出按照预算进行,最终为收支平衡奠定基础。①议会的预算监督权把预算的编制、审批、执行、调整统统纳入法律管理的轨道,是对依法理财理念的贯彻。

(三)关乎议会财政权的实现

财政权是议会的传统职权之一,也是各国议会享有的核心权力。议会预算监督权作为议会财政权最重要的部分,其行使实效直接影响着议会财政权的实现。纵观各国宪法和预算方面的法律规范,议会预算监督权都是一项重要内容,我国也不例外。其中,我国《宪法》对全国人民代表大会及其常务委员会的财政监督权做了明确的规定。各国普遍用法律效力等级最高的宪法规定议会的预算监督权,无非是因为预算监督权是议会财政权的核心内容,在议会财政权体系中处于较高的地位。实践中,议会预算监督权的实施效果对议会财政权的影响更加明显。仍以我国为例,虽然宪法已就各级人大财政权做了相应的制度设计,但是人大财政权的实施仍然差强人意。在中国民众的观念中,全国人大更多的被定位为一个政治机关,很多人大代表尚未认识到人大是行使国家财政权的法定机关。人大财政权的这种现状,实际上导因于全国人大预算监督权的虚置状态。人大预算监督权对整个政府运行的影响甚微,财政资金管理为政府所主导甚至沦为其内部事务。一方面,议会预算监督权势单力薄,难以形成对政府的影响;另一方面,社会公民个体作为纳税人和公共产品成本的支出者,财政监督意识低下。由此,人大财政权继续成为纸面上的文字游戏,成为议会徒有虚名的华丽外衣。因此,加强议会预算监督权,对于议会财政权的实现具有举足轻重的影响。

## 第二节 议会预算监督权的结构

议会预算监督权,以时间作为分析的纬度,可以划分为预算编制监督权、预算审批监督权和预算执行监督权。此三者构成了议会预算监督权的主要内容,也在一定程度上反映了议会预算监督权的结构。

议会在编制、审批和执行阶段对预算进行的监督,对整个预算监督的实施来说,都是不可或缺的。

---

① 李兴国、孙红:《坚持依法理财,推进依法行政》,载《财会通讯》(综合版)2004年第12期,第68页。

## 一、预算编制监督权

### （一）预算编制监督权的法律界定

预算编制就是各级政府、政府各部门、单位按照一定的程序制定预算收入和预算支出年度计划的活动。预算编制是预算管理工作的起点和重要环节。议会预算编制监督权是议会在预算编制阶段享有的监督权。

首先必须对预算编制监督权和预算编制权进行简单的区分。按照三权分立理论可以得出这样的结论：议会作为国家的立法机关，是实质意义上的国家权力机关。其中议会享有的最终的财政权理应包括预算的编制权[①]。行政机关编制预算法律文件，大有违背权力分立与制衡的基本原理。但是，预算编制行为与其他财政行为甚至政治行为相比，有其自身的特征，包括预算法案编制的技术性和政策性。政府作为预算资金使用的当事人，洞察一分一毫财政资金的来龙去脉。另外，议会虽然在权力分立理论的支持下有着广大的权力范围，但是让它深入到政府管理的动态全过程去编制预算法案，实在是巧妇难为无米之炊。退一步而言，议会真的发挥自身能动性创造性地编制出行政机关资金使用记录，这种记录想来也难以令人信服。因此，在客观上具体使用和管理财政资金的政府成为编制预算的最合适的人选。在实际的立法操作中，不同的政体国家，不管是单一制，还是联邦制，抑或邦联制，编制预算的权力一般都由政府享有。以美国为例，原来国会自己享有预算案的提案权力，第一次世界大战之后于1921年被迫交由美国总统享有。

值得一提的是，议会对预算编制权的让渡并不代表其在预算编制监督权上的丝毫放松。议会预算监督权辐射到预算的整个过程，对政府的预算编制权也不例外。一直以来，各国议会都密切关注预算编制过程中监督权的行使，这与中国人大更为重视预算审批监督和执行监督有一定差异。

### （二）预算编制监督权的审查范围

议会的预算编制监督权的审查范围广泛。概括起来，在预算编制过程中，议会可以对下列几个大问题进行监督：

1. 政府、具体负责编制预算的部门是否按照一定的原则编制预算

随着预算日渐成为一项规范的法律制度，人们也开始探讨预算行为所

---

[①] 和预算编制权相关的概念是"预算提案权"。就科学性来讲，笔者更赞成预算编制权的说法，因为并非所有国家的预算都采取立法程序。

应当遵循的一系列规则。① 虽然,上述规则随着社会经济的发展不断调整,但其中仍然不乏一些原则具有共通性,是各国议会预算编制过程中都应当遵循的基本准则。按照有关学者的论述,这些原则可以概括为:(1)公开性原则,即全部预算收支必须经过权力机关的审查批准,并以一定方式向社会公布;(2)真实性原则,即国家预算收支必须真实准确;(3)完整性原则,即国家预算应包括全部财政收支,反映全部财政活动;(4)同一性原则,即各级预算收支要按照统一的口径、程序来计算和编制,任何机构的收支都要以总额列入预算;(5)年度性原则,即国家预算必须按照预算年度编制,不应当把本年度预算以外的财政收入纳入本年度预算之中。②

在预算编制、审批和执行全过程,所有主体都应当遵循预算的基本原则。预算编制是预算过程的起点和第一步。在预算编制阶段,议会的介入和监督无法像审批预算那样逐条展开。另外,议会并非预算监督的直接机关,因此,相对于预算审批监督权来说,在行使预算编制监督权时,议会会把更多的关注放到对预算草案进行整体性评价上。此时,议会尚没有权力对预算草案的具体问题行使直接修改权。议会下设的预算专门机构一般通过行使法律规定的权力(如建议权)对预算编制工作进行监督。因此,在预算编制阶段,议会应当从宏观角度把握好大政方针,把一部分注意力放到预算的基本原则是否得到遵循上来。

在预算编制阶段,议会预算监督应当重视对预算原则进行监督,还和预算本身的特性相关。从各国实践来看,预算法律文件的成形更多在编制阶段,而并非预算审批阶段(尽管这一阶段受到更多的重视)。因此,如果议会在编制阶段疏于对预算原则的监督,那么很可能导致最后的预算法案成为违反预算基本原则的规范性文件。

我国一些地方人大的财经委员会在监督预算法原则的实施上已经进行令人欣慰的努力。具体的做法是,每年在政府安排全年工作会议时,财经委员会派人参加政府的经济、计划、财政工作会议,通过列席会议了解政府全

---

① 比较显著的例子是,美国联邦预算局局长史密斯于 1945 年提出的预算八项原则,具体内容是:第一,预算必须反映总统的行政计划;第二,预算必须加强行政部门的责任;第三,预算的编制、批准与执行应以政府各部门的财政与业务报告为依据;第四,预算收支在时间上要保持灵活性;第五,预算程序必须多样化;第六,预算必须加强行政部门的主动性;第七,预算的"工具"必须充分;第八,必须保证编制好的预算顺利付诸实施。这八项原则的提出反映了预算制度遵循的原则随着市场经济的发展日益革新。同时,这八项原则也系统总结了预算行为应当遵循的共性标准。

② 参见刘剑文主编:《财政税收法》,法律出版社 2003 年版,第 81 页。

第四篇 议会预算监督权之法律分析

年工作安排的重点,掌握预算编制的指导思想。在预算编制的部署阶段,当财政部门初步确定预算总体格局时,人大的相关机构便主动行使质询权,要求财政部门做出关于预算安排意见的汇报,积极沟通情况。同时,对其中一些重大问题,人大常委会提出意见和建议,供政府讨论预算方案时研究考虑。这种提前介入的方式,使人大的某些意见在编制预算时就被纳入政府预算考虑范围之内,也保证了未来制定出来的预算法案与预算法基本原则保持一致性。

2. 监督预算编制机关是否按照法定的程序和方法编制预算

预算编制应当遵循一定的程序和方法。预算编制和预算执行历时相对较长。在这段时间内,规范权力行使的原则不是限制权力,使其裹足不前,而是对权力行使的程序和方法做出严格的限定。这样,每一时间段内的预算编制权力既可以做到有法可依,又能形成有法必依的态势。实践证明,在预算编制过程中,各国法律都对预算编制的程序和方式进行了详细的规定。这些详细的规定为议会预算编制监督权的行使提供了依据。

(1) 预算编制的程序①

英国作为预算制度最为发达的国家之一,其预算编制的程序规定也最为详尽。英国的财政年度是每年的4月1日到次年的3月31日。英国编制预算历时较长,预算编制机关非常重视和其他机构特别是议会之间的协商。英国政府预算编制的基本流程为:3月份,财政部向各部门发出编制概算的通知。3月份到5月份,各部委编制和审议自己的草案。5月份,各部门将各自编制的概算估计书提交财政部,财政部在审核后,汇编出英国政府的支出概算。6月份,内阁会议对财政部审核汇编出的政府支出概算进行预计,并提出下一财政年度支出总额目标。7月份,财政部根据支出总额目标确定税收战略。与此同时,国内支出委员会(EXD)也介入到预算编制中来。9月份财政部拟定一个有关各项财政措施建议的清单,部长们根据已经掌握的情况,对所有的建议进行比较和筛选。11月份,预算议案送交国会下院,下院随后便开始对议案进行审议。12月份,每个政府部门要交给财政部一份有关下一个财政年度需要的议会授权的支出明细表。第二年1月份和2月份,财政部对照这些数据,仔细检查下一个财政年度的预算报告。3月份完成预算编制工作,提出新的财政年度的正式预算,并提交议

---

① 预算编制程序大体上可以做两种划分:由中央预算单独构成国家预算的编制程序;中央预算和地方预算共同组成国家预算的编制程序。本书仅仅介绍后一种程序。

会。议会下院的审议讨论,通常要延续到新的财政年度开始以后,一般要到预算年度开始以后的 4 个月,也就是在 7 月底,必须完成税收(财政法令)和支出(拨款法令)的立法程序。① 可见,在英国预算编制过程中,我们随时都可以看到议会监督的身影。议会并没有等到预算审批阶段才介入监督,而是在预算的编制阶段就切实地行使起监督的权力。另外,在预算编制过程中,对编制机关严格的程序要求也是议会行使预算监督权的表现。

我国的预算编制程序,又具体划分为两个阶段,即预算编制的部署阶段和预算具体编制阶段。第一,就部署阶段来说,国务院每年 11 月 10 日前向省、自治区、直辖市政府和中央各部门下达编制下一年度预算草案的指示,提出编制预算草案的原则和要求。相对地,在地方预算编制的部署阶段,省、自治区和直辖市政府根据国务院的指示和财政部的部署,结合本地方的具体情况,提出本行政区域编制预算的总体要求。第二,预算具体编制和汇编阶段。就中央预算来说,财政部根据国务院编制下一年度预算草案的指示,部署编制预算草案的具体事项,规定预算收支科目、报表格式、编制方法,并安排财政收支计划。中央各个部门结合本部门的具体情况,提出编制本部门预算的要求,具体布置所属各单位编制预算草案。在地方预算的具体编制和汇编工作阶段,县级以上的地方政府编制本级政府预算草案,汇编本级总预算草案,经本级政府审定后,按照期限报上一级政府。根据《预算法实施条例》的规定,省、自治区、直辖市政府财政部门汇总的本级总预算草案,应当于下一年 1 月 10 日前报财政部。在预算编制阶段,我国人大的编制监督权表现在:督促国务院、财政部、省、自治区和直辖市政府按照法律的相关规定及时做出编制预算的部署,以便编制预算的具体部门有足够的时间来实施编制预算行为,不至于最后因为迫于时间的压力而仓促了事。

议会预算编制监督在预算具体编制和汇编阶段有更多的事情要做,除了要对时限加以监督以外,还有权就预算涉及的重大事项、项目或者特定事项进行调查,有关的政府、部门、单位和个人应当如实地就议会的质询提供解答。当有违反宪法和预算法律规范的行为时,议会有权就该事项要求改正。总之,议会预算监督权的各项权能应当在预算编制阶段都可以自如行使。

---

① 参见傅光明:《各国法律对预算编制的规定》,载《经济学消息报》2003 年 9 月 19 日、9 月 26 日。

(2) 预算编制的方法

以何种方式编制预算,其实质是用何种方式对国家的财政收支进行安排。科学的预算编制方式对财政资金的使用产生深远影响。预算编制方式一般会在后来形成的预算草案中体现出来,不同的预算编制方式,如单式预算和复式预算,引发了不同的议会预算监督思路。各国议会行使预算监督权的一个重要表现就是通过立法将预算编制的方式以法律规范的形式固定下来。

预算编制的方式可以简单的划分为:单式预算和复式预算。采取单式预算的国家一般将年度内的全部收支预算编制在一个收支对照表中;而在复式预算中,则将年度内的全部预算收支按照经济性质划分,分别编成两个或者两个以上的预算。复式预算编制方式是晚近产生的一种方式,被认为相对科学。另外,即使是采取复式预算的国家,由于各自的经济体制大不相同,复式预算项下的具体内容也呈现出不同特点,如预算的具体机构不同,预算结构[①]有所差异等。

在预算编制阶段,议会对预算编制方法是否科学与合法享有监督权。我国预算按照国际通行做法采取复式预算的编制方法。但是,实践中仍然存在很多不符合复式预算编制方法的行为,这就有赖于人大行使监督权,在预算编制阶段将其予以修改。另外,复式预算将行政上的经常性支出单列出来,成为较具稳定性的部分。而预算审批阶段给议会行使监督权的时间有限,因此,人大应当抓住时间跨度较长[②]的预算编制阶段,在经常性支出方面加强监督的力度。而到了预算审批阶段,人大就可以把主要精力放到对投资或者资本性支出的监督上。[③] 只有这样,人大的预算监督才能在一定程度上缓解时间压力,形成效率和效果的兼顾。

除了复式预算,绩效预算、计划—项目预算、零基预算也日益成为预算编制的基本方法。这些预算编制方法是预算法律制度不断完善的结果。在预算编制阶段,议会在行使监督权时,也应当及时鼓励预算编制机关按照科

---

[①] 我国的复式预算分为公共预算、国有资产经营预算、特别预算等。

[②] 这里所说的时间跨度较长,是相对预算审批来说的。如果以国别为标准,比起其他国家,我国预算编制的时间是非常紧急的,相应地人大预算监督的时限也非常短暂。

[③] 世界其他国家的议会,如英国,一般对经常性支出的关注比较少,而把较多的注意放到了其他方面。这是因为,英国的预算法律制度非常健全,议会预算监督权力比较成熟,因此经常性支出这一块经过长期的发展已经不需要太多监督了,只要适时做出调整即可。而在我国,人大预算监督意识的兴起是近几年的事情,经常性支出的监督都是问题。因此,把这个基础性问题放到预算编制阶段解决是合理的。并且,对经常性支出的监督是在预算编制阶段人大应当重点关注的一项。

学的预算编制方法编写预算草案。

（三）预算初步审查制度

1. 初步审查制度的法律价值

初步审查制度①是议会预算监督权体系中的一项重要制度，是预算监督连续性的重要保证。议会通过预先对预算草案进行审查，提前介入预算过程，可以对预算运行产生更多影响。通过初步审查制度，议会对预算进行"提前跟踪调查"，并与审批阶段、执行阶段的监督相辅相成，实现对预算的"全程有效监控"。因此，初步审查制度成为预算审议质量得以提高的主要和直接原因，也是改善预算执行现状的基础性工作。

初步审查制度对我国人大预算监督权来说具有更重要的意义。

（1）人大常委会的财经委员会和预算工作委员会提前介入预算进行初步审查，可以对编制预算的政府和财政部形成一定的威慑，有利于促使财政部客观的编制预算。

（2）初步审查制度给人大及其常委会工作带来便利。尽量在常委会上安排对预算草案进行初审，可以弥补我国人代会审议时间短的弊端。在我国，常委会组成人员既要参加常委会讨论和审议，也要参加人代会讨论和审议，每年还要审议决算，对预算的情况有一个连续的了解。另外，初步审查制度也有利于人大常委会对预算进行更多关注，提高我国预算审批的准确性和科学性。通过初步审查制度，人大常委会的审查报告基本上对上年度预算执行情况做出了客观、准确的评价，对本级当年预算的安排审议意见和建议更为客观和科学。

2. 初步审查制度的法律规范

初步审查制度的相关法律规定涉及到以下内容：初步审查的机构、时间、审查程序、具体内容、法律后果等。

（1）在主体方面，各国一般建立专门的机构行使初步审查权。这些专门机构的主要职权是协助议会及其常设机构行使监督权。

---

① 之所以要把议会对预算编制程序、方法和预算初步审查制度分开，是因为预算初步审查制度相对来说仍有一定的时间限制。而对预算编制程序和方法进行议会监督，则与预算编制同时展开。当发现预算编制机关有违反预算法律关于程序和方法的规定的行为，议会可以马上行使监督权。而初步审查制度则是在议会召开之间的某个特定时间内对预算法律文件进行的预先审查。另外，把预算初步审查制度放到预算编制监督权项下，是考虑到预算初步审查制度从时间上仍然属于预算编制。而且，预算初步审查过程结束后、议会召开通过预算案之前，预算草案仍然不具有法律上的效力。

第四篇 议会预算监督权之法律分析

（2）初步审查后的法律处理。初步审查制度很重要的一个部分是明确初步审查的法律处理。对于不同预算草案的不同法律处理，体现了议会预算监督权的法律效力。各国一般都只规定了初步审查机构的建议权①。对报送上来的预算草案，预算初步审查机构在进行初步审查之后，对其中不合理或者不合法的内容，建议相应的编制机构予以修改。如果预算编制机关不按照其建议进行修改，预算初步审查机关还可以在议会召开之时，建议议会对尚未改正的预算草案进行否决，并防止该预算草案获得法律上的效力。

（3）初步审查的程序和时限。我国《预算法》明确规定，国务院财政部门应当在全国人民代表大会会议举行1个月前，将中央预算草案的主要内容提交全国人民代表大会财政经济委员会进行初步审查。省、自治区、直辖市、设区的市、自治州政府财政部门应当在本级人民代表大会会议举行的1个月前，将本级预算草案的主要内容提交本级人民代表大会常务委员会主任会议决定提交本级人民代表大会常务委员会有关工作委员会进行初步审查。县、自治县、不设区的县、市辖区政府财政部门应当在本级人民代表大会会议举行1个月前，将本级预算草案的主要内容提交本级人民代表大会常务委员会进行初步审查。全国人大常委会《关于加强中央预算审查监督的决定》比《预算法》的提前1个月"更进一步"，将中央预算初审的时间又提前半个月，并对初步审查制度进行更加明确的界定。财政经济委员会负责对上一年预算执行情况和本年度中央预算草案的主要内容进行初步审查。

（4）预算编制部门的信息披露义务。国务院财政部门应当提交审查的材料包括：科目列到类、重要的列到款的预算收支总表和中央政府性基金预算表，中央各预算单位收支表，建设性支出、基金支出的类别表和若干重大的项目表，按类别划分的中央财政返还或补助地方支出表，中央财政对农业、教育、科技、社会保障支出表等，以及有关说明。②

（5）初步审查的对象和内容。初步审查的内容与议会召开阶段审查批准的内容有一些差别。原因在于，初步审查毕竟是一项预先查看制度，其目的主要是为了保证编制出来的预算法律文件在进入正式的审批阶段时，在政策方面没有出现大错误。有学者指出，根据以往实际工作的经验，预算初

---

① 从法律效力上讲，建议权远远不及于批准权。但是，不可否认，预算初步审查机构的建议权也是行使监督权的一种表现。
② 在本篇第三部分第三个问题中将有更为详细的论述。

步审查的主要内容可以概括为:上年度预算执行的基本情况;编制本年度预算草案的指导思想和原则;国家新出台的政策措施对本年度预算的影响;主要指标及平衡情况;实现预算应采取的主要措施。①

**二、议会预算审批监督权**

(一)议会预算审批监督权的法律地位

毫无疑问,预算审批权②是议会财政权的核心内容。在预算案的审批阶段,议会享有确认或者否决预算草案的权力。这种权力是议会预算审批监督权力最重要的表现。

结合各国经验,议会预算审批权的相关制度主要涵盖以下几个方面:(1)廓清预算审批权范围,明确预算修正权归属。(2)建立隶属于议会的专门预算工作机构,协助行使预算审批权。(3)明确预算审批程序。(4)实行分项审批制度。(5)明确预算被否决的法律后果及责任。

(二)议会预算审批监督权的审查标准

在预算审批阶段,议会的监督权行使得最为集中。如果将议会预算审批监督权的对象进行理论上的划分,有形式和内容两个方面。议会预算审批监督权在行使过程中,应当首先考察预算草案外在形式是否合乎法律的规定,其次考虑预算草案的具体内容和已有的法律规定是否相符。

1. 审查预算草案的外在形式是否合法

衡量预算草案形式上合法与否是议会首先考察的对象。预算草案的基本结构是预算审批监督权的首要关注点。各国预算基本法律一般都对预算草案的基本结构进行了详细规定。预算制度比较发达的国家,一般对预算编制的科目规定极为详细。例如,德国的预算含有 7 000 多个支出科目和 1 000 多个收入科目,并且预算案对每个科目都有详细的估计说明。这样,议会行使预算审批监督权的空间较小,他们的唯一职责就是对照相关的法律规定检查预算草案是否合乎这些强制性规定。

我国采用复式预算的基本结构,并对预算草案的大体框架进行了界定。

---

① 惟凯:《浅谈地方人大对财政预算、决算的审查和监督》,载《广东审计》1995 年第 4 期,第 7—9 页。

② 财政法学界对预算审批权的法律性质众说纷纭,主要观点有立法权说、监督权说、决定权说和独立权说。参见王世杰、钱端升:《比较宪法》,中国政法大学出版社 1997 年版,第 224 页。本书采用预算审批监督权一词,虽然审批权在法律性质上和监督权有一定重合,但预算审批监督权在表述上可以和预算编制监督权以及预算执行监督权区分开来。

在人大会议召开期间,首先应当审查预算草案在结构方面是否符合基本要求。我国实行复式预算已有一段时间,并且形成了复式预算的基本结构,即预算科目包括类、款、项、目四个层次。尽管如此,政府报送的预算草案却非常粗略和简单,报送全国人大审查批准的中央预算草案一般只列到类,而对于真正体现预算资金流向的款、项、目三个层次却鲜有涉及。这种现状造成了预算编制部门和审批部门之间的信息偏在,人大常委会、财经委员会和预算工作委员会难以形成有效监督。在这种情况下,预算编制部门在人大的要求下,应当在特定的时间范围内出具详细的资料,保证人大预算监督权的有效行使。

2. 预算法案的内容是否符合法律规定

(1) 预算草案的范围

1999 年 10 月 25 日在第九届全国人民代表大会常务委员会第十二次会议上,全国人大财经委员会副主任委员郭振乾在其"关于《全国人民代表大会常务委员会关于加强中央预算审查监督的决定(草案)》的说明"中这样说到,全国人大常委会《关于加强中央预算审查监督的决定》对报送全国人大审查批准的预算草案的内容和时间做出明确规定,内容包括:科目列到类、重要的列到款的预算收支总表和中央政府性基金预算表,中央各预算单位收支表,建设性支出、基金支出的类别表和若干重大项目表,按类别划分的中央财政返还或补助地方支出表,中央财政对农业、教育、科技、社会保障支出表等。因此,人大行使预算审批监督权时,应当着力审查预算草案的周延性,保证最后通过的预算法案在范围上符合上述规定。①

(2) 建立重点项目重点审查制度

议会在行使预算审批监督权时,应当做到科目审和政策审相结合、全面审和局部审兼顾,并同时对预算草案的合法性和合理性进行探究和审查。但是,在一定的时间范围内,面对浩如烟海的预算草案,议会肯定无法对所有的项目进行逐条逐项审查。

议会预算审批监督权的行使在世界各国都面临时限的问题。从国外预算提交议会的时间来看,多数国家是在预算年度开始前的两个月,例如日本、法国等;有些更早,如美国是在财政年度开始前的 8 个月,德国是在财政年度开始前的 3 个月。尽管议会审批的时间以"月"为单位,但是相对于预

---

① 本书将对预算草案范围的审查界定为内容审查,而将对预算草案基本结构的审查作为形式审查。原因在于,前者和具体的财政资金相结合,而后者是概括性的初步的审查。

算草案各式各样的表格、数据来说,这些时间仍然让议会监督深感压力。特别在我国,人大代表根本没有充分的时间去审查预算表。地方的人代会会期通常为4—5天,期间要审议6个报告,真正审议的时间却只有2天(听取报告和表决要占用4个半天)。而且审查的重点又放到了政府工作报告、计划报告和预算报告上,使得审查预算表在议会日程安排上没有突出出来。①因此,通过建立"重点项目重点审查"制度,议会可以集中精力对某些项目(包括新增收支项目、重点项目、涉及巨额财政资金的项目等)进行聚焦审议,从而有的放矢地行使预算的审批监督权。

### 三、预算执行监督权

(一) 预算执行监督权的法律价值

预算执行②是预算法的归宿。编制和审批预算都是为了保证预算执行的合理性和合法性,提高预算执行的效率。③

对于预算执行的监督,各国一般都规定政府的内部监督机制。④ 政府的预算执行监督权是预算执行监督权最普遍的行使方式。同时,在依法理财理念下,议会的预算执行监督权是预算执行实现的最根本和最终的保证。一项预算案经过审批阶段以后,议会便转向对预算执行的监督,包括定期听取政府执行预算情况的汇报,对预算执行过程进行检查,批准政府动用后备金,审查和批准预算变更或者追加预算。就我国来说,对财政预算执行的监督,在人民代表大会及其常委会执法监督体系中意义重大,位置重要,更是贫困地区市县人大常委会进行执法监督的主要内容之一。⑤

---

① 李诚、张永志:《人大预算监督的四类十八个问题研究提纲》,载《中国人大》1999年第1期,第22—25页。

② 预算的执行力是预算执行监督的前提。有学者做出这样的总结:"预算通过生效后,即具有法律上的执行力。这种执行力,采用立法程序审批预算的国家和地区是通过直接将预算等同于法律的形式而实现的。其他不采用立法程序审批预算的国家或地区则一般在宪法或预算法中将预算作为一个法律文件赋予其执行力。"相关论述参见熊伟:《预算执行制度改革与中国预算法的完善》,载《法学评论》2001年第4期,第133—139页。

③ 熊伟:《预算执行制度改革与中国预算法的完善》,载《法学评论》2001年第4期,第133—139页。

④ 我国《预算法实施条例》第75条规定,各级政府应当加强对下级政府的预算执行的监督,对下级政府在预算执行中违反法律、行政法规和国家方针政策的行为,依法予以制止和纠正,对本级预算执行中出现的问题,及时采取处理措施。

⑤ 蒋永杰:《试谈市县人大常委会对财政预算执行的监督》,载《四川财政》1997年第1期,第14—16页。

(二)议会预算执行监督权的概念解析

议会预算执行监督权是指各国议会及其常设机构在预算执行过程对执行情况作出各项监督的权力。将预算执行监督权与相关法律概念进行对比性研究,有利于正确认识议会预算执行监督权的法律含义。

1. 议会预算执行监督权和审计监督

审计机关对预算的监督针对预算的合法性、真实性、效益性和完整性。审计机关的预算监督是专业化、科学化和综合化的监督。审计监督的职责之一是协助议会对预算的执行情况进行监控,并及时为其提供详细数据资料信息。审计部门出具的审计报告是议会对预算执行情况进行监督的主要信息来源。议会通过与审计部门实现信息共享,减少了对政府报告数据的依赖。审计机关为议会提供信息,有利于弥补议会在信息知悉上的劣势,从而形成对政府的制衡,在一定程度上防止预算的执行成为政府的独家事务。因此,议会预算执行监督的良好实施有赖于成熟的审计监督制度。

我国《审计法》规定,国务院和县级以上地方各级人民政府应当每年向本级人民代表大会常务委员会提出审计机关对预算执行和其他财政收支的审计工作报告。县级以上各级人大常委会应当按此规定通过审计进一步加强对预算的监督。这项规定成为实践中我国各级人大进行预算执行监督的法律依据。近些年来的"审计风暴"则是议会预算执行监督权和审计监督权互相配合的结果。1996年以来,审计署代表国务院向全国人大常委会做审计工作报告①。通过审计署的报告,全国人大获得充分了解预算执行情况的渠道。在2004年席卷中国的"审计风暴"中,审计署受国务院委托向全国人大常委会作报告,揭露了我国预算制度下的诸多违法现象。"审计风暴"现象折射了我国人大及其常委会在监督预算执行上做出的努力,也反映了审计监督对人大预算执行监督的支持。另外,一些地方人大常委会也确实在这些方面采取了一定的措施,通过借助审计监督的结果,对预算执行存在的重大问题进行监督,取得了一定成效。实践证明,人大完全有基础和审计机关建立良好的信息沟通,并在掌握足够信息的基础上加强自身监督的力度。

另外,人大行使预算执行监督权,考虑到预算和决算各项报告在时间上的先后问题,可以做一定安排。政府向人大常委会做预算执行的审计报告,

---

① 从法学理论角度讲,审计署向全国人大常委会报告工作的行为实际上"突破"了现行宪法的框架,体现了财政议会主义的精神。

也可以与决算报告安排在同一次常委会进行。这种时间上的考虑,便于常委会组成人员审查的连续性。

2. 议会预算执行监督权和其他预算执行监督权

除此之外,议会还可以针对财政预算执行中的重大事项或者特定问题,组织财政、税务、审计、国库等部门和法院、检察院进行专项调查,发现问题,分析原因,从而采取相应的举措。同时,发挥社会中介组织的作用,把议会监督、财税审计监督机关监督同注册会计师、律师等社会监督有效结合起来,加强对出纳和会计账目、企业和个体工商户纳税等事宜的监督。

（三）议会预算执行监督权的基本权能

在预算执行过程中,保障议会有效行使预算执行监督权的途径多种多样。

1. 议会的知悉权、质询权和政府的报告义务

为了将议会预算监督权落到实处,应当赋予议会知悉权。通过了解财政资金的数据结构等,议会才具备监督的基础。另外,当议会意图获取的信息被其他主体掌握时,法律赋予议会享有质询权。为保证议会的知悉权和质询权的行使,政府负有报告义务。政府的日常定期报告义务,要求政府、预算编制和执行机关应定期向议会汇报预算执行的实际情况。在定期报告义务之外,在特定情况下,政府等主体还负有重大事项的临时报告义务。议会的常设机构通过听取报告,对预算法案的执行情况进行信息共享和跟踪监督。

在我国的预算法律制度中,人大在行使执行监督权时也享有知悉权和质询权,政府也负有报告义务,并且这种权利义务关系得到了法律规范的确认。如我国《预算法》规定：各级政府应当在每一个预算年度内至少二次向本级人民代表大会或者其常委会做预算执行情况的报告。结合我国的实践,一般于每年年中由政府向人大常委会报告一次本年度（如半年）预算执行情况;然后在政府向人民代表大会作下一年度预算（草案）报告的同时,再报告一次本年度全部预算执行情况,特殊情况需要增加向常委会报告次数的,由常委会主任会议临时决定。常委会听取政府所作的预算执行情况报告后,应进行审议,根据审议的意见,必要时可以做出相应的决议。①

对我国人大的知悉权和质询权制度,可以从以下几个方面加以完善。

---

① 惟凯:《浅谈地方人大对财政预算、决算的审查和监督》,载《广东审计》1995年第4期,第7—9页。

首先，人大的知悉权还应当在频率上加强，在报告义务对象范围上拓宽。可以考虑在人大会议休会期间建立预算执行情况的补充报告制度。人大常委会听取报告的形式可以以书面报告为主，并结合咨询、座谈、实地调查等多种方式。其次，在预算执行情况报告义务承担主体上，也可以做一定拓宽，如可以要求预算收入征收的重点机关、有预算收入上缴任务的重点部门和单位、有预算收入缴库任务的重点行政事业单位、财政用款单位以及预算外资金数额大的部门和单位定期或不定期地向人大常委会专门监督机构提交书面材料，以确保人大预算执行监督的有效行使。

2. 议会的调查权和政府的配合义务

在预算执行过程中，预算法律法规规定了议会监督权的具体形式。议会除了定期不定期地听取政府有关部门关于经济运行包括预算执行情况的汇报之外，还可以通过多种方式行使监督权。包括议会中专门监督预算执行的机关就某一项专题进行调查研究，发现预算执行中存在的问题，并在此基础上提出意见和建议，督促政府采取相应措施。同时，为了保证议会调查权的法律效力，各国也规定了政府的配合义务。当议会行使调查权时，法律一般要求政府提供相关资料，加以配合。

（四）预算调整权

在预算实际执行过程中，现实的财政资金使用状况经常与先前的预算不一致。这时，预算调整制度就显得非常必要。在预算调整的情况下，议会需要对新的财政收支进行追及性的审查和批准。这种审批同时也是议会行使预算执行监督权的体现。

我国《预算法》第53条规定，预算调整是指经全国人民代表大会批准的中央预算和经地方各级人民代表大会批准的本级预算，在执行中因特殊情况需要增加支出或者减少收入，使原批准的收支平衡的预算的总支出超过总收入，或者使原批准的预算中举借债务的数额增加的部分变更。按照《预算法》的规定，预算执行过程中出现不平衡状况或举借国内外债务的规模被突破时，才能做出预算调整，而收支同增或同减，只要收支平衡，略有节余，就不算预算调整。这样，追减预算、动用预备费、科目流用和预算化转①等并不在其列。

各国议会对预算调整监督的重视并不逊色于预算审批监督。议会预算

---

① 预算的追加和追减、动用预备费、科目流用、预算化转的法律含义，参见刘剑文主编：《财税法教程》，法律出版社1995年版，第74页。

监督机构一般遵循特定之原则,区分不同的预算调整情形进行不同的处理。属于一般性的预算调整,比如因上级政府税收返还、追加、追减补助、预算划转或上年结转经费引起的预算变动,直接由财政部门提出方案,报政府批准即可。但是因经济发展等特殊情况引起的增加支出、减少收入等造成的预算变更,应该由人民代表大会常委会批准。人大及其常委会对预算执行过程中出现的问题,必须提出自己的建议,真正起到审查监督的作用。①

## 第三节 议会预算监督权的国际比较

### 一、英美法系国家的议会预算监督权

**（一）美国议会预算监督权**

1. 美国国会预算监督权的法律演进

美国建国初期的1787年《联邦宪法》第一次以成文宪法的形式规定了国会在征税、举债、铸币等方面的权限,明确了财政权专属于议会。对于议会的财政监督权,《联邦宪法》第1条第7款这样规定:"有关征税的所有法案应在众议院中提出,但参议院得以处理其他法案的方式,以修正案提出建议或表示同意。"1789年,国会通过《组织法》建立了财政部,财政部长的职责被确定为"准备并报告对公共收入和公共支出的估算"。1802年,国会进一步建立常设的众议院筹款委员会,1816年又建立了常设的参议院财政委员会,掌握了制定收入制度的大权。美国内战时期,又陆续设立了两院拨款委员会。与此同时,国会在1921年建立了总会计署,正式确立了国会在预算审核方面的权力。在1929年经济大危机以前,美国国会一直充分发挥着其在财政方面的专有权力,对政府的收支情况进行严格的控制。②

2. 美国国会预算监督模式

美国议会预算监督模式,是权力分散与机构分立的模式。

（1）美国国会内部的预算监督权呈现分散的特点

第一,国会各个小组委员会的财政控制权分散开来,都对最终的授权法案和拨款法案的制定具有举足轻重的影响。

第二,预算程序设计上的分散造成了国会内部权力的分配。国会明确

---

① 李文斌:《预算法制度改革》,http://www.cftl.cn/show.asp? c_id=21&a_id=3463。
② 徐红:《英、美、法三国议会财政权比较研究》,载《同济大学学报》(社会科学版)2001年第1期,第64—69页。

规定所有款项的拨出必须经过授权与拨款两个阶段,这就在实质上把控制政府开支的权力平均分配给授权委员会和拨款委员会。而美国国会的授权委员会和拨款委员会存在不同的立场和观点,常会在拨款数额问题上发生激烈的冲突。

第三,参众两院拨款委员会之间存在严重分歧,众议院通常大量削减总统要求的拨款额度,而参议院则常常增加被众议院削减了的各项经费,这使得议会内部的财政权冲突浮出水面。

(2) 美国国会预算监督权和政府预算管理权之间的对抗

在美国,财政权由国会与政府分享,国会预算监督权和政府的预算管理权之间形成尖锐的对抗。这两种权力的对抗集中体现在预算的编制、审批阶段以及财政预算法案的制定审批上。

第一,在预算编制阶段。在美国,预算局直接隶属于总统,并且和国会的预算局并行存在。预算局和国会的预算机构分别向政府和议会负责,独立承担有关预算的编制及研究工作。国会不必借助政府部门的资料就能决定其选择,保证了国会牢牢控制预算上的主动权。

第二,在财政法案的制定和审批过程中,总统与国会的地位是平等的。就立法创制权而言,国会保留宪法赋予的财政立法创制权,但总统通过发表财政咨文的方式享有事实上的立法创制权;就立法审批权而言,国会对财政法案并没有绝对控制权,总统可以凭借立法否决权,按其意愿否决有关的财政法案。尽管两院拥有推翻总统否决的权力,但国会与总统在财政权上的制约关系却是难分高下的。国会和政府之间在财政法案的制定和审批上的不同态度形成了二者的现实对抗。

3. 美国国会预算监督权的表现形式

(1) 美国国会行使预算监督权的具体机构

美国参与预算管理的有关机构为国会(参众两院拨款委员会、参众两院预算委员会、国会预算办公室和总会计局)、财政部、预算局、海关总署和联邦储备体系。其中国会下属的各项委员会是专司预算监督的机构。

(2) 美国国会的预算审批权(议会的支出控制权①)

在美国,国会的预算支出过程被明确划分为授权和拨款两个阶段。

第一,授权委员会的预算监督。预算案被分别提交国会两院后,先由两

---

① 议会的支出控制权是指由议会通过授权法、拨款法、委员会决议及其各种非正式立法的方式,对政府的开支项目及其支出预算进行控制,为政府的活动提供相应的物质保证。

院的预算委员会起草一项共同决议,为拨款、开支、节余或者赤字等规定目标总额,然后,收支目标被分配到各个立法委员会,由它们考虑在规定的范围内向政府有关部门提供资金事宜。各委员会先通过听证的方式,对相应的政府部门预算进行详细的调查,然后起草授权议案,同意为某一个部门的活动授予相应的款项,授权议案经两院通过后成为正式的授权法案。

第二,拨款委员会的预算监督。美国国会中 13 个小组委员会享有拨款委员会的支出控制权,这些小组委员会通过逐条审议相应的部门预算,提出不同的拨款方式并起草拨款议案,这些议案经拨款委员会审查和讨论后,由众议院提出一项综合性的"拨款法案",经两院全体会议审议后在财政年度开始以前通过。

通过授权和拨款两大阶段,国会对预算的审批进行全面的监督。同时,国会的预算监督具有严格的程序界限,并详细规定国会行使监督权的程序制度,这些制度包括听证制度、辩论制度等。

(3) 美国国会的执行监督权——审计监督

在美国,"总会计署"是专门的、独立的审计监督部门。"总会计署"向国会负责。美国"总会计署"具有独立于行政机关的特性。总会计署宣称"独立于行政部门",总监署长虽然由总统任命,但由于其任期长达十五年,并只有当两院通过联合决议时才能离职,因此基本上不受行政部门的控制。

美国"总会计署"的职责范围包括:监督政府各主管部门财政业务的合法性和效率;为国会提供财务信息,建立联邦机关进行财务活动的规章及报表制度等。因此,在行使预算执行监督权的过程中,美国国会很大一部分信息来自于"总会计署"。

(4) 预算调整权

美国法律规定,预算调整须经国会议员 2/3 以上同意才能生效,未经国会批准而修订预算的行为需负刑事责任。国会还向各个行政部门派驻监察代表,对所驻部门的预算执行情况进行监督。

4. 美国国会预算监督权的特点

(1) 相对稳定。美国议会监督权由宪法明文规定,同时其宪法的刚性原则有力地捍卫了议会预算监督权的地位。

(2) 强调外部制约。美国法律对国会财政权的制约是通过建立各机构间的公开制衡格局而实现的。美国国会的这种外部制约机制利弊参半。

(3) 事前控制。美国国会对所有预算和财政法案都强调事前控制,它宁可把财政年度推迟到 10 月 1 日开始,也不愿在未完成预算审议前就匆忙进入新的财政年度;美国国会对预算案的审查也远远重要于对账目的监督。①

（二）英国议会预算监督权

1. 英国议会预算监督权的法律演进

英国议会的财政权确立于"光荣革命"之后。代表资产阶级经济利益的议会通过不断争取,最后得以和国王分享对预算的监督权。1760年,国王放弃王室征收的部分财政收入,以此换取下议院批准给皇室的固定年度拨款。1787年英国的《统一基金法案》使得预算制度基本成形,国家所有的收入都归入统一基金,所有开支也都由统一基金支付。1822年,议会正式确立了英国预算制度,具体的操作变成:由财政大臣每年提出全部财政收支的账目一览表,国会享有审批核准权。

《1911年议会法》对英国议会的预算监督权有一个重大修改。该法限制了上院对财政法案的否决权,规定上院对下院通过的财政法案只能拖延一个月。这项规定的出台表明,上院的财政权已经名存实亡,英国的议会预算监督权集中到下院手中。

2. 英国议会预算监督权模式

（1）集中型的议会内部预算监督权

英国议会负责预算监督的组成人员具有利益追求上的同一性。议会的内部组织与人员的结合密切相关。如全院委员会是下院行使财政控制权的主体,在整个预算过程中,它可随时改变为筹款委员会或供应委员会。筹款委员会负责财政收入,供应委员会负责财政支出。两个委员会的职责虽不同,组成人员却相同,因此,两个委员会实际上是一个委员会,不存在观点上的针锋相对。这就有效地保证了下院在收入与支出观点上的一致,保证预算过程能按预定程序不间断地进行。因此,和美国不同的是,议会的预算监督权主体相对来说比较单一。

（2）议会预算监督权和政府预算管理权的统一

在英国,议会与政府在组织上是紧密结合的:内阁与议会多数党为同一党派,首相及大臣本身就是议员,他们可以参加全院委员会对税收与拨款问题的讨论,通过议会党团指导和监督本党议员的活动,为预算草案的顺利通过创造条件。此外,根据惯例,如果议会推翻内阁提交的财政预算草案,那么不是政府辞职,就是议会被解散,为避免发生两败俱伤的危险,议会与内

---

① 当然,这在一定程度上也是由于美国的审计监督从属于国会。

阁间确定了比较融洽的合作关系。

3. 英国议会预算监督权的制度内容

(1) 英国议会行使预算监督权的具体机构

英国参与预算管理的有关机构为议会,其中筹款委员会、供应委员会和支出委员会具体负责行使议会的预算监督权。

(2) 英国议会的预算审批监督权

在英国,主要掌握预算支出控制权的是下议院的供应委员会和支出委员会。

第一,供应委员会是全院委员会的一种,其主要任务是审查并核准预算。每届会期开始时,下议院即设立供应委员会,负责在议事规程中所规定的29个"供应日"中,讨论对政府支出的授权与拨款问题。当本年度所有的拨款经表决同意后,下议院便提出一项总的"拨款法案",它总结和列举本年度各项经费的拨款,以另列的附表确定其用途,并授权它们从统一基金中支付。

第二,支出委员会的工作是"全面考虑预算中包含的支出总额及其有关政策被更节约地运用,并对提交下院的预算及相应文书档案中的内容进行审查"。① 英国政府部门的所有支出分为两类:一类如国债利息、王室经费及法官俸禄等,根据法律由统一基金支付,不需要议会每年表决;其余90%的政府支出须逐年由下议院表决通过并由立法授权。英国下议院的立法授权与拨款过程是密切结合在一起的。

在英国,预算案经内阁同意后,由财政大臣向下议院做年度预算报告。下议院通过辩论审查预算案的新增和变动部分,制定各项预算决议和拨款法案。

(3) 英国议会预算执行监督

第一,"公共账目委员会"的预算执行监督。在英国,议会内部账目监督机构以"公共账目委员会"最具典型意义。该委员会负责检查政府各执行机构的拨款及其他账目,并把结果及有关建议提交给下议院。委员会主席按惯例由反对党议员担任。

第二,"国家审计署"的预算执行监督。英国还设有向议会负责的独立审计监督部门"国家审计署",其任务是全面对政府各部门的账目进行审计,

---

① David Butler & Gareth Butler, *British Political Facts*, 1900—1985, The Macmillan Press Ltd., 1986, p.196.

并向公共账目委员会派出得力的审计员,保证其有效地开展工作。国家审计署在财政上和机构上完全独立于行政部门。

(4) 预算调整权

英国法律规定,政府动用资金必须经过下议院的批准。

4. 英国议会预算监督权的特点

(1) 议会预算监督权的地位灵活浮动。从政治体制上看,英国没有成文宪法的约束。因此,议会财政权在结构上没有固定的框架,可以随时代的发展而不断调整。

(2) 议会预算监督权的行使具有严格的程序。英国的保守主义体现在财政权领域,就是议会在行使预算监督权时,有既定的议事规则,所有的程序都严格按照已有的规定进行。

(3) 强调事后监督。英国议会完成对预算案的审议总要延续到新的财政年度开始后的好几个月,因此,和中国目前的现实状况一样,议会对预算的批准已变成事后控制。临时预算的设立不但增加了议会对支出控制的难度,而且使政府的开支有了较大的回旋余地。

(4) 内部制约。英国议会对政府财政的控制是通过议会内部反对党对预算进行批评的方式进行的。这样,一方面促使政府在开支项目中兼顾各方利益,保证议会的财政民主性,另一方面在很大程度上提高了政府的工作效率和财政活动中的自由度。

(三) 英美两国议会预算监督权的异同点

1. 英美两国议会预算监督权制度的共同点

英国和美国作为英美法系的主要成员国家,其议会预算监督法律制度存在一定的共通之处。英美两国在议会预算监督权上存在这些共同点,是因为两国议会预算监督制度经过多年的发展,都把握该项权力运行的基本规律,并把这些规律总结起来,并用法律的形式加以固定。[①]

(1) 议会预算监督权的地位具有合法性和稳固性

不论是有刚性宪法的美国还是有柔性宪法的英国,都用宪法的形式对议会(国会)预算监督权进行明确的规定。

英国宪法是柔性宪法,它是由具有宪法性效力的法律文件组成的。英国议会享有的预算监督权正是由松散的宪法性法律文件加以零散的规定。

---

① 本书的考虑是,将议会预算监督权的共通性规律在此说明,而大陆法系国家议会预算监督权的共同点中将不再赘述。

但是,即便如此,英国议会的预算监督权的影响仍然十分深远。预算监督权正是通过这些看似平常的规定,最终集中到议会手中。并且,英国议会财政权发展的历史证明,议会预算监督权的法律地位也将越来越稳固。

自国家成立初期,美国国会就垄断性地享有预算监督权。在"经济大萧条"之后,国会对该项权力的主导性有所回落,并最终形成与总统共享监督权的格局。纵观美国的法律发展史以及国会对预算法案和政府运行的实际影响,我们可以断定,美国国会的预算监督权地位坚不可摧。

(2) 对议会预算监督权的具体权限加以明确规定

在寻找英美两国议会预算监督权共同点的过程中,我们极易发现,两国的法律规定和实践操作都对此权力的具体表现形式加以明确和具体的限定。这表现为,两国都规定了议会或国会在预算编制、审批和执行整个过程中的权力,并且都对这些权力的行使规定了严格的程序制度,尽管这些程序有松有紧。另外,两国财政法律都涉及到对收入与支出的控制权,都强调预算执行的监督重要性,尽管这些监督有的强调事前,有的则偏重于事后监督。

2. 英美两国议会预算监督权制度的差异

议会预算监督权在两国有不同的表现形式,原因在于,议会预算监督权和一国的政治体制、经济制度紧密相关。英美两国在政治体制上的不同造就了议会预算监督权制度设计上的种种不同。

(1) 议会预算监督权的行使主体的差异

就英国来说,从"光荣革命"到1787年《统一基金法》、再到《1911年议会法》的议会预算监督权历史,充分表明了英国议会预算监督权的法律制度呈现出这样的特点:议会预算监督权越来越集中,最终集中到下议院手中。

再观美国国会预算监督权的发展路径,从1787年的《联邦宪法》规定国会的预算监督权,1789年建立财政部,1802年和1816年分别建立常设的众议院筹款委员会和参议院财政委员会,内战时期建立两院拨款委员会,1921年设立了会计局,所有这些归集到一点,就是国会在议会预算监督权方面逐渐扩展,诸多部门共享预算监督权。

由此,我们可以得出这样的结论:美国国会预算监督权由国会和总统共同掌控;英国议会预算监督权则由下议院独享。

(2) 议会预算监督权与审计监督关系间的差异

在美国,"总会计署"专司预算的审计监督,并直接对国会负责。在英国,"公共账目委员会"和"国家审计署"都参与预算监督,前者对议会负责,后者则是独立的审计机构。

(3) 议会预算监督权的实现方式的差异

英国议会的预算监督权,其特点在于议会预算监督权的地位灵活浮动,议会预算监督权有严格的程序限制,议会对于预算的监督更多的通过事后监督实现,并且内部控制色彩较为浓厚。

美国国会预算监督权的特点则是,国会权力由宪法明文保证,国会重视提前介入,对预算进行强有力的监督,并且外部监督色彩较为明显。

## 二、大陆法系国家的议会预算监督权

### (一) 德国议会预算监督权

#### 1. 德国议会预算监督权的法律演进

德国关于财政预算法的根本性规定主要体现在《基本法》第 10 章"财政制度"当中。此章不仅确定了联邦、州与地方之间各自的税收立法权限与税收收入分配,还确定了财政平衡和预算编制应当遵循的原则,尤其对预算外新增开支和超出预算的开支作了严格的规定,以保证国家财政的稳定,同时这也是保证国家经济稳定的重要因素。

德国具体的财政预算法,主要是 20 世纪 60 年代末期财政改革期间出台的《联邦预算法》和《预算原则法》。该两项法律规定了财政预算和编制预算计划必须依照的原则,将《基本法》中的预算制度进行了具体的界定。按照《联邦预算法》和《预算原则法》的规定,德国联邦政府在编制预算时应当遵循的原则有全面原则、统一原则、专项原则、总额原则和收支平衡原则四项。另外,德国的《财政管理法》是德国财政资金管理的基本法律。

1967 年德国《经济稳定与增长促进法》规定了政府提交年度经济报告的义务。具体的内容是,联邦政府必须在每年 1 月向联邦议院和联邦参议院"提交年度经济报告,说明联邦政府在本年度内要致力实现的经济上和财政上的目标(年度计划),并对本年度内计划中的经济政策和财政政策加以说明"。[①] 政府的报告义务成为德国议会行使预算监督权的基础。该法规定了联邦政府向联邦议院和联邦参议院提交年度经济报告的义务,要求对专家委员会的年度意见提出政府意见。联邦政府决定在经济衰退时的补助性支出和超计划支出时,必须同时向联邦议院和联邦参议院说明。

---

① 谢怀栻译:联邦德国《经济稳定与增长促进法第 2 条》,载史际春主编:《经济法(教学参考书)》,法律出版社 2000 年版。

### 2. 德国议会预算监督权的行使

(1) 预算监督权行使的具体机构

德国联邦议院设立若干个常设委员会,对口监督联邦政府十多个职能部门的工作,其中预算委员会由四十余名议员组成。各个委员会依照议会政党的比例组成,主席通常由执政党资深议员担任。值得注意的是,根据联邦议院的惯例,财政委员会主席由反对党资深议员担任。

(2) 德国议会预算审批监督权

在德国,联邦政府提出的预算草案,只要经过联邦议院通过就形成议会的预算法案[①]。德国联邦政府每年9月都要将在遵循上述原则基础上编制的下一个年度的预算提交议会审议通过,议会通过以后便成为年度预算法案,由政府依法执行。

(3) 德国议会预算执行监督权和审计监督

德国议会控制国家财政支出,监督政府严格按照议会通过的年度预算法来实施。同时,德国对国家的预算行政管理方面设立了一道关口,那就是国家的审计机构。德国《基本法》第114条规定,联邦每年的全部收支情况都要由联邦财政部长代表联邦政府做出决算,由联邦审计院加以审查。联邦审计院除了审查联邦政府的决算外,还要审查联邦政府对年度预算法的执行情况,以及联邦特殊财产的经营情况。联邦审计院的审计员具有和法官一样的独立性。审计机构除了向联邦政府负有报告义务之外,还必须直接向联邦议院报告有关信息。对联邦审计院的职权和程序,专门由《联邦审计法》予以规定。

### (二) 法国议会预算监督权

1. 法国议会预算监督权的法律演进

法国议会的财政权是在18世纪法国大革命的过程中逐渐形成的。

1789年《人权与公民权利宣言》中有涉及到财政收支和税务的专门条款,即"没有国民的同意不得征税"。1791年法国《宪法》明确规定了议会在财政方面的三大权力:(1) 建立公共开支账目;(2) 征税权,包括决定税收的性质、数额和征集方式;(3) 负责在政府各部门间分配总收入,控制公共基金的开支并审查各部门所提交的账目。[②] 拿破仑时期,议会在控制政府支

---

[①] 可见,德国的预算草案经过审批之后成为了法律文件,具有法律上的效力。故德国预算是立法型预算。

[②] Guy lord, *The French Budgetary Process*, University of California Press, 1973, p.4.

第四篇　议会预算监督权之法律分析

出方面的权力基本被剥夺,但是征税方面的权力一直被保存。在法兰西第三、四共和国期间,议会的财政权范围又有一定扩张,如预算必须每年由议会授权,议会委员会可任意修改财政议案等。法兰西第四共和国后期,议会实质性的财政权更为膨胀,议员们拥有提出开支的特权,预算表决项目曾一度达到每届会期4 000—5 000项的高峰,使预算根本不可能在预定时间内被表决通过。① 议会经常拖延或者否决预算案,从而达到迫使政府倒台的目的。1958年,法兰西第五共和国宪法对国家体制做出重大调整,议会的实质性财政权大大削弱,逐渐失去了建议开支权,委员会系统被简化重组,并严格规定行政部门提出的财政预算案必须在预定的时间通过。

2. 法国议会预算监督权的法律地位

(1) 议会预算监督权的虚化

现行法国议会的财政权是由第五共和国宪法明文规定的,虽然宪法把确定国家财政收支的立法权赋予议会,但法国议会预算监督权的法律地位,相对于其他国家来说,呈现出虚化的状态。

第一,对议会的财政权进行各种限制。宪法条文中对议会的财政权进行了种种限制。例如,宪法规定议员所提出的提案和修正案,如其结果将减少国家收入或将加重国家负担,均不得成立;在讨论财政法案时,如果议会未能在70天内做出决定,政府可用条例的形式自行颁布预算法案并予以施行,这等于说财政法案即使未得到议会批准,政府仍能自主决定其收入与支出。

第二,对议会负责预算监督的委员会进行限制。宪法对议会常设委员会的数量和权力进行严格限制:委员会数目被减少到6个,禁止设立小组委员会,委员会无权起草议案,只能就政府议案提出修正案等。

第三,规定议会预算监督权的限制措施。法国宪法还规定了对议会财政权的其他限制措施:如财政法案在执行前须提交宪法委员会审查,被它宣布为违宪的条款,既不能公布也不得施行。

第四,法国总统的财政权过于膨胀。宪法规定共和国总统对所有的法案拥有绝对否决权,这样,财政问题的最后决定权落到总统手里,加上总统还可以绕过议会直接把有关财政改革方案提交全民公决,这就决定了总统及行政部门对财政问题的主宰权。

---

① Guy lord, *The French Budgetary Process*, University of California Press, 1973, p.4.

(2) 议会财政权模式与中央集权的关系

法国是传统的中央集权国家,议会财政权的确立就意味着从行政机构手中夺权。议会与政府在财政权问题上长期展开拉锯战的争夺。议会预算监督权作为议会财政权的重要组成部分,在法国却没有受到足够的重视。法国典型的多党政体格局也增加了议会控制预算的难度。第五共和国宪法在肯定议会具有形式财政权的前提下,把实质性的财政权授予政府,并力图通过这种方式找到两者之间的平衡。

3. 法国议会预算监督权的行使

(1) 议会的预算审批监督权

在法国,议会的任务是审查和批准预算。议会行使预算审批权的具体程序是:

第一,财政委员会对政府提交的"财政法案"草案举行听证会,要求财政部长出席并回答质询,然后对预算案及有关修正案进行表决。

第二,经过财政委员会通过后的预算案被转交给国民议会开会讨论。在国民议会上,设置一个各党派发言人对预算法案设计的辩论程序,在辩论程序之后,议会对法案进行详细审议和表决。

第三,表决通过后,"财政法案"和"拨款账目法案"即被送交参议院审议。参议院若提出不同意见,则由政府出面组成两院联合委员会解决矛盾,如妥协案在两院经两次审议仍未通过,那么总统将下令宣布预算案已成为法律,并立即颁布实施。

(2) 预算执行监督权——账目法庭

在法国,预算局负责对国家机关预算执行情况进行监督。预算局在组织上独立于议会,国家设有权力很大的财政总监,直接受命于经济和财政部长,不向议会负责。但是,法国还设有经议会授权建立,不受其他部门控制的"账目法庭",该法庭法官一经任命就终身任职。账目法庭负责审查预算局查出的不符合用款手续的账务账目,同时监督税收的合法性。从本质上说,法国对预算实行的不是通过议会进行的账目监督,而是通过政府部门进行的行政监督和通过法院进行的司法监督。同时,预算纪律法院负责对预算支出决策者进行调查和审判,追究当事人的法律责任。因此,用"虚化"形容法国议会的预算监督权,毫不为过。

4. 法国议会预算监督权的特点

(1) 严格的法律限定。法国宪法对议会财政立法的范围、审议时间、具体程序、限制条件等作了详细规定,使议会只能在宪法划定的范围内行动,毫无自主性可言。

（2）从属性。法国议会的财政审议过程为各党派提供了一个批评政府的平台,但是无论议会的辩论如何激烈,庞大的官僚机构仍按照它固有的轨迹运行,并有能力撇开议会维护自身生存。

（三）德法两国议会预算监督权之间的差别

法国和德国是大陆法系最具典型性的两大国家,两国在议会预算监督权上的差别是显著的。

第一,议会预算监督权的法律地位。在德国,《基本法》、《联邦预算法》和《预算原则法》等各项法律都规定了德国议会预算监督权的崇高法律地位,德国的议会预算监督权呈现出加强的趋势。与此相反,在法国,已有的法律纷纷对议会的预算监督权进行全方位的限制,法国的议会预算监督权呈现出虚化的趋势。

第二,议会预算监督权的基本设置。在德国,议会预算监督权的行使具有广阔的空间。法国的议会预算监督权从属于政府,议会预算监督权的设置上更多的考虑了政治因素。

### 三、世界各国议会预算监督权制度给我国的启示

取人之长、补己之短,是促进变革和进步的方法。因此,法律移植和法律借鉴也成为完善法制的重要手段。对中国来说,要想加强和完善仍不健全的人大预算监督权制度,借鉴他国的先进做法显得非常必要。

（一）提供充足的相关法律支撑

无论是英美法系的英国、美国,还是大陆法系的法国、德国和日本,都提供了全面的法律规范来彰显对议会预算监督权的重视。仅从法律沿革看,我们就可以知道,议会预算监督权一向是法律规范的重点对象。诸多的法律文件,从不同方面、不同角度规范了议会预算监督权。在英国、美国、法国和德国,我们可以很容易找到议会预算监督权的法律支撑。相较而言,从中国现有的庞杂的法律体系中,我们只能找到零星的关于人大预算监督权的法律规定。由此形成鲜明对比的便是我国与西方国家在财政监督权行使的非规范性与低效性。因此,加强财政预算监督权的相关立法,便显得尤为重要。

（二）确立合理的预算监督模式

预算监督模式对于议会预算监督权的重要意义显而易见。预算监督模式反映了一国对议会预算监督权限的界定和划分。在预算监督的模式下,

议会和政府,甚至与审计机关之间的关系应当予以明确的界定。

英美法系和大陆法系国家的立法实践告诉我们,预算监督模式是一国政治制度、经济制度等因素综合影响的结果。根本政治制度和经济制度决定了议会预算监督模式的主要内容。同时,议会预算监督权模式还与一国国情紧密相关。这些具体的国情包括法律传统、政党制度、民主现状等。法国议会预算监督权虚化的现状可以充分证明这一点。

尽管决定议会预算监督模式的根本因素和偶然因素很多,但是不能否认,议会预算监督模式是一个动态的变化过程。美国国会的预算监督权从集中走向分离,英国议会的预算监督权从分立归为集中,这些动态的过程体现了议会预算监督权模式的变动轨迹,也说明了议会预算监督权的行使是一个动态的过程。

中国人大预算监督权的行使仍然非常有限,怎样确立合理的预算监督模式,可以从上述国家的立法实践中寻求一定的借鉴。

### (三) 构建科学的预算监督权力结构

对于议会来说,构建一个科学规范的预算监督权力结构是议会预算监督权有效行使的基础和关键。规范化和科学化的议会预算监督权结构,至少包括以下方面的内容:首先,应当建立特定的行使预算监督权的议会专属机构,如英美等国的拨款委员会等。其次,议会及其专门监管机构的预算监督权应当涵盖到预算运作的全过程,包括预算的编制、审批和执行。其中尤其值得中国人大预算监督权制度借鉴的是预算编制监督权和预算调整权的法律规范。各国都对预算的初步审查制度和预算调整制度等有充分和详尽的规定,这些规定促成了议会预算监督权行使的规范化和科学化。再次,严格规定议会预算监督权的行使程序。尽管对于议会预算监督权的重视程度有所不同,但是,两大法系国家的法律都详细地规定了该项权力的行使程序。最后,议会预算监督权制度还要求正确处理好议会预算监督和审计监督之间的关系。各国议会在行使预算监督权时,也面临着怎样处理和审计监督的关系的问题。尽管审计机关的机构设定与议会间的隶属关系在各国均有不同,但是,议会在行使预算监督权时,都注重采用审计机关提供的相关信息。信息取得在议会预算监督权行使过程中显得日益重要,这也是完善我国人大预算监督权应当重视的地方。

## 第四节　中国人大预算监督权的问题与改进

### 一、中国人大预算监督权的立法供给及其评析

(一)宪法和预算法的相关规定——中央人大预算监督权

1. 宪法

我国《宪法》粗略规定了人大在预算方面的权力。该法第62条第10项规定:"全国人民代表大会行使下列职权:……(十)审查和批准国家的预算和预算执行情况的报告……"。可见,在为数不多的涉及财政的宪法条款中,明确规定了人大的预算监督权。

2. 预算法及其实施条例

我国《预算法》和《预算法实施条例》对人大预算监督权稍加详细地进行了规定。

《预算法》第12条第1款规定:"全国人民代表大会审查中央和地方预算草案及中央和地方预算执行情况的报告;批准中央预算和中央预算执行情况的报告;改变或者撤销全国人民代表大会常务委员会关于预算、决算的不适当的决议。"此项规定赋予了全国人大对预算的审批监督权和执行监督权。全国人大常委会作为人大的常设机构,是行使预算监督权的经常主体。《预算法》第12条第2款规定:"全国人民代表大会常务委员会监督中央和地方预算的执行;审查和批准中央预算的调整方案;审查和批准中央决算;撤销国务院制定的同宪法、法律相抵触的关于预算、决算的行政法规、决定和命令;撤销省、自治区、直辖市人民代表大会及其常务委员会制定的同宪法、法律和行政法规相抵触的关于预算、决算的地方性法规和决议。"由此可见,全国人大及其常委会对预算的监督贯穿于预算的编制、审批和执行全过程。人大的预算监督权表现形式包括听取报告权、审查和批准预算草案权、撤销权、监督预算执行权等。[①]

3.《关于加强中央预算审查监督的决定》

值得一提的是,1999年12月25日第九届全国人大常委会第13次会议通过《关于加强中央预算审查监督的决定》(以下称《决定》)。该《决定》总

---

① 当然,地方人大的预算监督权也是财政法研究的重点领域。但是,鉴于下文将以山东为例进行详细说明,故此处只涉及全国人大及其常委会的预算监督权。

结了地方人大预算审查监督实际操作经验,结合各地财经委员会的工作实践,并在征求财政学、法学各领域专家意见的基础上出台,成为指导人大常委会预算审查监督权行使的直接法律依据。

《决定》对中央预算的编制、审查和批准、执行、调整、决算以及监督等方面,将《宪法》和《预算法》中有关预算审查监督的条文进行更加具体化的规定。其主要内容是:

(1) 明确预算工作委员会的法律地位和职权

《规定》指出,预算工作委员会是全国人民代表大会常务委员会的工作机构,协助财政经济委员会承担全国人民代表大会及其常务委员会审查预决算、审查预算调整方案和监督预算执行方面的具体工作,受常务委员会委员长会议委托,承担有关法律草案的起草工作,协助财政经济委员会承担有关法律草案审议方面的具体工作,以及承办该决定规定的和常务委员会、委员长会议交办以及财政经济委员会需要协助办理的其他有关财政预算的具体事项。经委员长会议专项同意,预算工作委员会可以要求政府有关部门和单位提供预算情况,并获取相关信息资料及说明。经委员长会议专项批准,可以对各部门、各预算单位、重大建设项目的预算资金使用和专项资金的使用进行调查,政府有关部门和单位应积极协助、配合。

(2) 加强全国人大常委会对中央预算执行情况的监督

第一,《决定》详细规定了政府在预算方面的报告义务。国务院有关部门应及时向财政经济委员会、预算工作委员会提交落实全国人民代表大会关于预算决议的情况,包括对部门、单位批复的预算,预算收支执行情况,政府债务、社会保障基金等重点资金和预算外资金收支执行情况,有关经济、财政、金融、审计、税务、海关等综合性统计报告、规章制度及有关资料。

第二,加强对预算外资金的监督。规定预算外资金的收支情况要向全国人民代表大会常务委员会报告。

(3) 人大常委会对预算调整的监督

第一,《决定》严格控制不同预算科目之间的资金调剂,要求各部门、各单位的预算支出应当按照预算科目执行。

第二,《决定》规定,因特殊情况必须调整中央预算时,国务院应当在一定的期限内编制调整方案,以避免调整预算过早或者过晚。

第三,《决定》还提出了财经委员会、预算工作委员会对中央预算调整方案草案审查的程序。

（二）地方人大预算监督权的立法规范——以山东省为例

除了中央预算监督权行使方面的法律规范外，各省、自治区、直辖市也开始了对地方预算监督权运行的法律规范的必要探索，形成了对本区域内的地方预算监督权的法律规范体系。其中，山东省在本预算监督权的行使方面的立法较具有代表性。在此，以山东省的立法实践为例，对地方人大预算监督权予以研讨。

1.《山东省人民代表大会常务委员会关于财政预算审批监督的若干规定》

随着改革开放的逐步深入，尤其是财税改革的全面铺开以及宏观调控力度的加大，山东省人民代表大会逐渐认识到预算监督权对于该省进一步深化改革开放具有深远影响，并通过地方性法规的形式对该项权力进行了确认。《山东省人民代表大会常务委员会关于财政预算审批监督的若干规定》（以下简称为《规定》）是我们考察的主要法律依据之一。该规定于1990年10月30日由山东省第七届人民代表大会常务委员会第十八次会议通过。其中较有特色的几点是：

（1）对预算报告的初审制度

该《规定》第6条规定："各级人民政府提出的预算报告，一般应在本级人民代表大会举行会议的一个月前，决算报告一般应在本级人民代表大会常务委员会审议的一个月前，就预算和决算报告的主要内容，向人民代表大会财政经济委员会和有关的专门委员会汇报，由财政经济委员会进行初步审查。未设专门委员会的，可由常务委员会主任会议安排初审。预算报告的内容，应包括编制预算的依据、预算指标的安排和需要说明的重要事项以及实现预算的主要措施。决算报告的内容，应包括预算的执行情况，财政工作的基本成绩，存在的主要问题，未实现预算的主要原因，以及预算调整、预备费使用等情况。各级人民代表大会财政经济委员会或各级人民代表大会常务委员会有关工作机构，应及时了解预算编制、执行情况。"《规定》的此条规定，将人大的预算监督权主体、程序、编制监督权的内容以及初步审查进行了简略规定，在20世纪90年代初无疑具有深远意义。

（2）规定预算的部分变更和调整

该《规定》第8条规定："各级人民政府在预算年度内，遇有实施重大改革措施或者发生特大自然灾害等特殊情况，必须对预算作部分变更的，可以根据本规定做出变更。但追加支出必须有相应的收入来源进行弥补；追减收入必须有相应的压缩支出措施。对本级预算变更有下列情况之一的，由人民政府提出建议,交人民代表大会财政经济委员会进行初审,未设专门委员会的,可由常务委员会主任会议安排初审,提交人民代表大会常务委员会审议决定:(1)预计预算收入总调减额超过预算额的3%以上;(2)预计预算支出总增加额超过预算额的3%以上;(3)支援农村生产、教育事业费、科技事业费和科技三项费用支出预算预计需要调减的;(4)基本建设支出预算实现额预计需要调增3%以上;(5)行政管理费支出预算预计需要调增5%以上;(6)人民代表大会批准预算决议中强调确保的预算支出项目需要调减指标的;(7)增加预备费。"预算变更和调整制度集中体现了人大在预算执行方面的监督权。《规定》较早地认识到预算变更和调整权的重要性,同时也为山东省人大对预算的监督提供了现实依据。应当说,在《规定》中,预算变更和预算调整的规定还是非常明确和详细的,它规定了严格的数据上下限,在肯定人大行使预算监督权合法的基础上,也对这项职权的行使条件进行了合理的限定。

《规定》对加强山东省人大预算监督权来说有重要的意义。而且,从该规定颁布的时间看,在全国范围内,它也是较早关注人大预算监督权的法律规范之一。因此,山东省人大预算监督权的相关规范对其他省份也产生了较大的影响。在山东省之后,很多省份如湖北、河北等地都把加强地方人大预算监督权作为一项重要工作来抓。

我们在肯定该《规定》的现实意义的同时,也不能忽视该规定中的些许不足。如,《规定》结构上非常简单,一共不过十几条。另外,《规定》尚未认识到人大在编制阶段进行监督的必要性,对预算编制监督权几乎没有涉及;在人大预算审批监督权方面,也仅有较为粗略的规定;在预算执行监督权方面,除了预算变更和调整权规定较有特色以外,预算执行监督权的其他权能规定较少。最后,《规定》的实践指导意义薄弱。尽管用今天的眼光来重新审视这些法律规范,仍有相当不足之处。但是,从当时中国的法制状况来看,《规定》仍有其重要的指导意义。

2.《山东省省级预算审查监督条例》

2001年,山东省在《规定》的基础上,颁布了《山东省省级预算审查监督条例》(以下简称《条例》)。由此,规范山东省人大预算监督权十一年的《规定》寿终正寝。

《条例》出台的时候,中国1994年开始的财税改革已经向纵深方向发展,新一轮的改革正在酝酿当中。《条例》正是在吸取《规定》精华的同时,参照预算发展的实务而制定出来的。《条例》相对于《规定》的进步之处在于:

(1) 在体例上更合理,范围上更周延

《规定》总计17条,而《条例》则向规范化和体系化迈进,共分六章40条,分别为总则、预算的编制和审查、预算执行的监督、决算的审查和批准、法律责任和附则。由此可见,与《规定》相比,《条例》的规定更为详细。另外,对该40条进行简单划分,也使《条例》在框架结构上更合理,范围上显得更周延。

(2) 将人大预算监督权的行使主体进一步明确化

《条例》第2条开宗明义地规定:"省人民代表大会常务委员会(以下简称省人大常委会)根据省人民代表大会批准的预算,监督省级预算的执行;审查、批准省级预算的变更方案;审查、批准省级决算;撤销省人民政府关于预算、决算的不适当的决定、命令。省人民代表大会财政经济委员会(以下简称省人大财经委员会)负责对省级预算初步方案、草案、省级预算变更方案草案、省级决算草案进行初步审查,协助省人大常委员监督预算的执行,办理预算审批监督方面的其他具体工作。"与《规定》相比,这样的规定更突出了山东省财经委在预算监督方面的重要地位,比后者在主体规定上的含糊性科学得多。

(3) 将预算初步审查制度纳入立法视野

《条例》从两个方面对预算初步审查制度进行了规范:

第一,在初步审查过程中,山东省财政部门应当提供各项材料。《条例》第10条规定:"省财政部门在省级预算编制过程中,应当及时向省人大财经委员会通报有关情况。在省人民代表大会举行会议一个月前,将上年度预算执行情况和本年度省级预算的初步方案提交省人大财经委员会,并提供下列材料:(1) 预算编制依据及有关说明;(2) 科目列到类、重要的列到款的预算收支总表和省级政府基金预算表。其中,对个别重要的或者社会普遍关注的预算收支,应当延列到项;(3) 建设性支出、基金支出类别表和预算在一千万元以上的重大建设项目表;(4) 农业、教育、科技、社会保障支出表;(5) 按类别划分的省级财政返还和对下补助支出总表;(6) 预算外资金收支表;(7) 省级各预算部门、单位的预算收支表;(8) 初步审查所需要的其他材料以及有关说明。"

第二,财经委初步审查的主要内容和专项调查权。《条例》第11条规定:"省人大财经委员会应当会同省人民代表大会有关专门委员会对省级预算的初步方案进行审查。审查的主要内容是:(1) 预算安排是否符合法律、法规的规定和国家的财政经济政策,是否符合本省经济和社会发展的实际情况;(2) 预算内容是否真实、完整,应纳入预算的收入是否全部纳入预算;

（3）预算安排是否坚持量入为出、收支平衡的原则；（4）预算支出是否保证了政府公共支出合理需要，农业、教育、科技支出是否达到了法定增长比例，社会保障支出是否落实；（5）预备费是否按法定比例设置；（6）为实现预算拟采取的措施是否积极可行；（7）其他重要事项。省人大财经委员会在初步审查过程中，省财政部门主要负责人及其他有关部门负责人应当到会说明情况，回答询问；可以组织对有关问题进行专题调查。"由此可见，随着我国依法治国的推进，依法理财理念逐步反映到预算法律规范当中。其中，初步审查制度作为预算监督的有效手段，已经成为预算法律重点规范的对象。相对于11年前的《规定》来说，山东省的此项《条例》具体详细地规定了预算初步审查制度。这项规定为山东省人大、人大常委会、财经委行使预算初步审查权提供了依据和指导方向。

（4）进一步丰富了对预算执行监督权的规定

《规定》的主体是着眼于预算审批监督，对预算执行监督着墨较少，对预算编制监督的规定更是少得可怜。这种景象在《条例》中得到了很大的改善。这种改善表现在：

第一，规定了省人大常委会对省级预算执行监督的主要内容，而且这条规定下面列举了11项①。

第二，规定了预算执行部门的定期报告制度。《条例》规定，山东省财政、税务部门每个月向省人大财经委报送预算收支和税收征收进度报表等资料，按季报告预算执行和税收完成情况。

第三，规定省政府的备案制度。

第四，规定专项资金的收支和管理使用情况的监督权。《条例》第19条规定："省政府对省级预算中重要的或者社会普遍关注的专项资金的收支和管理使用情况，应当每年至少向省人大常委会报告一次。必要时由省人大常委会审议，并可以做出相应的决议、决定。"

第五，详细规定预算变更与调整等法律概念。

第六，规定了预算审计监督和人大预算监督权的相互配合义务。

总之，《条例》在《规定》的基础上有了更大的进步。这种立法现象不但

---

① 此11项具体包括：(1) 贯彻落实省人民代表大会关于预算决议的情况；(2) 组织预算收入情况；(3) 预算批复和支出拨付情况；(4) 接受上级专项拨款的安排使用情况；(5) 对下级财政返还和转移支付情况；(6) 预备费和上年结转资金使用情况；(7) 法律、法规有规定的项目和重大建设项目的预算执行情况；(8) 省级各预算部门、单位的预算收支执行情况；(9) 预算外资金收支情况；(10) 省级财政借贷和偿还外债的情况；(11) 预算执行中发生的其他重大事项。

是我国预算监督法律制度改进的反映,更是预算监督权的行使更富有成效的反映。

**二、中国人大预算监督权制度的有益探索**

二十多年来,我国人民代表大会制度建设获得长足发展,已经不再是老百姓心中的"橡皮图章"了。这种改观在很大程度上取决于人大监督权的加强,人大预算监督权的改进对此做出了不可磨灭的贡献。

客观地说,中国人大预算监督权制度在各个方面取得了显著的成绩。实践中,各级地方人大已经在预算监督权行使方面做了有益的探索,包括:

(一)监督意识得以提升

人大代表从思想上摒弃错误观念,敢于行使监督权。人大代表、常委会委员不再认为监督预算只是走形式,而是把它看作是一项重要的职权甚至义务。最直接的表现是,很多地方的人大常委会敢于对不符合法律的预算草案说不。以湖北省新洲县为例,1995 年,该县人大审查县财政总预算时发现,草案对本级财政预算指标没有单列,并认为这种做法与《预算法》不符。为此,人大要求财政局严格按照预算法有关规定重新编制预算草案,并授权人大常委会审查批准。结果,财政局重新编制的符合预算相关法律的草案才获得了批准。

(二)法律规定日渐完善

人大预算监督权方面的法律规定得到了进一步的丰富。人大预算权是一项权能,需要很多的具体制度建设来支撑它,使其最后得以实现。经过二十多年来的探索,特别是《预算法》颁布以后,各地在不断实践的基础上对人大预算监督权制度体系进行了不断完善。这些完善至少表现在以下多个方面:

1. 进一步完善了初步审查制度

各级地方人大逐渐认识到初步审查制度对人大预算监督权行使的重要意义,并在实践中采取了一些共通的科学措施,包括明确规定初步审查的主体为各地财经委员会,采取一定方式保证初步审查的实施效果[①]等。

---

① 有学者对各地人大初步审查的方式进行了详尽的论述,包括:(1)在初审中就对预算草案提出建设性意见和建议,力争把矛盾和分歧在大会之前提出来并力求得解决;(2)组织代表搞好专业视察,为代表了解情况,从全局考虑问题,更好审议预算提供条件;(3)搞好会前调查研究,提供论证材料,为提高会议审批质量创造便利条件;(4)采取审计签证方式,强化对提交代表大会审批的财政预算草案的监督力度。参见《地方人大开展计划预算监督的探索》,载全国人大常委会办公厅研究室编:《地方人大监督工作探索》,中国民主法制出版社 1997 年版,第 45 页。

2. 对预算变更和调整予以法律界定

虽然《预算法》对预算变更和调整问题的界定受到了很多学者的质疑,但是某些地方人大常委会颁布的地方性法规却对该问题进行了相对较为科学和明确的法律界定。《山东省人民代表大会常务委员会关于财政预算审批监督的若干规定》、《山东省省级预算审查监督条例》、《四川省人民代表大会常务委员会关于加强国民经济和社会发展计划审查监督的规定》、《安徽省预算管理规定》等都是很好的例子。另外,天津市、乌鲁木齐市等也有类似规定。

3. 在预算监督过程中加强重点监督,做到"轻重分明"

各级地方人大在行使预算监督权过程中逐步认识到有一些项目应当给予特殊重视,因此,在实践中逐步发展出对这些项目的特殊重点监督制度,包括加强对地方财政赤字的监督、对重大项目投资的监督、对预算外资金使用的监督等。

(三) 行使方式不断改进

在具体行使预算监督权的过程中,中央、地方人大逐渐开始注重监督方式的改进。监督方式在很大程度上直接影响着权力行使的效果。在开展对预算的监督过程中,各级人大在方式问题上有很多改进。表现在以下方面:日益重视全程监督;提前介入到预算编制过程中;保证预算监督的持续性和动态性。在行使预算监督权同时,考虑到财政民主的需要,增强预算监督权行使的透明度,定期公布预算监督情况,让更多代表、委员甚至公众了解预算监督的重大实践意义。通过召开经济形势分析会、征求学者意见、组织代表专业视察等方式加强预算监督方式的科学性。

### 三、中国人大预算监督权的现状和完善[①]

(一) 完善现行的人大预算监督法律规定

在我国,关于人大预算监督的法律渊源有:宪法、预算法律、预算行政法规等。应当从各个层次的法律规范对人大的预算监督权予以完善。

1. 宪法和组织法

我国宪法和组织法对人大及其常委会审批监督预算的规定都只是原则

---

① 李诚、张永志:《人大预算监督的四类十八个问题研究提纲》,载《中国人大》1999年第1期。该文是作者所见关于人大预算监督权方面最全面的论述。因此,本书在探讨中国人大预算监督存在的问题时,不再将视野扩散到预算监督领域的各类问题,而是基于自己的理解提出一些需要完善的重要问题。

性的授权规定,这是众所周知的事实。而权力的具体行使规范,如人大预算监督权的范围、主要内容、实施程序和操作方法,以及与之相适应的机构设置、人员配置等都没有专项的法律规定。因此,人大预算监督权的行使没有直接的依据。

2. 预算法律

作为预算监督权直接法律渊源的《预算法》,其规定也过于原则。

首先,《预算法》规定的范围并不周延,例如,人大预算编制监督权作为预算监督很重要的一部分,《预算法》并没有给予足够关注。以初步审查为例,《预算法》规定应对预算草案的主要内容进行初步审查。法律规定使用的"主要内容"是一项模糊规定,主要内容并没有统一的标准。另外仅就操作性来说,初步审查的程序如何、采取何种方式、初步审查的法律后果如何等,都毫无规定。其次,关于预算审批监督权和预算执行监督权的规定也有待进一步细化。《预算法》规定了各级人大有权行使预算审批监督和执行监督,但是对权力行使的条件、程序、方式等细节问题并没有涉及。

3. 行政法规

在预算行政法规层次,国务院的实施条例也并没有给人大预算监督权的行使提供更多具体的规则,其行使的空间相当有限。以复式预算为例。建立复式预算已经是财政法学界的共识。但是,国务院的《预算法实施条例》规定:"预算编制办法和实施步骤,由国务院另行规定。"复式预算在实践中已经得到了广泛实施,其法律效果也是有目共睹,但是复式预算的编制办法在法律规定方面仍然是一个空白。应当说,国务院颁布的预算行政法规一般不会详细地规定人大的监督权。但是,从宏观的角度对人大监督权进行确认非常重要。这种确认不仅仅反映了政府对于人大预算监督的自觉接受,而且也是对预算法律的贯彻和遵循。

因此,从《宪法》到《预算法》,再到《预算法实施条例》,人大预算监督权的法律供给都是不足的,这也蔓延到了人大预算监督的各个方面。因此,要想完善人大的预算监督权,应当首先在法律上提供足够的法律规范,构建人大的预算监督权运行的基础和平台。

(二) 构建专门的人大预算监督机构

在现有人大体系下,建立专门的预算监督机构显得尤为重要。

1. 在人大外部,正确处理人大预算监督权和审计监督权的关系

(1) 人大预算监督与政府审计机关的财政审计关系密切

这一观点已经成为财政学界学者们的共识。人大的财政监督通过审查

批准预算、决算而对整个财政运行产生影响。审计监督对财政预算执行结果进行审查,并向人大和社会报告审计结果。另外,从两者的关系上看,审计以人大审批的预算及其部分变动为前提和衡量标准,审计结果又可以作为人大审批决算和第二年度预算的重要依据。

(2) 我国审计机关的归属

第一,世界各国审计机关的归属。各国的中央审计机关的设置大体可以划分为四种类型:立法型、行政型、司法型和独立性。英美、西欧和众多发展中国家一般都采用立法型审计模式,因为该模式"能协助议会对政府行政部门进行监督,向议会的委员会和个别成员提供信息,以间接影响议会的宏观政策,对政府部门中管理不善和损失浪费等现象,以及政府行政官员滥用手中权力贪污盗窃国家资财、行贿受贿、腐化堕落等行为形成了有效的制约"。①

第二,我国审计机关的归属。被普遍认为独立性最差的行政型审计模式,却恰恰被我国所采用。我国《宪法》第 91 条规定:"国务院设立审计机关,对国务院各部门和地方各级政府的财政收支,对国家的财政金融机构和企业事业组织的财务收支,进行审计监督。审计机关在国务院总理领导下,依照法律规定独立行使审计监督权,不受其他行政机关、社会团体和个人的干涉。"如果我们想从《宪法》中寻找到人大和审计机关之间的关系,那就是《宪法》第 62 条。该条规定:"全国人民代表大会行使下列职权:……(5) 根据中华人民共和国主席的提名,决定国务院总理的人选;根据国务院总理的提名,决定国务院副总理、国务委员、各部部长、各委员会主任、审计长、秘书长的人选;……"紧接着,《宪法》第 63 条规定了相应的罢免权。由此,全国人大通过人事安排制度建立了对审计机关的制约关系。但是,可以明确地从宪法、组织法以及预算方面的法律规范看出,审计机关在行使财政审计监督时,没有任何法律规定其对人大预算监督负有法律上的义务。因此,"审计风暴"中审计署向人大的报告行为实际上突破了宪法框架。

(3) 审计从属模式

对于 2004 年的"审计风暴",几乎所有人都认为其中体现出来的人大和审计机关之间的紧密关系,是合乎现有法律规定的。实际上,这仅仅是一个感性判断。"审计风暴"给我们提出了一个思考的线索:应当怎样划定审计

---

① 参见王波:《试论人大财政监督与政府审计监督的关系》,http://www.hscz.com/Article_Show.asp?ArticleID=799。

第四篇 议会预算监督权之法律分析

机关的归属？人大预算监督权和审计监督之间的关系到底应当是怎样的？已经有很多学者提出了多种多样的观点，其中最具有代表性的是建构立法型审计模式，将审计机关从隶属于政府，改为直接隶属于人大。①

其实，从民主理论发展的历史轨迹中，我们没有办法得知哪种审计归属制度更具有科学性。因为无论哪种审计归属制度都不能尽善尽美。特别是在一个特定的国家中，采取何种审计监督模式，必须考虑本国当时的环境，并注重传统之维系，而不能一味追求纯粹理论上的适当性和科学性，而无视该种制度设计是否能跟该国兼容。就中国来说，通过修改《宪法》规定，将审计监督纳入到人大监督体系当中，将审计机关从属于人大，这是不切实际的。况且，我国人大常委会的成熟度和西方议会来说还有一定差距，让颇具专业特色的审计机关从属于人大常委会，可能在实效上还不如维持现状。当然，这并不是说不重视审计监督和人大预算监督之间的关系。我们可以通过其他法律如组织法、预算法等的修改，来确定审计监督在保证人大预算监督方面应当做出的努力，同时进一步明确人大预算监督权行使的一些方式，比如听取汇报法、委托审计法、借助力量法和工作联系法等。②

2. 在人大内部，建立专门的预算工作机构

中国人大预算监督权的实践证明：在预算编制、审批和执行全过程中缺乏一个专门机构的辅佐，人大预算监督权的行使往往陷入表面化。有学者分析了人大预算审批监督权虚化的几点原因，包括人大代表没有充分的时间审查预算表，人大代表在政治上的广泛性不能弥补人大代表业务能力的缺陷等。③

在人大体系内，行使预算监督权的主体包括：人大会议召开期间的人民代表大会、人大会议闭会期间的人大常委会、日常工作中具体负责审查监督预算的财经委员会以及于1998年成立的预算工作委员会。现实情况是，在人大会议召开期间，预算审批监督权的行使和人大代表的素质状况、人大会议的日程安排等紧密相关，所以，仅仅依靠人大行使预算监督权的想法是不适当的。从中央预算和地方预算的监督来看，在预算监督权方面做更多工作的是常委会下设的财经委员会。财经委员会作为人大常委会负责财政方

---

① 参见李季泽：《国家审计的法理》，中国时代经济出版社2004年版，第1—7页。
② 参见王波：《试论人大财政监督与政府审计监督的关系》，http：//www.hscz.com/Article_Show.asp？ArticleID=799。
③ 参见刘剑文、熊伟：《预算审批制度改革与中国预算法的完善》，http：//www.cftl.cn/show.asp？c_id=21&a_id=679。

面工作的专门委员会,对中国预算监督做出了一定的贡献。

为了解决人大会议期间行使预算审批制度的不足,初步审查制度应运而生。《预算法》也在初步审查中附带规定了人大财经委员会的预算监督权。但是,正如一些学者所指出的,初步审查制度和人大财经委员会的相关规定还有很多值得改进之处,比如,作为基本法的《预算法》对人大财经委的法律地位并没有做出明确规定,"财经委员会的主要职责在于财经方面的立法,对预算审查并没有建立一套运行机制"①。

1998 年成立的预算工作委员会是与预算关系最为密切的专门机构。根据九届全国人大常委会秘书何椿霖的会议说明,财经委在预算监督方面勉为其难,其承担的工作范围较宽,难以集中力量进行监督,因此,其监督在性质上属于"程序性审查监督"、而非"实质性监督"。预算工作委员会是全国人大常委会的工作机构,其主要职责是:协助全国人大财经委员会承担全国人大及其常委会审查预决算、审查预算调整方案和监督预算执行方面的具体工作;受委员长会议委托,承担有关法律草案的起草工作和有关法规案审查的具体工作;协助全国人大财经委承担有关法律草案审议方面的具体工作;承担全国人大常委会及其委员会会议交办和全国人大财经委需要协助办理的其他具体事项。全国人大常委会设立的预算工作委员会为正部级单位,其编制为 20 人,下设预算室、法规室和研究室。

由此,预算工作委员会成为全国人大预算监督的专门机构。但是,这项改革并未完全地贯彻到地方,很多地方的预算监督权仍然由财经委行使。对此,有学者撰文指出了在地方建立预算工作委员会的重要性和必要性,并结合预算工作委员会的职权和组成情况,对地方预算工作委员会的职权和结构进行了制度设计和构想。②

(三)改进人大预算编制监督权制度

相对于预算审批监督权来说,预算编制监督权是未来一段时间内人大应当着重注意的一项职权。③

有学者这样总结我国预算编制的现状:其一,预算编制和审查时间过

---

① 参见刘剑文、熊伟:《预算审批制度改革与中国预算法的完善》,http://www.cftl.cn/show.asp?c_id=21&a_id=679。

② 参见刘来宁:《地方人大常委会设立预算工作委员会势在必行》,载《人大研究》1999 年第 3 期,第 1 页。

③ 另外,在财政法学界已有足够的文章对预算审批监督权和预算执行监督权存在的问题和改善进行了论述,限于篇幅,本书不再赘述,而仅对预算编制监督权进行些许探讨。

短,导致预算编制过粗,约束力不强,财政收支安排带有很大盲目性和人为因素,其所反映的经济信息失真,预算编制成为"报表游戏",人大在预算编制上的监督权实际上被架空。其二,当前的预算编制像政治博弈,科学的经济测算较少,不重成本效益分析。预算编制仅仅是"把财政的钱怎么分下去",而不是"如何科学地利用这些钱"[①]。预算编制无视成本效率分析的状况给人大预算监督带来了不小的障碍,人大代表在具体审议预算法案时,无法最终实现财政民主原则,对于纳税人利益维护不利。

强化人大预算监督权,完善中国预算编制,可以从下列方面下手:

1. 建立完善的预算编制框架

有学者这样描述我国政府预算编制制度改革的基本框架:在预算编制时间上,实行标准周期预算;在预算编制内容上,实行综合财政预算;在预算编制方法上,实行零基预算;在单位预算编制方法上,实行部门预算;在预算编制职能设置上,实行预算编制、执行和监督三分离;在预算编制程序上,理顺人大政府财政和部门之间的关系。[②] 笔者并不完全同意上述观点,但是,不容置疑的是,对于人大预算监督权的改进来说,建立一个完善的预算编制框架具有积极的意义。人大预算编制监督权相对于审批监督权和执行监督权来说,需要改进的问题更多。因此,预算方面的法律应当对预算编制的时间、程序、方法等问题进行详细而明确的规定,只有这样,人大预算监督权行使起来才有法可依。

2. 明确预算编制主体,明确人大的预算监督对象,防止监督虚化

在美国,联邦预算是在预算局协助下编制的,参与者包括财政部、经济顾问委员会及政府其他各部和机构。由此可见,美国预算编制的参与主体呈现出多样性的特点。并且,在美国,预算局负责联邦预算的具体编制工作,而预算执行监督由财政部掌控。前者直接从属于总统,独立于财政部。反观我国预算编制的主体制度,可以看出,在我国,从法律规定来看,财政部是预算编制的法定机构,预算编制基本上属于财政部的独家事务。人大预算编制监督权的缺失导致预算编制随意化倾向严重。同时,我们不能忽视的一点是,财政部同时也是预算执行监督的法定机构。因此,财政部既肩负组织支出预算执行的重任,又负责政府预算编制的具体

---

[①] 杨宝剑、孙运进:《现行预算编制存在的问题及其完善建议》,载《湖北社会科学》2004年第8期,第15—16页。

[②] 同上。

工作,这种"既是裁判员又是运动员"的角色设置,是不合理的。①

那么,怎样改善人大预算编制的监督?在编制主体上首先要做的当然是分权,将预算编制机关明晰化,给人大预算编制监督权的行使树立一个明确的靶子。同时加强这一机构和预算执行机构之间的信息沟通,做到权力合理分配条件下的协调配合。

3. 调整和延长预算编制时间

在美国,预算编制的时间是从下一个财政预算生效前一年的3月开始至次年1月末,共计11个月,期间要经历总统预算政策的形成、各部(机构)预算的编制和总统预算建议的完成三个阶段。

我国财政年度和人大会议召开时间上的差异给人大预算监督带来的弊端,已经成为不得不面对的问题,财政法学者也针对这个问题提出了多种解决意见。这些解决方案总结起来就是:其一,修改财政年度的起算点;其二,将人大会议会期提前;其三,在两者都不改变的情况下,授权全国人大常委会在每年年底先审批政府的临时预算,而由全国人大审查批准正式预算。在笔者看来,第三种方式成本较高,临时预算的批准和正式预算的批准存在一定重复,这样在人力物力上造成一定浪费。第二种方式忽视了我国的一项宪法惯例。从新中国成立以来,人大会议的召开时间已经成为一项类似于宪法惯例的东西,因此让人大会议对预算年度规定做出让步,显然不够现实。基于上面的分析,或许积极主动调整财政年度的起算时间,才是最切实可行的选择。调整财政预算年度,有利于人大预算监督权威的树立,对于人大预算监督权的行使是有利无弊的。

时间充足是保证预算准确、科学和透明的前提。实践中,很多省份已经开始规范预算编制程序,具体的措施是,对各级预算草案提请人大审批设定严格的时限限制,并以此保证预算编制机关有充裕的时间编制预算,而不是赶时间敷衍了事。就具体的时限来说,超过一年也并不科学。因为中国目前经济形势日益发展,变动因素较多,预算编制时间过长可能会导致人力等方面的浪费。综上,笔者建议预算编制时间为12个月②。

---

① 参见胡志红、张亮:《中美预算编制的比较:差异与借鉴》,载《新疆财经》2004年第1期,第59—61页。

② 参见施锦明:《试论我国政府预算编制改革》,载《福建财会管理干部学院学报》2001年第4期,第15—17页。

#### 4. 明确预算编制的范围、方法、形式、程序等

应当在相关的法律文件中明确预算编制范围、方法、形式、程序等,为人大预算编制监督权行使提供基础和条件。编制预算要遵循完整性原则,这就要求政府收支的全部过程都应当纳入议会预算监控之中。美国联邦预算包括联邦基金预算(预算内)和信托基金预算(预算外),联邦基金包括普通基金和特殊基金。[①] 相比较而言,我国的预算编制并没有遵循完整性原则,预算外资金很大程度上游离于人大预算编制监督之外。因此,加强人大预算编制监督很重要一个方面,就是以新一轮税费改革为契机,将原来分散在各部门、各单位的预算外或制度外资金全部纳入公共预算范围。目前,国库集中收付制度正式向这个方向努力。在预算编制方式、编制形式上,则应当采用零基预算法和实行规范的复式预算。

#### 5. 积极行使人大预算监督权

应当在相关的立法中保证预算编制机构积极编制预算,人大预算监督机构积极行使预算编制监督权。我国预算编制带有强烈的部门色彩,财政部通过对下级上报的预算进行数字上的削减而形成最终的预算案。实际中,下级预算编制部门由于知道每次都会遭到削减的命运,因此在编制预算的时候就有意抬高成本,这样上级预算编制机构或财政部在削减之后仍能与预想的数额保持平衡。而预算制度发达的国家,预算编制机关一般都会在预算法律文件上报之后,通过各种手段来获取实际信息,从而准确地掌握预算编制机关的情况,并对各部门提交的预算申请有一个清楚的认识和判定。因此,有学者就此提出:"我国预算编报人员编制预算时,不应只是对部门上报的预算进行简单的砍压,而应更多注重经济预测分析,建立其财政收入和支出预测模型,根据社会经济生活中的变化与当时的政治经济形势,对部门编制预算提出政策性指导。"[②]与预算编制被动相适应的是人大预算监督权行使的被动性。在未来的预算编制框架下,人大专门机构应当加强在预算编制阶段的监督权,这种加强首先表现在加强监督的积极性和主动性上。

### (四) 规范人大预算监督权行使的保障和制约机制

如上所述,人大享有的预算监督权是由《宪法》、组织法和《预算法》明

---

[①] 参见胡志红、张亮:《中美预算编制的比较:差异与借鉴》,载《新疆财经》2004年第1期,第59—61页。

[②] 同上。

确规定的。现有的宪法和法律已经规定了一些法定的监督方式,包括听取工作报告、询问、质询、特定问题调查、撤销规范性文件、撤职、甚至罢免等。人事上的撤职权和罢免权是人大预算监督权行使的保障。

遗憾的是,人大在对预算进行监督时,很少考虑到辅助性的人事上的撤销权和罢免权。很多学者在探讨人大预算监督权的完善时,也更多的倾向于借鉴西方国家政体制度中的弹劾权。弹劾权是有些国家议会的基本权力之一,它对各机关之间的权力平衡做出了重大贡献。但是,弹劾权的建立并非有百利而无一弊。弹劾权建立起来以后,还得考虑它与现有法律制度之间的兼容问题。在我国预算监督的实践中,我国已有的撤销权和罢免权如能获得有效行使,也可取得相似的法律效果。因此,完善人大预算监督权的行使,更多的在于利用好现有的权力,而不是另行创设新的权力。

另外,在人大及其常委会、财经委员会、预算工作委员等部门的审查监督中,代表和委员们对预算编制和执行中的问题提出了许多建议和意见,但是往往得不到答复。这种现状一方面挫伤了委员会和代表的积极性,另一方面也损害了人大监督的权威。因此,建立合理的制约机制,对强化预算监督权的行使也是必要的。

另外,当前我国人大代表素质参差不齐,专业背景各异,这给人大预算监督权行使带来一定障碍。因此,未来可以在以下方面进一步努力。例如,规定具体负责预算监督的人大代表或工作人员应当具有何种资格证明,在一段时间内应当进行多少专业训练。①

总之,对人大预算监督权,必须给予足够的重视。议会预算监督权是一种立法监督权,不同于行政机关对预算的监督。因此,在强调议会预算监督权必要性的同时,也要构建相应的制约机制,防止出现物极必反的后果。

## 本 篇 小 结

本篇以"审计风暴"开文,在三权分立和公共财政的框架下,探讨议会预算监督权问题。

---

① 有人提出"审批无用论",主要的观点是人大对预算监督无法进行实质上的监督。因此,有的地方政府在编制预算时就开始存有侥幸和糊弄心理;在审批阶段则低估人大预算监督能力,认为人大代表对预算收支一窍不通,没有审批否决的能力;在预算调整阶段,又认为完全是政府自己用自己钱的问题,根本不向人大常委会报告,更别提经过其批准同意。因此,提高人大代表自身的能力是解决上述问题的根本之所在。

当中国民众把越来越多的注意力转移到财政监督上来时,怎样完善中国的人大预算监督权,成为必须面对的问题。

议会预算监督权是各国议会财政权的重要部分,其贯穿于预算编制、审批和执行的全过程。各国法律都对议会预算监督权进行了详尽的规定,这些规定为改进我国人大预算监督权提供了有益的参考。

审视议会预算监督权,并不仅仅是为了建立更加科学和完善的人大法律监督制度,也不仅仅是为了宣扬所谓的财政民主原则。加强人大预算监督权是依法理财的需要,也是保证每个纳税人合法财产权利的需要。

# 第五篇　民主视野下的预算法改革

## 第一节　预算编制制度改革与中国预算法的完善[①]

中国预算法虽然经过多年的发展和建设,形成了诸如《预算法》、《预算法实施条例》、《预算外资金管理实施办法》等立法成果,在财政实践中也初步建立了财政资金预算管理的制度模式,利用预算加强财政法治、促进依法行政和依法治国的观念开始深入人心。但是总体来说,由于体制转轨时期利益调整的难度以及制度设计本身的一些问题,尤其是观念上残存的障碍和误区,中国预算法的立法、执法和守法都在低水平上徘徊,实际上无力承担法治国家赋予的重任。面对21世纪世界法治发展的新形势,以预算法的发展和完善为中心,加强财政法治建设,促进中国整体法治水平的提高,应是一条无可选择之路。

### 一、改革复式预算方案,明晰政府财政职能的性质和界限

当前我国实行的复式预算将国家预算分为经常性预算和建设性预算[②],它对于正确体现社会主义国家财政的双重职能,增强财政分配的透明度,揭示财政赤字的形成原因,起到了积极的作用。但是,由于其编制方法只是在原有的收支规模及范围的基础上,对旧的单式预算收支科目按性质和用途进行简单的划分,预算管理的范围、预算管理和分析的方法没有改变,财政的职能也并未得到分类管理和加强。因此,必须适应社会主义市场经济的需要,建立具有中国特色的多元复式预算体系:(1) 政府公共预算。政府公共预算是指国家以政权实现主体的身份取得财政收入,为维持政府活动、保障国家安全和社会秩序、发展社会公益事业而发生财政支出所形成的预算。(2) 国有资产经营预算。国有资产经营预算是指国家以国有资产所有者的身份取得财政收入,为进行经济建设和国有资产经营而发生财政支出所形

---

[①] 本部分原载《行政法学研究》2001年第4期,收入本书做了部分修改,详细请参见刘剑文、熊伟:《中国预算法的发展与完善刍议》。

[②] 刘剑文主编:《财政税收法》,法律出版社1997年版,第97页。

成的预算,这是社会主义国家基于其社会制度和经济基础而必然出现的预算形式。(3)社会保障预算。社会保障预算是指国家为协调收入的时间分配和代际分配,以社会管理者的身份取得财政收入,并为全体公民或居民的福利,或以特定主体作为受益人进行财政开支所形成的预算。

## 二、改变预算资金管理方式,强化部门预算

实行部门预算早已经是预算法的要求。只是由于法律对"部门预算"一词缺乏统一权威的界定,造成了理解上的歧义和实践中的误区。在当前预算支出制度改革过程中,财政部经国务院批准正在大力推广部门预算。部门预算的特点是:(1)一个部门一本预算。以前,各部门的预算按功能由财政部门内的不同科室和有预算分配权的部门归口管理,不能形成一本完整的预算。部门预算要求各部门直接面对预算编制主管单位,将部门的所有收支在一本预算中反映。(2)预算编制从基层单位做起。原来编制预算的方式是由部门替下属单位按资金性质不同进行代编,而部门预算则要求从基层单位逐级编制、逐级汇总,有利于克服代编预算的盲目性,使预算更加科学合理。(3)统一批复预算。原来财政部门各业务处室及有预算分配权的部门各自独立地向各部门批复预算,部门预算则改为由财政部门预算处统一批复预算,有利于提高预算批复的时效性。(4)限定部门资格。只有那些与财政直接发生经费领拨关系的一级会计预算单位,才能成为预算部门。(5)预算覆盖范围综合。部门预算既包括行政单位预算,又包括其下属的事业单位预算;既包括一般预算收支计划,又包括政府基金预算收支计划;既包括正常经费预算,又包括专项经费预算;既包括财政预算内拨款收支计划,又包括预算外核拨资金收支计划和部门其他收支计划。按照上述思路,预算管理要走出封闭的思路,其出发点和着力点要转移到一级会计预算单位,围绕着加强部门预算管理,形成一个更为开放和宏观的预算管理系统。

## 三、延长预算编制时间,规范预算编制程序

合理的预算编制时间是保证预算草案科学、细致、准确的重要条件。如果预算编制时间太短,就可能导致预算草案仓促出台,预算支出项目的选定随心所欲。考察中国的预算法律制度,不难发现,由于预算编制时间过短,预算编制部门实际上不可能编制出非常详尽合理的预算。为此,我们认为,应从以下四个方面做出努力:(1)延长预算编制时间。只有提前编制预算,

才有可能细化预算,提高预算的准确性、科学性和透明度。例如,河北省在预算改革试点中每年3月份开始编制下年预算,积累了许多成功的经验,为预算管理的科学化、法治化奠定了良好的基础。国务院也提出了早编预算的思路,这为中央和各省市早编预算提供了可能。(2)规范预算编制程序。在预算编制时间得以延长的前提下,应当对各级预算的编制程序进行科学设计,从时间上、从审查的环节及主体上、从法律责任的配套上设计严格的流程表,保证预算编制按部就班、合法高效地进行。(3)编制年度滚动预算。年度滚动预算是一种多年期预算,其好处在于,有利于与国民经济和社会发展计划、财政长期计划相结合,有利于健全财政职能,更好地配合国家宏观调控政策,对国民经济进行宏观调控,同时也有利于权力机关从长远的角度对预算进行审查,相对地延长预算的审议时间,提高预算审批的质量和效果。

### 四、调整预算编制的范围,取消编制地方总预算

根据《预算法》的规定,县级以上各级人大除了审批本级预算外,还有权审议下级地方总预算。我们认为,这道程序只会导致极大的制度性资源浪费,很难产生实质性的积极效果,因而完全没有必要存在。根据财政分权的原理,中央和地方政府有着各自不同的职能,因此其财政收支范围也各不相同。一级政府一级预算是财政联邦制国家的通例。中央和地方的预算审批权利和预算执行权界限分明,只是由于中央拥有相对丰裕的财力,并且需执行国家宏观经济调控职能,因此才通过转移支付制度在中央和地方之间发生财政资金联系。中国虽然没有明确肯定实行财政联邦制,但是自从1994年推行分税制财政管理体制以来,已经向财政联邦制迈出了很大的一步。如《预算法》第2条规定,国家实行一级政府一级预算;又如该法第12条和第13条规定,各级人大只审批本级政府预算。这些都是与财政分权的理念相吻合的。正是因为《预算法》认识到干涉下级政府预算的消极影响,才将原《预算管理条例》所规定的直接审批下级预算改为行使审议权。美中不足的是,虽然一字之差避免了原先预算重复审批的矛盾和尴尬,但是审议下级预算仍然与旧的"统一领导、分级管理"的财政思路有着千丝万缕的联系,因此有必要予以废止。

## 第二节 预算审批制度改革与中国预算法的完善①

### 一、廓清预算审批权范围,明确预算修正权归属

虽然从理论上说,立法机关作为国家权力机关不仅拥有预算审批权,而且还应该拥有预算提案权,但是由于预算本身的政策性和技术性,目前不同政体的国家之间在预算提案权的归属上基本上不存在分歧,即都由行政部门行使。如在英国、法国等行政立法一体的内阁制国家,预算向来由内阁提出;而在总统制的美国,原来是由国会自己提案,第一次世界大战后才深切体会集中编制总预算的必要,1921年国会主动让出了预算提案权,自此一直由总统把持。② 所以目前不同体制之间关于预算审批权的分野,主要体现在预算审批部门对行政部门所提预算案的修正权的有无、大小及行使方式。

依美国1921年通过的《预算及会计法》,美国总统有准备及提送年度财政概算于议会的义务,但其并没有拘束立法部门之效力,议会拥有完全自由的预算修正权。而就国会审议通过的预算,总统也拥有否决权,这时参、众两院均必须以三分之二的优势多数决才能反否决。美国建国之初,制宪先贤们对英国内阁制行政、立法在实质上混合为一而有集权化的危险深感不安,于是设计将国家权力分散于不同机关,使之相互对抗、制衡、妥协,从而保障人民的权利。上述预算法的规定与此如出一辙。联邦德国在"二战"后采行内阁制。国会虽然分为参、众两院,但只有联邦众议院享有单一国会制国家的广泛的国会权限。《联邦德国基本法》第113条规定,联邦议会若经由法律提高政府预算案中的支出或未来将带来新的支出,则需得到联邦政府的同意。凡是带有削减财政收入的法律或未来将带来财政收入削减者,也需得到联邦政府的同意。联邦政府有权要求联邦众议院暂时中止此类法律之决议。若联邦众议院已经通过法律,则联邦政府可以在四周内要求联邦众议院重新进行决议。③ 该条文的目的在于防范立法者单方透过法律提高支出,促使立法、行政部门进行谈判、协商。法国实行弱势国会体制,总统

---

① 本部分原载《法学家》2001年第6期,收入本书做了部分修改。
② 参见苏永钦:《走向宪政主义》,台湾联经出版事业公司1994年版,第258、259页。
③ 德国预算审批完全采用立法程序,预算案必须在联邦法律公报上公布方为有效,因此,从形式上看,预算就是法律。参见孙尚清、于中一等主编:《国际商务惯例总览(财政税收卷)》,中国发展出版社1994年版,第42页。

是全国的权力中心。法国《宪法》第 40 条规定,国会议员不得提出减少公共部门收入或提高支出的法律案或法律修正案,因此国会不享有预算的修正权。①

中国《预算法》只规定了预算草案由行政部门编制,由人大审批,但对人大是否享有预算草案的修正权,以及政府是否享有对预算审批的制衡权则语焉不详。② 从预算管理的实践来看,人大实际上只能就预算草案的同意与否行使审批权,不能对预算草案实行科目流用。③ 政府对人大审批通过的预算也必须执行,即使预算被否决或久拖不决,也缺乏相应的制衡机制。然而,毕竟这是关系到中国预算法制完善和发展的重要环节,因此应当在立法中予以明确规定。

我们认为,预算审批机关应该享有预算草案调整权。如果按西方的政治体制进行归类,中国"议行合一"的人大、政府体制类似于内阁制,政府拥有相当大的职权,甚至在很大程度上超越了人大的监督和制约。就预算审批而言,由于预算草案编制的粗糙,以及人大会期制度本身方面的原因,人大事实上很难判断预算支出的合理与否,预算的审批监督更是流于形式。随着部门预算制度的推行,预算的编制将越来越规范和细化,人大的预算审批也应该发挥越来越重要的作用。未来人大预算审批权的走向,应在于扩大权限以制衡行政部门。如果能够赋予人大预算草案的调整修正权,一方面可以加大权力机关的预算职责,另一方面对不合理的预算开支也多了一条制约途径。因为即使是如本书下文所主张的预算分享审批,也不可能细致到每一个具体的项目,因此人大的预算修正权对协调人大和政府之间的关系仍然是有必要的。

不过,考虑到预算编制、审批和执行之间的平衡,特别是考虑到人大目前在预算信息方面的欠缺,以及政府缺乏相应的预算制衡权,为防止预算审批机关滥用权力,我们主张将人大的预算草案修正权限制在科目流用权的范围内,即不能突破预算草案原有的收支平衡。这样做是为了尊重政府在预算方面的信息优势和预算编制、执行的经验,避免预算草案的内容起伏太大,进而也避免人大与政府之间产生过大的矛盾和分歧。

---

① 以上内容参见黄锦堂:《论"立法院"之预算审议权》,载《台大法学论丛》第 27 卷第 3 期,第 14—27 页。

② 参见《预算法》第 24 条、第 38 条。

③ 所谓科目流用,在预算审批的环节是指在不改变预算草案收支总额的前提下,预算科目相互之间的资金调用,也即改变预算资金的使用方向或项目。

目前,中国的预算收入按照其内在性质和相互联系设有"类"、"款"、"项"、"目"四个层次的科目,预算支出科目则分为"类"、"款"、"项"、"目"、"节"五级,"类"是最高级别的预算科目。① 不难得知,审批机关的预算草案科目流用权越靠近"类",则对预算草案的调整幅度越大。鉴于人大系统对于预算缺乏专业审查,相关人员配备和程序建设还十分滞后,再加之政府长期以来把持预算修改权形成的惯性,我们认为还应该对人大的预算科目流用权加以限制。如最初可以从"目"、"节"科目开始,待条件成熟时再逐步扩展,但最高不宜超出"项"级科目。

**二、取消审议下级地方总预算,简化预算审批程序**

根据我国《宪法》第 62 条和第 99 条的规定,国家预算和中央预算由财政部编制,经国务院审核批准后,报全国人大审查批准,地方预算由各级财经部门编制,经本级人民政府审核批准后,报同级人大审查批准。由于国家预算包括中央预算和地方预算,当全国人大开会审批国家预算时,地方人大都还未开会,为了保证人大的会期,财政部只能代替地方编制预算,与中央预算合并编制国家预算报全国人大审批。而财政部代编的地方预算与地方人大通过的预算会有一定的差距,这给预算编制、执行带来困难,而且损害了预算的权威。1994 年《预算法》生效实施后,上述问题已得到部分解决。根据该法第 12 条、第 13 条的规定,虽然全国人大仍然要审查中央和地方预算草案及中央和地方预算执行情况的报告,县级以上地方各级人大仍然要审查本级总预算草案及本级总预算执行情况的报告,但是全国人大只批准中央预算和中央预算执行情况的报告,县级以上各级地方人大只审查本级预算和本级预算执行情况的报告,这样就避免了上级人大审批下级预算,上级人大审批通过的预算下级人大再次审批的不正常现象,保证了预算法内部逻辑的严密和效力的统一。美中不足的是,《预算法》的规定明显违反了《宪法》,这在任何一个讲求法治的国家都是难以接受的。因此,上述问题的圆满解决仍然有待于修改《宪法》的相关条文。

此外,《预算法》的上述规定还存在一个有待解决的问题,即县级以上各级人大除了审批本级预算外,还有权审议下级地方总预算。尽管审议不同于审批,从法律上看,经过审议的地方总预算并不对下级预算审批和执行机关产生约束力,但是既然存在这个程序,下级预算编制机关就不得不向上级

---

① 参见包丽萍等编著:《政府预算》,东北财经大学出版社 2000 年第 2 版,第 29、39 页。

报送预算草案。我们认为,这道程序只会导致极大的制度性资源浪费,很难产生实质性的积极效果,因而应予废止。

尽管对下级预算审议权的规定有其历史的渊源,但在现实生活中依然造成了诸多的问题。所谓下级地方总预算,是指本级政府以下各级地方政府预算的汇编。《预算法》之所以保留地方各级总预算的编制,并赋予各级人大对下级地方总预算以审议权,可能出于两方面的考虑:一是保证各级权力机关对本辖区范围内预算收支事项的知情权,保障人大代表的参政议政权;二是保障各级政府对本辖区范围内预算的统一执行权。而在我们看来,这些理由都十分牵强,难以令人信服。虽然人大是权力机关,有权按照《宪法》的规定决定本辖区内的重大事情,当然也包括审查和批准预算,但是,如果我们认可《预算法》对《宪法》第62条的修改合理,认为其更符合分税制财政分权法的需要,那么,取消各级人大对下级财政总预算的审批权之后,就完全没有必要仍然保留审议权。至于上级人大的知情权和人大代表的参政议政权,事实上通过保留对下级地方总预算的审议权是不可能实现的。因为全国人大开会在前,地方人大开会在后,上级地方人大开会在前,下级地方人大开会在后,因此,上级人大审议的所谓下级地方总预算实际上只是一个未经本级人大审批通过、甚至可能就是上级政府代编的草案。当下级人大召开会议时,一般都会有所修改,所以,上级人大审议的下级地方总预算所包含的信息是不准确的,以此为基础行使知情权十分不现实。而人大代表的参政议政权更应该表现为一种投票决定权。如果仅仅是对并不准确的下级政府预算文件进行审议,却不发生任何法律效力,这不仅会导致资源的极大浪费,而且有损权力机关的威信和尊严,实际上不起任何作用。至于保障各级政府对本辖区范围内预算的统一执行权,虽然与法律所赋予国务院和各级地方政府的职权相一致①,但这种规定与分税制所要求的一级政府一级预算的原理明显背离。预算审批通过后,无论是预算收入还是预算支出,都是由本级政府组织执行。既然在科学的分税制体系下,中央政府与地方政府、上下级地方政府之间的财政收支范围都已经做出明晰的划分,上级政府组织执行下级政府的预算就只能是师出无名的越俎代庖,严格来说,是一种侵犯下级政府财政权的行为。更何况,即使在过渡时期必须维持预算执行的统一协调性,也不一定非要编制和审议各级地方总预算不可。因为具有执行力的预算只能是经过本级人大审批通过的预算,而各级地方总预

---

① 参见《宪法》第89条、《预算法》第14、15、16条。

算中所包括的下级总预算却只是经过了其上级人大的审议,并不产生法律效力。所以,各级政府对辖区范围内预算的统一执行权并不能通过编制地方总预算的形式达到目的。其实,依《预算法》第 14 条、第 15 条实行预算备案制度,就足以完成这一任务。因此,各级政府编制本级预算并提请同级人大通过即可,另行汇总编制下级地方总预算实无必要。

在预算实践中,预算编制部门除编制本级预算外还需汇总编制下级地方总预算的做法,以及预算审批部门除审批本级预算外还需审议汇总编制的下级地方总预算的做法,将不可避免地带来两方面的实际危害:一是浪费预算编制和审批部门尤其是编制部门的人力、物力和财力;二是制约了下级预算编制部门和审批部门工作能动性的发挥。尽管各级人大审议的下级地方总预算在法律上不生效力,地方预算编制部门在报送同级人大审批之前仍然可以修改和完善,预算审批部门对某些收入和支出项目也可以否决,但在中国特定的政治背景下,上级机关的一言一行对下级机关都有很大的影响力。因此,面对已经上级权力机关审议通过的本级地方总预算,各级预算编制部门和审批部门可能很难再有所作为。所以,我们认为,应当彻底落实一级政府一级预算的原则,预算审批部门只审批本级政府预算,而不审议下级地方总预算,预算编制部门也只需编制本级政府预算即可,而不必汇总编制本级总预算。

### 三、建立人大预算工作机构,协助行使预算审批权

预算的审批是一项政策性、法律性、技术性都非常强的工作。根据宪法和人大组织法的规定,各级人大在繁忙而短暂的会期中既要进行政治和经济决策,又要从事各种立法,还要履行预算审批职责,在我国人大会议制度暂时无法改变的情况下,如果没有专门机构的辅助,人大的各项活动很可能陷入表面化。

在现实中,迫于人大会期的压力,预算草案往往难以得到全面的审议。在有限的人大会议期间,人大代表必须完成对全国或本地区的重大事务的审议与批准上,预算草案的审议得不到足够的重视。加之预算草案到大会举行时才印发给代表,且只有分类、款的数字,没有分项、分部门的数字,透明度很低,预算项目之间的关系、预算的内容结构并不清楚,权力机关对预

算的审查难以起到实质性的作用。①

在我国人大代表的选举过程中,虽然名额分配充分考虑了职业、民族、文化程度、性别、宗教信仰、党派等因素,使其在政治上具有广泛的代表性,但是这只能说明人大足以胜任其作为一个政治机构的使命。至于作为立法机构和经济决策机构,则需要高度的业务能力和相关的制度配套才能够正常运行,因为立法和经济决策不仅需要政治立场和觉悟,而且更需要精通相关的专业知识和程序方面的操作技巧。而就总体而言,我国人大代表在这些方面的业务素质是参差不齐的,目前大部分还停留在凭着对党和政府的信任而对任何立法案或提案直接举手通过的阶段,缺乏对相关问题的深入研究。因此,建立人大专门工作机构,辅助人大行使权力,不仅是制度方面的配套需要,更是弥补我国人大代表业务能力缺陷的现实需要。

我国《预算法》第37条规定,财政部应当在每年全国人民代表大会举行的一个月前,将中央预算草案的主要内容提交全国人大财经委进行初步审查。省、自治区、直辖市、设区的市、自治州政府财政部门应当在本级人代会举行的一个月以前,将本级预算草案的主要内容提交本级人大有关的专门委员会或者根据本级人大常委会主任会议的决定提交本级人大常委会有关的工作委员会进行初步审查。县、自治县、不设区的市、市辖区政府财政部门应当在本级人代会举行的一个月以前将本级预算草案的主要内容提交本级人大委员会进行初步审查。从以上规定可知,初步审查制度的建立也在尝试解决本书前述的两个问题,即减轻人大会议的工作压力和弥补人大代表的业务缺陷。但是仅就该规定而言,事实上很难达到目的。第一,初步审查机构的法律地位不明确。虽然在全国人大的层次已经肯定该项权力由全国人大财经委员会行使,但在现阶段,财经委员会的主要职责在于财经方面的立法,对预算的审查并没有建立一整套运行机制。加之初步审查的期限非常短,财经委员会参与预算审查的程度也不可能深入。而在地方人大,初步审查制度连机构的确定都具有一定的随意性,要保证初步审查的效果其难度更大。第二,初步审查的权力内容模糊不清。例如,初步审查是否仅仅是一种书面审议,还是可以就预算项目进行调查,甚至举行听证?作为审查对象的所谓"本级预算草案的主要内容"包括哪些方面?是否可以要求预算编制机构修改预算草案?第三,初步审查的法律后果无从知晓,没有规定不

---

① 会议期间,预算案加密级,不能做到代表人手一份,且会后收回,也在很大程度上影响了预算审议的效果。

同机构进行的初审效力有何不同,初审结果也没有确定的送达对象,更无法在人代会上使代表知悉。如果初步审查是预算审批过程中一个非常重要的程序,那么,起码应该对其法律后果做出明确规定。究竟是规定未通过预算初步审查就不能提交预算审批机关审批,还是规定在这种情况下,初步审查机构只能将自己的意见报送预算审批机关,供其决策时参考,这是值得我国预算法认真对待的问题。第四,初步审查缺乏社会专业人士的参与,对其是否可以吸收社会力量参与初审,是否可以委托或责成审计部门进行预算草案审计,并没有答案。第五,初步审查参与预算审批的时间太晚,法定初审时间得不到保证。提交初审的草案通常应由行政领导办公会、党委会批准,初审时不便再提意见,即使提出意见,也很难被采纳。这些问题在立法中都欠缺明确规定,因此,预算的初步审查可能仅仅停留在交换意见的阶段,很难深入进行。

很多法治发达的国家都赋予预算审批非常重要的地位,英美等不少国家甚至直接将立法程序适用于预算审批的过程,通过的预算即成为法案,与议会通过的其他法律具有同等的法律效力。而无论是在实行一院制议会的国家,还是实行两院制议会的国家,预算的具体审核都是由议院的各种常设委员会与其下属的各种小组委员会负责进行,最后才由议会大会审议表决。如美国国会设有预算局,参、众两院都设有预算委员会。国会预算局负责在经济形势预测和财政收入估计方面给两院的预算委员会提供技术上的帮助,预算委员会则具体组织对预算草案的审核。除此之外,参、众两院的拨款委员会及其小组委员会实际上也在很大程度上行使着预算审核权。英国下议院的财政委员会、拨款委员会,日本参、众两院的预算委员会都属于同样类型。中国对预算审批虽然不实行立法程序,但在预算审批机构中设立预算专门工作机构,并明确其权责和工作程序的做法,仍然是值得我们借鉴的。我们建议,在县级以上人民代表大会中设立预算委员会,辅助各级人大行使预算审批权,辅助各级人大常委会行使预算调整审批权和决算审批权。① 预算委员会的职责是,充分利用预算信息管理系统,审查各预算部门收入支出的合法性、科学性、合理性。预算委员会可以建立专门小组,与预算支出的各个部门相对应,负责对该部门收支预算的专门审查。当然,预算

---

① 在中国目前的财政体制下,乡镇一级作为独立的预算主体条件并不成熟。因此,我们不赞成实行一级政府一级预算,而主张五级政府四级预算。这样可以保证每一级预算主体真正独立行使职权。

委员会并不拥有只有权力机关才拥有的审批权力,它只拥有建议权。这种建议权分两个向度:一方面对预算编制部门报送的预算草案中不合法或不合理的内容在说明理由的前提下建议予以修改,另一方面建议审批机关对预算草案中不合法或不合理、但预算编制部门拒绝修改的内容予以否决。如果不存在上述问题,预算委员会也应该出具详细的审查报告,建议预算审批机关予以通过。按照这种制度设计,人大代表在行使预算审批投票权的时候,既可以听取政府关于提请审批预算草案的报告,也能够听取预算委员会关于预算草案审查的报告,即使业务知识有所欠缺,起码也能做到兼听则明,不为某一种观点所左右。

**四、健全预算审批程序,依法行使预算审批权**

预算审批程序是保障和规范预算审批机关依法行使权力的重要依据。在民主和法治的国度里,无论是立法、司法或是行政,程序都具有极为独特的意义和作用。① 预算审批虽然不是直接的立法,但由于预算的内容关系到国家下一财政年度的活动范围和方向,在一国的政治经济生活中具有举足轻重的影响,因此,预算审批程序就应当成为预算法治建设应予关注的重要一环。

在我国,预算法对预算审查除了规定极为简单的初步审查之外,只规定了各级人大对同级政府所作的预算报告有审查批准权,至于预算审查权行使的程序则仍付阙如。我们认为,中国不仅要学习他国建立预算专门机构,协助权力机关行使预算审批权的经验,而且还应该在预算法中明确规定预算审批的程序。

在《立法法》颁行前,立法程序的简陋和缺失一直是法学界批评的对象,认为这种现象不利于树立法律的权威,提高立法的质量,不利于保障立法部门依法行使立法权,也不利于防范其滥用手中的权力,为某些部门或个人牟取私利。② 《立法法》的制定实施为中国立法程序的完善奠定了基础和框架。尽管中国预算审批并不适用立法程序,《立法法》并不能解决预算审批程序的完善问题,但是立法的程序对预算审批程序具有非常重要的借鉴意

---

① 参见徐亚文:《正当法律程序简论》,载《珞珈法学论坛》(第一卷),武汉大学出版社2000年版,第254页以下。

② 参见陈世荣:《立法程序研究综述》,载李步云主编:《立法法研究》,湖南人民出版社1998年版,第338、376页。

义。美国、英国、中国香港等是采用立法程序审批预算的典型,德国也是如此。在原联邦德国,联邦预算的审批权在联邦议院,其程序是,议会对预算草案表决前,要由联邦议院的预算委员会进行讨论、审查,然后由联邦议院"三读"审议预算草案。"一读"时,财政部长要对政府编制预算时的各种考虑作概括性说明,议员们对草案发表他们各自的看法;"二读"时,预算委员会将审查的结果向全体会议报告,然后开始讨论各部预算,并做出修订预算法案的决定;"三读"时,议院就整个预算再次进行辩论,并进行表决。联邦议院批准预算法案后,将法案送交联邦参议院表决。待两院全部批准后,预算法案经财政部长和总理会签,再送总统签字,便成为正式法律。预算法案要在《联邦法律公报》上颁布。

结合我国《立法法》关于立法程序的规定以及他国预算审批的经验,我们提出以下完善预算审批程序的设想:

(1) 预算审批的时间应当保证在 6 个月左右。鉴于我国人大的会期制度在短期内无法改变的事实,应当加强预算委员会作为专门工作机构的职能,为预算的细化以及合理性、科学性进行事先审查和把关。这是预算编制部门和预算审批部门互动的过程,人大常委会和预算工作机构在审查过程中发现的问题,允许预算编制机构修改预算草案,因此相应地即延长了预算编制时间。

(2) 预算草案在表决之前,既要听取预算编制部门关于预算编制情况的报告,又要听取预算专门工作机构关于预算审议的报告。

(3) 预算编制部门将预算草案提交审议时,必须附有收入支出明细表、上年度决算汇总明细表,以及审批机关所要求的有关近两年财政状况的书面资料。

(4) 预算委员会审议预算时实行"三读"制度。"一读"时,由财政机关代表政府就预算草案做出说明,预算委员会委员提出审查意见;"二读"时,预算委员会开始审查部门预算,就各部门收支科目的合理性进行讨论;"三读"时,就政府整体预算草案形成预算委员会的初步审查决议。

(5) 预算委员会审查部门预算时,可以采取座谈会、征求意见会等形式,听取公众和有关专业人士的意见。同时,也有权举行听证会,要求各部门就有关收支项目的合理性、合法性进行口头答辩。

(6) 预算委员会形成的初步审查决议应当连同预算编制部门最后形成的预算草案,在人大全体会议一个月前发给代表。

(7) 当人代会各代表团审议预算草案时,应当允许预算编制部门和预算委员会派人听取意见。

（8）预算编制部门在人代会正式投票表决前，可以根据本部门的决定、预算委员会的提议、人大代表的意见对预算草案进行修改。预算委员会在听取人大代表的审查意见后，在人代会正式投票表决前向人代会提交关于预算草案的正式审议报告。

（9）预算草案应由各级人大在会议期间由主席团提请大会全体会议表决，由全体代表的过半数通过。

（10）全国人大通过的预算应经国家主席签署主席令予以公布方为有效，地方人大通过的预算应经地方政府行政首长签署命令予以公布方为有效。

### 五、建立分项审批制度，拓宽预算审批权的范围和深度

在当前预算编制过于粗放的情况下，预算的审批只可能停留在面上，而无法深入。一旦预算编制制度的改革得以完成，我们建议，预算审批由现在的综合审批方式改为分项审批。

所谓综合审批，是指所有的预算收支全部集中在一件预算审批提案中由人大代表投票通过。这种做法当然简化了预算审批程序，但是也会使得预算草案局部的不合理影响整体的效果。如果这种不合理的局部内容得以通过，自然会损害下一年度的预算执行效果；倘若整个预算草案都遭到否决，同样也会影响下一年度的预算执行。加之预算草案一旦细化到部门和项目，其内容之繁杂远非今日可比，其地位的重要性也会大大提高，如果要求就所有的方案要么全部赞成，要么全部反对，对人大代表而言，确实难以取舍；对整个社会而言，也承受着过大的不必要的风险。因此，综合审批一般不为预算法制发达的国家所用。所谓分项审批，是指预算审批时，根据开支的部门和性质将全部预算草案分解为若干个预算审批议案。预算编制部门分别就各个议案做出说明，预算委员会也需分别就各个议案提交初步审议报告和正式审议报告，人大代表当然也必须对各个议案分别投票表决。这种审批方式虽然程序繁琐一些，但相比综合审批方式却具有无可比拟的优势。在综合审批方式下，一旦预算草案被否决，将会对国民经济的方方面面产生严重影响。即使是预算方案十分合理的部门和项目，其来年的预算经费也会搁浅。因此人大代表一般不敢行使预算否决权。如果实行分项审批，则可以减轻人大代表对预算草案遭到否决的严重后果的担心和顾虑，他们可以只对明显不合理的预算议案投反对票，而其余的议案则能顺利通过

审批。同时,分项预算的否决不仅影响来年的预算执行,而且必然招致法律对相关机构和人员的责罚。因此,这种方式必然增加预算编制部门的工作压力,督促其尽量优化预算草案,科学合理地编制预算。如美国国会完成第一次预算决议的审议时,即将预算支出决议分成若干部分,由拨款委员会的13个小组委员会(按政府职能设立)分别进行审议,并应按照众议院拨款小组委员会、拨款委员会及该院全体会议,参议院拨款小组委员会、拨款委员会及该院全体会议的程序进行审议。

伴随着中国预算编制制度的改革,复式预算的形式必将更加丰富,预算覆盖的范围越来越全面,同时,部门预算也会越来越精细。在这种形势下,实行预算分项审批水到渠成,不会有很大的工作难度。并且,实行预算分项审批也更有利于推进预算编制的改革。

### 六、明确预算被否决的法律后果及责任,督促编制机关认真履行职责

我国《预算法》既未规定预算审批通过的标准,也未考虑预算被否决的法律后果,自然就不可能顾及预算未予通过的法律责任了。我们认为,这是导致预算编制部门草率从事、敷衍应付的制度性诱因。

我国向来强调人大和政府的议行合一,强调中国共产党的统一领导,再加上人大代表参政议政的独立性和主动性都不是很高,因此《预算法》起草和审议的过程中没有考虑预算可能被否决,也是情理之中的事。随着全国民众民主和法治意识的提高,随着人大代表参政能力的增强,也由于预算编制的明细化而使预算的重要性越来越清楚地为人们所认识,预算草案遭到否决是完全可能发生的。何况,即使预算否决发生的几率非常之低,预算法也应当慎重考虑。因为法律本来就是对未来情势的一种预测和防范,万一将来中国真的出现预算被否决的情况,在目前的《预算法》框架下,无论是预算编制部门还是预算审批部门都会束手无策,而这是十分有害的。

我们认为,预算法应当规定预算未获通过的补救措施与法律责任,以应万一之需。如果预算被否决,可以考虑的补救措施有:(1)预算年度开始之后,如果没有生效预算以供执行,则暂时按上一预算年度的标准执行。但上年度已经实施完毕的开支项目不再拨款。(2)被否决的预算议案经预算编制部门修改后,报人大常委会审批。(3)预算委员会应当就预算议案未获通过的原因及预算修改的情况向人大常委会报告。(4)预算修正案由人大常委会全体组成人员的三分之二以上表决通过。(5)人大常委会通过的预算案从该预算年度的起始日开始生效。已经按照上年度预算标准拨款的部

门和项目,其拨款额高于生效预算确定的标准的,在剩余期限内逐期核减该部门或项目拨款数额;其拨款额低于生效预算确定的标准的,在剩余期限内逐期核增该部门或项目拨款数额。(6)追究有关当事人贻误公务的行政责任。

### 七、严格预算调整审批程序,强化预算法律效力

我国《预算法》认可的预算调整,是指经全国人大批准的中央预算和经地方人大批准的本级预算,在执行中因特殊情况需要增加支出或者减少收入,使原批准的收支平衡的预算的总支出超过总收入,或者是原批准的预算中举借债务的数额增加的部分变更。① 即只承认预算追加为预算调整,而追减预算、动用预备费、科目留用和预算划转等都不在其列。

预算收支内容的变动及项目的调整是否构成我国《预算法》上的预算调整,关键之处在于是否需要履行向权力机关的报送审批手续。各级政府对于必须进行的预算调整,应当编制预算调整方案。中央预算的调整方案必须提请全国人大常委会审查和批准。县级以上地方各级政府预算的调整方案必须提请本级人大常委会审查和批准。乡、民族乡、镇政府预算的调整方案必须提请本级人大审查和批准。未经批准,不得调整预算。② 而预算其他内容的变动,除追减预算未有法律规定外,都只需履行内部报批程序后由政府或相关主管部门自行决定,而无需预算审批部门同意。③

无论是从理论还是从常识进行分析,都不难发现,预算的编制和审批建立在合理的假定和预期的基础上。在行政机关组织实施的过程中,如果经济形势发生了变化,致使预算制定的前提条件不复存在,就不可避免要对预算的内容作一定的调整,以保持预算在本财政年度的平衡。目前,世界各国对于何种预算变动属于预算调整,以及怎样设定预算调整的法定程序,都因国体、政体的不同而各异。一般来说,追加预算是典型的需要经过预算审批部门审批的行为,而其余的变动则可以由政府自行决定。④

---

① 《预算法》第 53 条。
② 参见《预算法》第 54 条。
③ 如《预算法》第 51 条就规定:"各级政府预算预备费的动用方案,由本级政府财政部门审批,报本级政府决定。"第 56 条规定:"在预算执行中,因上级政府返还或者给予补助而引起的预算收支变化,不属于预算调整。"第 57 条规定:"各部门、各单位的预算支出应当按照预算科目执行。不同预算科目之间的预算资金需要调剂使用的,必须按照国务院财政部门的规定报经审批。"
④ 相关内容,参见孙尚清、于中一等主编:《国际商务惯例总览(财政税收卷)》,中国发展出版社 1994 年版,第 84 页。

我们认为,为增强预算的法律效力,结合我国的具体情况,应当规范预算调整的实体标准和法定程序。具体来说,大致包括以下几个方面:

首先,明确预算调整在预算执行中的特殊性。预算调整绝不应该成为预算执行过程中的普遍现象。如果预算调整过于频繁,对预算及预算法的权威会构成很大的威胁。目前我国《预算法》对何谓允许预算调整的"特殊情况"未予明定,这给预算调整的申请和审批都增加了很大的不确定性,因此应当设定更加详尽的标准。预算法中应特别强调,预算审批通过以后,除非发生关系国民经济发展和国防安全的特别重要事由,一般情况下不允许调整。由此,预算调整的理由分为两类:一类是特殊情况,如经济明显过热或衰退、国民经济重大比例关系不协调等;另一类是紧急情况,如爆发战争、内乱、重大自然灾害等,并根据两种不同情况设置不同的审批程序。

其次,严格规定预算调整的审批程序,预算调整方案应当在本级人大常委会全体会议一个月前提交预算委员会进行初步审查,形成初步审查决议。① 人大常委会全体会议半个月前必须将预算调整方案及预算委员会的初步审查决议发给各位委员。人大常委会审批预算调整由全体委员的三分之二以上的多数投票通过。审批通过的预算调整方案还需由本级政府行政首长签署命令予以公布方为有效。如果国家发生紧急情况,人大常委会"两月一会"的制度的确无法适应需要。因此,还应当规定紧急情况下批准预算调整的特别程序。如可由主任会议原则批准,下一次常委会按正常程序追认。②

再次,取消县级以下政府追加预算的权力。因为县乡两级政府级别较低,不需要应付国家宏观经济调控以及国防安全的特殊情况,如果发生重大自然灾害而无法通过本级预算自求平衡时,可以通过上级政府转移支付的途径加以解决。

## 第三节　预算执行制度改革与中国预算法的完善③

预算执行是预算法的中心和归宿。无论是预算编制,还是预算审批,拟

---

① 笔者认为,人大应当建立预算委员会,辅助其行使预算审批权,也包括对预算调整方案的初步审查权。
② 参见李诚、张永志:《人大预算监督的四类十八个问题研究提纲》,载《中国人大》1999 年第 1 期,第 22—25 页。
③ 本部分原载《法学评论》2001 年第 4 期,收入本书做了部分修改。

或是预算监督,都是为了保证预算执行的合理性与合法性,提高预算执行的效率。然而我国目前的预算执行状况难以令人满意,预算法的约束由于现实困难和法律本身的缺陷而十分软弱。有鉴于此,本节抓住预算执行中的几个主要问题展开论述,希望以一孔之见,而奏抛砖引玉之功效。

### 一、强化预算法律效力,严格控制预算的随意变动

预算通过生效以后,即具有法律上的执行力。对于这种执行力,采用立法程序审批预算的国家和地区是通过直接将预算等同于法律的形式而实现的。其他不采用立法程序审批预算的国家或地区则一般在宪法或预算法中将预算作为一个法律文件赋予其执行力。[①] 如我国《预算法》第9条规定:"经本级人民代表大会批准的预算,非经法定程序,不得改变。"此外,该法第六章"预算执行"也分别从预算执行领导部门、收入征收部门、支出划拨部门、拨款使用部门、预算监督部门的角度对预算的执行力作了更细致的规定。但在预算实践中,由于法律本身的漏洞及不合理性,由于预算编制过于仓促和粗放,也由于预算必须严格执行的观念从未深入人心。所以,预算执行的随意性非常大,给某些机构和人员滥用权力牟取私利创造了十分便利的条件。如预算收入执行部门违反法律、行政法规的规定,擅自减征、免征或者缓征应征的预算收入,截留、占用或者挪用预算收入,政府财政部门不及时、足额地拨付预算资金,预算资金使用单位不按预算规定的数额和用途使用资金,甚至将预算内资金转化为预算外资金,或者干脆以"小金库"的形式侵吞预算资金,这些都不是十分罕见的现象。

笔者认为,增强预算的执行力不是某一项制度"孤军奋战"能够奏效的,应当从许多方面加强努力,形成一个系统工程。如完善预算编制制度、加强预算监督、落实对预算违法行为的法律制裁等都是其中的应有之义。除此以外,严格控制预算变动更是完善预算执行制度、增强预算执行力的必要举措。

从广义的角度而言,预算执行过程中的预算变动大致包括如下情形:[②] (1)预算的追加和追减。这是在原核定的总额以外,按规定程序增加或减

---

① 关于预算的法律性质,不仅实践上做法不一,学理上也颇多争论。有的将其理解为国会监督下的行政命令,有的将其理解为一种法律。目前域外的通说是将其定位在由行政与立法共同借立法形式做成的"指引国家的整体行为"。参见苏永钦:《走向宪政主义》,台湾联经出版事业公司1994年版,第261—262页。我国则是将其仅仅理解为一个法律文件,审批程序也不同于立法程序。

② 参见刘剑文主编:《财税法教程》,法律出版社1995年版,第74页。

少收入、增加或减少支出的过程。增加预算收入或支出数额为追加预算,减少预算收入或支出数额为追减预算。(2)动用预备费。预算预备费是指预算中一笔不规定具体用途的备用金,如果在预算年度中发生意外事件而可能使原定预算收支失衡时,即可由政府依程序酌情动用。(3)科目流用。科目流用是指在保证完成各项建设事业计划,又不超过原定预算支出总额的情况下,由于预算科目之间调入、调出和改变资金用途而形成的预算资金的再分配。(4)预算划转。预算划转是指由于企业事业单位隶属关系的改变,以及行政区划的变更等原因,必须同时改变预算隶属关系,及时将相关预算划归新的预算管理部门或接管单位的一种预算调整方法。这些形式虽然不需要权力机关的审批,但在政府机关内部也应该确立明确的标准和程序。如预备费在平衡预算中的启动顺序究竟是在预算调整之前还是之后;预算科目的流用时是否对不同级别的科目设置不同的审批程序等。

当然,预算执行力的保障除了以上思路的采纳外,还在很大的程度上取决于我国预算编制制度改革的进展。如果部门预算制度能够大力推广,那么无论是预算调整还是预算变更都会受到很大的制约,其随意性也会随之降低。

## 二、调整预算年度起讫时间,消除预算效力真空

预算年度又称财政年度或会计年度,指的是编制和执行预算所应依据的法定期限或预算的有效期限。世界各国的预算年度一般为一年,但各国预算年度的起止日期不尽一致。

一国预算年度的起止日期主要是由该国的国情、历史的原因和传统习惯等形成的。就国情而言,各国的政体影响着预算年度的起止日期,表现在预算年度的确定要考虑立法机构召开会议的时间。而财政收支的季节因素也影响到预算年度的起止日期,这在那些财政收入长期依赖于农业,受农业收成丰歉影响和决定的国家表现得尤为明显,因而安排预算年度力求与农业收成和种植季节相适应。就历史原因而言,原来属于殖民地或附属国的国家,其预算年度的起止日期一般受其宗主国预算年度起止日期的影响,因而在独立后仍然采取原来的预算年度起止日期。

目前,世界多数国家的预算年度采取历年制,如法国、德国、意大利、挪威、瑞士、荷兰等国。所谓历年是指国家预算年度起止时间与年度完全一致,即从 1 月 1 日起至 12 月 31 日止。除此之外,也还有不少国家的预算年度采用跨年制,所谓跨年制是指一个预算年度跨越两个日历年度,分跨在两

个日历年度的阶段合并起来仍然等于一个日历年度。世界上采取跨年制预算年度的起止日期主要有三类：(1) 以英国、日本、印度为代表的从 4 月 1 日起至次年 3 月 31 日。(2) 以瑞典、澳大利亚、喀麦隆为代表的从 7 月 1 日至次年的 6 月 30 日。(3) 以美国、泰国为代表的从 10 月 1 日至次年的 9 月 30 日。

根据我国《预算法》第 10 条的规定，中国预算年度实行历年制，即从公历 1 月 1 日起至 12 月 31 日止。这种规定虽然与国民的日常思维习惯和行为定势保持一致，与工农业生产的季节性也能大体吻合，但是它与我国权力机关审批预算的时间无法衔接，以至于造成预算效力的断档和真空。根据相关法律的规定，我国全国人大全体会议一般在每年三月份召开，地方人大全体会议一般在开完全国人大会后的四、五月份才召开。这样一来，在预算年度开始以后的 3—5 个月，政府所执行的是没有经过法定程序审批的预算。虽然《预算法》第 44 条肯定这种做法的合法性①，但笔者认为，这严重影响了预算作为法律文件的时效性和严肃性，也使人们对预算法的约束力产生怀疑，因此应当予以改变。

毋庸置疑的是，其他国家也有关于预算时效自动延长的做法，但这种延长并不是一种常态，而是在非常特殊情况下的应急措施。如西班牙《预算法》规定，如国家总预算在应生效的预算年度元月 1 日前未被议会批准，则上年度的预算被认为自动延长，直至新的预算经议会通过并在官方公报上公布为止。在预算实践中，这种现象一般很难发生，法律的规定只是防患于未然而已。相比而言，我国《预算法》的规定却是一种每年必然发生的常态现象。预算的效力在本预算年度是残缺不全的，但却可以在下一个预算年度中延续几个月，这使得预算的年度性或时效性人为地遭到了破坏，预算的计划性也无从体现。

故而，要么将人代会召开的时间提前至预算年度开始之前，或者将预算年度由历年制改为跨年制，如以每年 5 月 1 日至下一年度 4 月 31 日为一个预算年度。这样才能使各级政府在新的年度一开始就执行被批准的预算。就法律修改的难度而言，第二种方法较为简便。但从有利于维持预算传统和符合经济习惯的角度看，改变权力机关的会议时间以适应预算法的需要，

---

① 该条规定："预算年度开始以后，各级政府预算草案在本级人民代表大会批准前，本级政府可以先按照上一年同期的预算支出数额安排支出；预算经本级人民代表大会批准以后，按照批准的预算执行。"

更具有现实意义。

### 三、统一财政部门的预算执行权,简化拨款程序

中国财政机关长期以来预算编制、执行和监督的职能分工界限不清晰,预算拨款部门集编制权、执行权、监督权于一身,逐渐形成了比较严重的本位主义思想。预算资金的主管部门在预算编制时竭尽全力争取更多的资金,预算拨款时却总是愿意以各种各样的方式显示自己的权威,至于预算监督一般是无暇顾及,即使偶尔为之,也很难逃脱本部门和系统长期形成的利益圈子的制约。

在当前的预算改革实践中,财政部门将其拥有的预算编制、执行和监督权分别赋予内部不同的机构行使,这对于加强预算执行是非常有帮助的。具体的思路是,将预算处的总预算会计职责独立出去,成立总预算执行机构,负责管理财政预算内、外资金账户,办理预算内、外资金拨款,编制财政预算内外总决算,管理部门和单位的人员工资银行化工作。随着改革的深入,总预算执行机构要与国库部门联合,实行"国库单一账户"管理,对部门财政支出实行统一支付。

至于预算拨款,它是执行预算的重要环节,预算拨款的管理制度和拨款程序的优劣直接关系到有关单位能否顺利履行职能,因此在预算法中应该对预算拨款制度有所规范。一般而言,预算拨款应当先经过预算审核的阶段。预算审核分三个层次:一是支出部门提出公用经费和专项资金用款申请报财政主管机构审核,主要检查支出是否与现行法律法规相一致;二是财政主管机构开具拨款单报预算编制机构审核,主要审核支出是否突破预算;三是总预算执行机构审核所有拨款。

预算拨款经审核通过后,根据资金性质不同,拨款方式和程序也各异:(1)人员工资,包括基本工资、补助工资、其他工资、职工福利费、社会保障费、助学金等。预算确定后,由总预算执行机构按时间进度直接拨付到用款单位银行,由银行代发。(2)正常公用经费:包括公务费、设备购置费、修缮费、业务招待费、其他费用等经费。预算指标由预算编制机构直接管理,业务主管机构负责开具拨款通知单,由总预算执行机构通知国库直接向供货商或劳务提供单位支付。(3)生产建设和事业发展专款:由主管机构根据项目进度和指标情况,开具支出通知单送预算编制机构审核后,由总预算执行机构拨款。(4)对下补助专款:由主管机构按年初预算确定的项目,拟文下达指标,经预算编制机构会签后报业务主管领导审定。(5)上级专款:由

主管机构根据上级要求,结合本级专款,提出使用意见,经预算编制机构会签并报主管领导审定之后,下达指标。①

**四、推广政府采购制度,提高资金使用效益**

国务院发布的《预算法实施条例》第 43 条规定,各级国库必须凭本级政府财政部门签发的拨款凭证于当日办理库款拨付,并将款项及时转入用款单位的存款账户。这说明我国目前普遍采纳的是财政资金的货币化分配体制。这种分配方式在预算实践中存在的主要问题是:预算资金使用效益普遍不高,重复购置、盲目购置、随意购置的现象屡见不鲜,造成资源的严重浪费;预算资金不按预算目标使用,挤占、挪用现象严重,影响了国家预定的活动计划的落实。除此之外,采购资金的使用也缺乏透明度,容易滋生权钱交易等腐败问题。正因为如此,我们赞成配合财政支出制度的改革,大力推广政府采购制度,以提高财政资金的使用效益。

政府采购是指各级政府及其所属实体为满足提供公共产品之需要,主要运用财政性资金,以法定方式并依法定程序,从国内、国际市场上采购所需货物、工程和服务的活动。②

政府采购不同于其他消费主体开展的使用活动,它的资金来源于纳税人缴纳的税金,因此,采购资金的使用也要满足纳税人的要求,需要做到配置合理。所以,采购活动要坚持公开、公正、公平的原则。实行政府采购制度,将公开竞争机制引入财政管理后,供应商、采购机关以及资金管理部门相互之间的合谋缺乏强有力的利益动力,而被揭发或查处的危险却大大增加,因此,恶意串通、以权谋私、中饱私囊现象的发生率必将相应降低。具体来说,由于要通过公开竞争选出最优投标,众多供应商在竞标中市场化的成本增大,中标的风险加大,中标概率下降,其合谋的预期收益下降,合谋的欲望受到抑制;同时,采购机关在招标评标的规范程序中所起的作用较之非公开竞争的采购方式也大打折扣,其主动合谋的欲望因成功率太低且风险较大也受到制约。由于受供应商与采购机关的合谋欲望下降的影响,供应商、采购机关与资金管理部门间的合谋也受到遏制。这样,一方面形成了三者

---

① 参见冯健身、张弘力:《中国预算支出制度改革设想》,载中国财政学会编:《构建预算管理模式》,经济科学出版社 2000 年版,第 103 页。

② 参见王全兴、管斌:《政府采购制度研究》,载漆多俊主编:《经济法论丛》2000 年第 1 卷,中国方正出版社 2000 年版,第 66 页。

之间不宜再合谋的外部环境,另一方面有利于采购机关、供应商和资金管理部门三者内在目标的一致。对采购机关来说,优中选优,获得价格质量比较优的货物、工程和服务,激励厂商更好地为政府这个最大的消费者服务;对供应商来说,促使其适应市场要求,自觉改善价格质量比,提高竞争力;对资金管理部门来说,有利于提高资金分配和使用的透明度,节约支出,强化预算约束。因此,实施政府采购制度最大的受益人毫无疑问将是纳税人和社会公众。①

政府采购制度本身是一个非常庞杂的系统工程,需要建立一整套法律制度进行管理和协调。但政府采购毕竟是财政支出的方式之一,在实行财政法治的国家必然通过预算的方式对其予以保障和规范。从预算资金拨付和使用的角度看,政府采购制度改过去的财政资金货币化分配为实物化分配。而公务物资集中采购使得财政资金的集中支付成为可能,如果辅之以国库管理法律制度的改革,那么,除了极少量出差报销的资金外,政府部门和公用事业单位的支出都可以通过财政集中竞购、集中供应的方式予以满足,这对于改革和理顺预算执行法律制度的确是大有益处的。

### 五、改革国库管理体制,明确国库法律地位

建国以来,我国的国库制度一直实行委托国库制。1950年政务院发布的《中央金库条例》规定,我国的国库由中央银行代理。1985年国务院重新修订的《国家金库条例》及其《实施细则》又进一步确定为人民银行经理国库制,并对国库的组织机构、国库的职能和任务、国库业务的操作程序等都作了明确的规定。这种委托国库制在计划经济条件下对保障国家预算的正常运行起到了一定的促进作用。但是随着社会主义市场经济的建立和财税、金融体制的改革,尤其是专业银行商业化以及人民银行机构的调整以后,现行的金融体制格局给人民银行经理国库带来了诸多问题,主要表现在:

(1)虽然《中国人民银行法》和《国家金库条例》明确经理国库是中央银行的主要职责之一,但在实际工作中,由于受人民银行内部长期存在的"代理"观念的影响,国库工作未受到足够的重视,如国库的组织机构不健全,国库工作人员调动频繁,有关国库工作的重大事项往往排不上议事日程

---

① 参见张弘力:《关于建立中国政府采购制度的若干问题》,载《中国财经报》1999年6月5日。

等,国库的地位日渐尴尬。

(2) 在现行国库管理体制下,国库资金的收纳、拨付相当大的部分是通过原先的四大专业银行进行的,而这些专业银行正逐步向商业银行过渡,成为独立核算的经济实体。在目前国库资金成分多样化、分配层次复杂化,人民银行对财政资金的收付又无法全程监控的情况下,专业银行受自身经济利益驱使,对不计利息的财政资金普遍存在截留、占压的问题。

(3) 国库资金汇划渠道不畅,上划下拨周转环节太多,周转速度过慢,影响财政资金使用效益。目前,人民银行和各专业银行自成联行系统,相互间不能直接通汇。征收机关所收款项,需由缴款人向银行经收处缴纳,由经收处上划管辖行,管辖行集中汇总后通过票据清算划转到人行国库。库款纸币事由按相关路径逐层逐级返回,最终达到用款单位。这客观上造成了大量的财政资金在途,也为征收机关和代行职能的专业银行提供了占压资金的条件和理由。

(4) 虽然《国家金库条例》赋予了国库对财政资金实施监督的职能,但在现行体制下,由于国库接触的只是财政资金在整个运动过程中的一个阶段,其他阶段的资金运动均在财政和预算单位内部,国库无法对财政资金实施有效的监督。

目前,世界各国的国库因国情不同,管理体制也各具特色。但就国库管理的科学性和规范性而言,经济合作与发展组织国家的做法更值得借鉴。其主要特点是:

(1) 国库管理是财政管理的重要组成部分,主要由财政部门负责。如日本大藏省的金融局和法国财政部的国库司,即是司管国库的职能机构,德、美等财政部的国库司,亦是如此。

(2) 国库机构主要负责对财政资金的监督管理,其部分操作性职能,如收纳、报解和支出、核算等一般都委托给中央银行或商业银行代理。如在英、美等国,财政存款表现为银行的负债,形同一般商业存款,但在操作管理上则受财政部门的严格控制。

(3) 建立国库中央化支付管理系统,强化财政资金管理和对预算单位账户的控制。如国库单一账户集中反映全部财政性资金的收支及余额,国库分类账户反映支出部分的预算执行情况。这有利于财政对支付活动的全部环节实施更为有效的控制。

(4) 以先进的计算机网络作为国库有效发挥职能的基础。国库资金清算流程可归纳为:纳税人向征收机关或任何一家银行以支票或现金的形式缴纳税款,然后再通过银行全行业电子清算系统直接上划国库单一账户;支出则需要通过承付款项、核实、签发支付命令和办理支付结算,最终将资金从单一账户中直接支付给商品供应者或劳务提供者。

针对我国国库管理工作中存在的问题,借鉴其他国家国库管理的先进经验,不少人主张有必要将人民银行经理国库的职能和管理国库的机构划归财政。这样既可以解决目前国库职能错位的问题,避免即将进行的新的金融体制改革对国库管理再次产生冲击,对强化国库管理职能、加强各级财政对预算资金实施有效的控制和监督也具有重要意义。笔者对此也持赞同态度,具体设想是①:

(1) 将人民银行总行国库司及其国库业务管理职能划归财政部管理,在财政部内部设置专职管理机构,具体负责国库的业务组织工作和对分支机构的管理工作。

(2) 省及省以下分支机构的设置原则上按预算管理级次设立,负责本地区内的国库业务。国库分支机构不从属于地方各级财政部门,由财政部垂直管理。

(3) 国库资金实行委托存款制,由各级财政部门将国库资金存入人民银行,存款计息、支拨付费。未设人民银行分支机构的地区,可报经财政部批准存入商业银行。国库资金作为人民银行信贷资金的一项重要来源,统一纳入国家信贷资金计划。

(4) 国库资金按预算级次区分中央库款和地方库款,但国库组织机构不分中央库和地方库,核算时仍按一级财政一级国库的原则,分表分账,各成体系。

**六、建立国库单一账户制度,实现财政资金集中化管理**

为使财政部门对国库资金实施更加科学有效的管理,并与当前需要建立的包括政府采购在内的政府支出和管理系统相配套,在对现行国库体制改革的同时,我国应建立国库单一账户管理体系。

国库单一账户是指政府所有财政性资金(包括预算内资金和预算外资金)均应存在国库和国库指定的代理银行,归口在国库及其代理行设置存款

---

① 参见冯健身、张弘力:《中国预算支出制度改革设想》,载中国财政学会编:《构建预算管理模式》,经济科学出版社2000年版,第68页。

账户，所有政府财政支出均通过这一账户拨付。①

建立国库单一账户制度的目的在于强化财政资金的归口管理，统一在国库或其代理行开设账户。财政部门可以开一个账户，也可以根据资金的性质开设几个账户。国库代理行可以是一个，也可以是多个。但被选为国库单一账户代理行必须具备三项基本条件：一是代理行的信用程度要高。为保证政府资金的安全，不被占压挪用，被选为国库代理行的应是信用程度高、无任何金融风险的银行；二是具有较好的计算机网络系统，能保证政府资金的及时划拨；三是机构设置齐全，全国各地均有网点，便于国库资金的缴纳和拨付。根据经合组织国家的国库管理经验，国库单一账户一般设在中央银行，未设中央银行的地方，需经批准作为特例设在国有商业银行。

长期以来，由于部门内部在资金管理上缺乏统一性，加之银行开户审批手续不严、商业银行储蓄存款竞争等因素，致使部门管理的财政性资金过于分散，银行开户过多过滥。因此，通过建立国库单一账户制度，对政府财政资金实行集中化管理，既可以从根本上解决财政资金管理分散、部门开户混乱的问题，又有利于财政部门对资金加强宏观调控和统一管理，有效地防止利用财政资金牟取私利等腐败现象的滋生。目前，财政资金的使用程序是用款单位向财政部门提出申请，财政部门审核后即将款项拨至用款单位在商业银行的存款账户，用款单位如何使用、什么时间使用，财政部门很难实施有效的监督和控制，而只能依赖各支出部门的财务报告进行事后审查监督。随着以国库单一账户制度为基础的政府支出与管理系统的建立，财政部门即能掌握用款单位每一笔款项的用途，从而加强了对财政资金支出的全过程进行监督和管理，提高财政资金的使用效率和效益。国库单一账户还能够改变财政资金大量分散于商业银行账户的被动局面，使各级政府、财政部门和中央银行可以随时准确掌握财政资金的全貌，为财政部门和中央银行制定相应的财政政策和货币政策，实现统一的宏观经济管理目标提供依据。

国库单一账户从其资金来源上看，主要包括以下内容：以前年度政府资金余额；税收、非税收收入及赠款；国有资产销售收入；政府投资收益；国有企业股息和红利；中央银行和国有金融机构利润；政府贷款归还收入；政府债务收入；专项收入；政府性基金收入；预算外资金收入，等等。从资金运用

---

① 参见黄挹卿：《对建立国库单一账户问题的思考》，载中国财政学会编：《构建预算管理模式》，经济科学出版社 2000 年版，第 410 页。

上看,建立国库单一账户制度即意味着取消各支出部门、支出单位在商业银行开设的预算内和预算外资金支出账户,而将资金统一集中到各级财政部门在中央银行开设的单一账户中。同时,为准确核算,反映各支出部门的预算执行情况,财政部门在国库单一账户下按支出部门、资金性质等设立国库分类账户。

在国库单一账户制度下,国库收入的收纳、报解程序为,纳税人向税务征收机关进行纳税申报,经审查无误后由纳税人向税收征收机关或银行缴纳税款,并通过银行清算系统直接划入国库单一账户。国库支出拨付程序可简单地归纳为四个阶段:第一,承付款项阶段。由支出部门签订购买商品或支付劳务合同;第二,核算阶段。当支出部门收到供应商出具的发票时,审核发票标明的商品数量和数额与订货数量及承付款项金额是否相符,计算出国库实际应支付的数额;第三,签发支付命令阶段。即由支出部门向同级财政部门提交支付申请,并附相关的支付数据、承付情况及辅助凭证,财政总预算会计审核并签发支付命令;第四,实际办理支付结算阶段。即国库部门依据财政总预算会计开出的支付命令,通过银行清算系统将资金由国库单一账户实际支付给商品供应商或劳务提供者的结算。

## 本 篇 小 结

预算是国家财政收支的年度性计划,对本年度的国家机构财政收支行为具有约束力。因此,预算编制、审批和执行的法律规制对财政法治的形成有着重要的意义。本篇围绕预算的编制、审批和执行过程中的法律规范的必要性以及当前预算法的运行和规制过程中所存在的问题展开论述,提出预算法的改革应当围绕预算的模式、预算资金的管理方式、编制时间、程序以及人大预算审批权范围、规范审批方式等方面对中国的预算法加以完善。为加强预算的执行效力,应当明确预算的法律效力,对预算调整加以严格的控制。预算应以财政部门的统一执行为宜,推行政府采购制度,并加强国库在财政资金管理中的作用,以此才能保证预算的执行,提高财政资金使用的效率和规范化。无论如何,预算的法治化是财政法治实现的关键环节,预算法的改革与完善应当成为健全财政法治的基本主线。

# 代后记:学术的现实与浪漫

在写作将尽的时候,跟几位财政学的博士有过一番交流。只可惜,财政权的表述对他们来说,似乎是太陌生的字眼。不禁有些怀疑对财政权运行以及财政行为的这种纯法律视角的考察,在现实生活中到底有没有它自己的意义和价值。

一直以来,自己也都坚信对现实的深刻的反思,应当成为理论研究的基本的价值追求,所以,以财政权为研究起点,对财政收入行为、支出行为以及财政监督行为以及剖析,完成对当前财政的整体运作的法律视角的解读,以此希望能够找到实现财政法治的切入点。对于国家来说,财政的基础是其整体运行的基础,整个社会整体秩序的形成到个人的基本权利的实现,国家财政的合理运作是根本中的根本。但现实中存在太多不规范的财政行为,腐败寻租、财政资金的巨额浪费,都已经成为国家法治形成的主要掣肘。正因为如此,对财政行为的规范化做法律源泉上的考察,以此来规范整个财政运作,是实现财政法治的核心和根本。

但财政的问题决不仅仅是法律的问题,整个政治体制的构建实际上已经决定了国家财政权将如何行使。更何况,财政的运作将直接决定政治格局的形成,政治利益的考虑可能突破法律的规范性要求,使法律对财政运行的规制流于形式化。因此,重新审视对财政运行的所谓的法律思考,心里不免有些隐忧,确实,法律不是万能的,自己所构建的财政权以及财政行为的规范体系,似乎也仅仅是学者浪漫的想法。

对现实的反思始终是学术研究的起点,这赋予学术研究以基本价值。然而学术研究天生有着浪漫的品格,对现实的理想化的修正,成为学术研究最为浪漫的设想。这些幼稚而浪漫的设想,或者根本难以归入学术之列,充其量不过是自己对未来我国财政现实发展的美好祝愿。但我想,恰恰是这些浪漫的设想,将会成为我们推进现实完善的动力。

## 税法学研究文库

1. 《税收程序法论——监控征税权运行的法律与立法研究》
   （2003 年 4 月出版）　　　　　　　　　　　　施正文
2. 《WTO 体制下的中国税收法治》(2004 年 3 月出版)　　刘剑文主编
3. 《税法基础理论》(2004 年 9 月出版)　　　　　刘剑文、熊伟
4. 《转让定价法律问题研究》(2004 年 8 月出版)　　　刘永伟
5. 《税务诉讼的举证责任》(2004 年 9 月出版)　　　　黄士洲
6. 《税捐正义》(2004 年 10 月出版)　　　　　　　　黄俊杰
7. 《出口退税制度研究》(2004 年 10 月出版)　　　刘剑文主编
8. 《税法基本问题（财政宪法篇）》(2004 年 11 月出版)　葛克昌
9. 《所得税与宪法》(2004 年 11 月出版)　　　　　　葛克昌
10. 《纳税人权利之保护》(2004 年 11 月出版)　　　　黄俊杰
11. 《行政程序与纳税人基本权》(2005 年 1 月出版)　　葛克昌
12. 《论公共财政与宪政国家——作为财政宪法学的一种理论前言》
    （2005 年 3 月出版）　　　　　　　　　　　　周刚志
13. 《税务代理与纳税人权利》(2005 年 4 月出版)　葛克昌、陈清秀
14. 《扣缴义务问题研析》(2005 年 5 月出版)　　　　钟典晏
15. 《电子商务课征加值型营业税之法律探析》(2005 年 6 月出版)　邱祥荣
16. 《国际税收基础》(2006 年 5 月出版)　　〔美〕罗伊·罗哈吉著
    　　　　　　　　　　　　　　　　　　　林海宁、范文祥译
17. 《民主视野下的财政法治》(2006 年 5 月出版)　　刘剑文主编
18. 《法学方法与现代税法》(待出)　　　　　　　　黄茂荣
19. 《税法解释与司法审查》(待出)　　　　　　　　黄茂荣
20. 《比较税法》(待出)　　　〔美〕Victor Thuronyi 著　丁一译

2006 年 4 月更新